O MODELO Jeff Bezos DE COMUNICAÇÃO

Carmine Gallo

O MODELO Jeff Bezos DE COMUNICAÇÃO

O que o criador da **Amazon** pode nos ensinar sobre **vender** ideias e **conquistar** pessoas

tradução
Lourdes Sette

Benvirá

Copyright da edição brasileira © 2023, Saraiva Educação S.A.
Tradução autorizada da edição original em inglês publicada nos EUA pela St. Martin's Press.
The Bezos Blueprint – Text Copyright © 2022 by Carmine Gallo.
Published by arrangement with St. Martin's Publishing Group.
All rights reserved.

Direção executiva Flávia Alves Bravin
Direção editorial Ana Paula Santos Matos
Gerência editorial e de produção Fernando Penteado
Edição Julia Braga
Design e produção Daniele Debora de Souza (coord.)
Camilla Felix Cianelli Chaves e Tiago Dela Rosa

Tradução Lourdes Sette
Preparação Paula Sacrini
Diagramação Negrito Produção Editorial
Revisão Carolina Mihoko Massanhi
Capa Tiago Dela Rosa
Imagem de capa (adaptação) ©iStock / Getty Images Plus / Rawpixel
Impressão e acabamento Ed. Loyola

Dados Internacionais de Catalogação na Publicação (CIP)
Vagner Rodolfo da Silva – CRB-8/9410

G172t Gallo, Carmine
O modelo Jeff Bezos de comunicação: o que o criador da Amazon pode nos ensinar sobre vender ideias e conquistar pessoas / Carmine Gallo ; traduzido por Lourdes Sette. – São Paulo : Benvirá, 2023.

352 p.

ISBN 978-65-5810-174-1 (Impresso)

1. Administração. 2. Negócios. 3. Comunicação. 4. Vendas. I. Sette, Lourdes. II. Título.

CDD 658.4012
2022-451   CDU 65.011.4

Índices para catálogo sistemático:
1. Administração : Negócios   658.4012
2. Administração : Negócios   65.011.4

1ª edição, maio de 2023

Nenhuma parte desta publicação poderá ser reproduzida por qualquer meio ou forma sem a prévia autorização da Saraiva Educação. A violação dos direitos autorais é crime estabelecido na Lei n. 9.610/98 e punido pelo art. 184 do Código Penal.

Todos os direitos reservados à Benvirá, um selo da Saraiva Educação.
Av. Paulista, 901, Edifício CYK, 4º andar
Bela Vista - São Paulo - SP - CEP: 01311-100

SAC: sac.sets@saraivaeducacao.com.br

| CÓD. OBRA | 713512 | CL | 671074 | CAE | 803242 |

Para sonhadores do mundo inteiro

AGRADECIMENTOS

Quando você busca realizar sonhos ousados, é bom ter alguém que o apoie ao seu lado. Vanessa Gallo é essa pessoa para mim. Nós nos conhecemos em 1996 e nos casamos dois anos depois. O apoio incondicional de Vanessa me deu confiança e coragem para perseguir minha paixão. Vanessa e eu administramos um negócio que transforma CEOs e líderes em comunicadores extraordinários, e gostamos de dar aulas de educação executiva, juntos, na Universidade de Harvard. Minhas filhas, Josephine e Lela, não poderiam ter um modelo melhor.

Gostaria de agradecer também à equipe da St. Martin's Press por apoiar meu trabalho. Sally Richardson, presidente do St. Martin's Publishing Group, recentemente comemorou cinquenta anos na empresa. Estou muito entusiasmado por fazer parte da órbita de Sally. Tim Bartlett, meu editor na St. Martin's Press, é um amigo, conselheiro e apoiador que sempre aprimora a qualidade da minha escrita. Sou muito grato também às equipes de vendas, marketing e publicidade da St. Martin's, bem como aos craques da Macmillan Audio que transformam minha escrita em palavra falada.

Sou profundamente grato pelo longo relacionamento com meu agente literário, Roger Williams. Obrigado, Roger, por suas ideias, opiniões e lições de história inestimáveis.

Tom Neilssen e Les Tuerk, meus principais agentes de negociação de palestras na BrightSight Speakers, são promotores, professores, amigos e pessoas verdadeiramente inspiradoras. Obrigado por sua orientação.

Sou abençoado por estar cercado por uma família maravilhosamente amorosa: minha mãe, Giuseppina; meu irmão, Tino; minha cunhada, Donna; e meus dois sobrinhos, Francesco e Nick. Amo todos vocês.

Gostaria também de acrescentar um agradecimento especial aos leitores que divulgam meus livros. Suas ideias incríveis fazem o mundo avançar.

Desejo-lhes sucesso,
Carmine

SUMÁRIO

Agradecimentos 7
Introdução – É *sempre* o Dia Um 11

PARTE I • Prepare a base 29

1 Simples é o novo superpoder. 31
2 Uma interpretação moderna para palavras antigas. 51
3 Escrita que deslumbra, brilha e resplandece 69
4 O tópico frasal: sua grande ideia 89
5 Metáforas que grudam .113
6 A arma "mais poderosa" de um comunicador 135

PARTE II • Construa a estrutura da história 149

7   Como contar uma história épica em três atos. 151
8   Histórias de origem. 171
9   O multiplicador de informações em forma de narrativas . 183
10 Trabalhando para trás para ir além 205
11 Líderes são leitores 227

PARTE III • Execute o plano **239**

12	Amplifique suas apresentações para inspirar seu público	241
13	Faça da missão um mantra	259
14	Símbolos transmitem grandes ideias	279
15	Humanize os dados	285
16	O método Gallo: venda sua ideia em quinze segundos . . .	295

Conclusão – Invente e vagueie **305**
Sugestões para treinamento reunidas. 309
Índice 321
Notas 331

Para eventuais atualizações e outros materiais, visite a página
do livro no Saraiva Conecta:

https://somos.in/CNCTB

INTRODUÇÃO
É *SEMPRE* O DIA UM

No verão de 2004, o CEO da Amazon, Jeff Bezos, tomou uma decisão surpreendente que chocou sua equipe de altos executivos. Ele proibiu o uso de PowerPoint. Em vez de slides e marcadores, a equipe executiva da Amazon teria que apresentar ideias na forma de memorandos e narrativas. A empresa de comércio eletrônico mais avançada do mundo havia substituído uma ferramenta de apresentação moderna por um dispositivo de comunicação ancestral, inventado mais de cinco mil anos antes: a palavra escrita. O novo sistema forçou todos a compartilharem ideias usando palavras simples, frases curtas e explicações claras. O modelo implementado por Bezos estabeleceu o alicerce que impulsionaria o crescimento surpreendente da Amazon nas duas décadas seguintes.

Jeff Bezos é um sonhador que transformou uma ideia ousada na empresa mais influente do mundo. Ao longo desse percurso, ele elaborou estratégias para recriar radicalmente a forma como os líderes fazem apresentações, compartilham ideias e alinham suas equipes em torno de uma ideia visionária comum. Estudioso da liderança e da comunicação, Bezos aprendeu a motivar as pessoas a alcançar o que poucos pensavam ser possível. Agora, as ferramentas que ele usou estão disponíveis para você.

Este livro não é sobre Bezos, o bilionário, ou sobre a Amazon, a gigante do comércio eletrônico. Esses assuntos são abordados em outros livros e em intermináveis debates sobre o papel da riqueza ou o impacto da influência da Amazon na economia. Não, este livro é sobre algo mais fundamental que diz respeito a cada leitor. *O modelo Jeff Bezos de comunicação* se concentra em uma parte negligenciada e subestimada da história de crescimento da Amazon, um tópico fundamental para o sucesso em sua vida e carreira: a comunicação.

Até o momento, nenhum autor se concentrou nas habilidades de escrita e de narrativa que diferenciam Bezos. Nenhum livro analisou as 48 mil palavras que ele escreveu ao longo de 24 anos de cartas enviadas aos acionistas da Amazon. E nenhum autor entrevistou tantos ex-executivos e ex-CEOs da Amazon que adotaram o modelo de comunicação de Bezos para criarem as próprias empresas.

Um lendário capitalista de risco do Vale do Silício me disse que os alunos das escolas de administração deveriam aprender as estratégias de escrita e de comunicação de Bezos. Ele chegou até a dizer que ele mesmo estaria disposto a dar essa aula — se fosse "vinte anos mais moço".

Bezos foi pioneiro no uso de ferramentas de comunicação para aprimorar a maneira como os amazonians[*] escrevem, colaboram, inovam, apresentam e vendem ideias. Ao fazer isso, ele criou um plano flexível que pôde ser usado por uma empresa que começou com uma pequena equipe em uma garagem em Seattle até ela

---

[*] Nome dado aos funcionários da empresa pela própria Amazon. (N.T.)

virar um dos maiores empregadores do mundo. Em resumo, Bezos criou um modelo.

Eu ensino habilidades de comunicação a executivos em um curso avançado de liderança na Harvard University Graduate School of Design. Eles são líderes no "ambiente construído": designers e empreendedores imobiliários que criam magníficos edifícios, estruturas e até cidades ao redor do mundo. A ideia visionária deles é construir lugares mais inteligentes, saudáveis, verdes e, em geral, melhores para viver. O treinamento em habilidades de comunicação constitui uma parte essencial do currículo, porque se eles não puderem vender sua ideia para investidores, partes interessadas e membros da comunidade, as probabilidades de que algo seja construído são pequenas.

Mas não importa a grandiosidade da ideia visionária, nada acontece sem um modelo.

Um modelo transforma a ideia visionária de um designer em um plano detalhado que outros podem seguir para dar vida a ela. Ele funciona como um plano para garantir que todos os envolvidos no processo de construção estejam em sintonia. Além disso, os modelos são flexíveis, de modo que o designer não precisa estar presente para que engenheiros, empreiteiros e trabalhadores transformem a ideia visionária em realidade.

Embora Jeff Bezos tenha deixado o cargo de CEO da Amazon em 2021 para perseguir sua paixão pela filantropia e pela exploração espacial, o modelo de comunicação que ele criou continua sendo referência para funcionários e líderes em todas as partes da empresa. Os atuais executivos da Amazon usam a mesma linguagem e expõem os mesmos princípios que Bezos repetiu consistentemente em discursos, entrevistas e apresentações ao longo de seus 27 anos no comando da empresa.

As estratégias de comunicação que Bezos criou na Amazon vão muito além da imensa influência direta da empresa. A Amazon é conhecida como a "Fábrica de CEOs dos Estados Unidos" por ter gerado uma legião de empreendedores que fundaram suas próprias startups, muitas das quais impactam nossa vida todos os dias. Eles fazem parte daquilo que o *Wall Street Journal* chama de "a diáspora de egressos da Amazon que espalham o evangelho dos negócios de Jeff Bezos por todo o mundo empresarial". Esses ex-executivos, muitos dos quais você conhecerá neste livro, estão adotando aspectos da cultura da Amazon que se encaixam em seu estilo de liderança e descartando as partes da cultura que não funcionam para eles.

O modelo deixou uma marca indelével em Adam Selipsky. Depois de trabalhar na Amazon durante 11 anos, Selipsky deixou a empresa em 2016 para ser o CEO da Tableau, a gigante de software de Seattle. "Uma das coisas que roubei de maneira descarada da Amazon foi a narrativa",[1] ele confessou. As ideias de Bezos, como a de substituir o PowerPoint por narrativas escritas ou elaborar um comunicado à imprensa antes de criar um produto (estratégias que você aprenderá nos próximos capítulos), serviram de modelo para Selipsky durante muito tempo depois de sua carreira na Amazon — e após seu retorno.

Em 2021, Selipsky retornou à Amazon para dirigir a Amazon Web Services, a divisão de computação em nuvem da Amazon, que sustenta a espinha dorsal de mais de um milhão de clientes, como Netflix, Airbnb e Zoom. Em suas primeiras entrevistas televisionadas como executivo-chefe da AWS, era difícil distinguir Selipsky do fundador da Amazon, embora ele nunca tivesse trabalhado diretamente para Bezos (trabalhou para Andy Jassy, que substituiu Bezos como CEO da Amazon).

— Ainda é o Dia Um para a AWS e para nossos clientes[2] — disse Selipsky, referindo-se a uma metáfora que Bezos incutiu como uma filosofia de gestão orientadora em sua primeira carta aos acionistas. — A estratégia de negócios de longo prazo significa se concentrar loucamente; não nos concorrentes, mas nos clientes — continuou

Selipsky. — Precisamos acordar todos os dias entendendo exatamente qual é a próxima coisa que os clientes precisam que construamos e, a partir desse ponto, trabalhamos para trás. — Selipsky estava comunicando uma mensagem que, como você descobrirá mais tarde, era puro Bezos.

Os egressos da Amazon não são os únicos promotores do modelo de Bezos. As estratégias reveladas neste livro foram implementadas por CEOs e líderes seniores da Best Buy, Whole Foods, J.P.Morgan, Hulu e por dezenas de outras marcas conhecidas. Alguns líderes, como a ex-CEO da PepsiCo, Indra Nooyi, aproveitaram a oportunidade para aprender mais, do lado de dentro, sobre a Amazon. Nooyi ingressou no conselho diretor da Amazon depois que deixou a PepsiCo para ocupar "um assento privilegiado e entender melhor o pensamento de uma das empresas mais inovadoras e centradas no cliente que já conheci". Ao ler este livro, você também terá um assento privilegiado para aprender com um sonhador cujas ideias transformaram o mundo em que vivemos e tornaram a comunicação uma vantagem competitiva.

VENDA SONHOS, NÃO PRODUTOS

A EMPRESA QUE COMEÇOU como uma livraria on-line tornou-se uma varejista da internet com vendas globais espantosas de 350 milhões de produtos. Mas Bezos não é "o maior vendedor do mundo" porque a Amazon vende tudo para todos. Ele é o maior vendedor do mundo porque vende sonhos, não produtos. E isso tem feito toda a diferença.

Um ano antes de a Amazon vender o primeiro livro, Bezos teve que vender algo mais importante do que um produto; ele teve que vender sua ideia visionária. Em 1994 e no início de 1995, Bezos realizou sessenta reuniões com parentes, amigos e financiadores em potencial. Pediu a cada pessoa que investisse 50 mil dólares em sua ideia revolucionária. Naquela época, a Amazon era uma ideia difícil de vender porque poucas pessoas tinham experiência com comércio eletrônico. A pergunta mais comum que faziam a Bezos era: "o que é a internet?".

Nem todas as reuniões foram bem-sucedidas. Bezos não conseguiu convencer a maioria das pessoas que abordou, mas convenceu 22 a financiar sua startup. Uma proposta de financiamento que atraia um a cada três investidores representa uma taxa de sucesso notável para qualquer startup. Isso é ainda mais impressionante para uma empresa de comércio eletrônico em meados dos anos 1990. Os primeiros investidores na Amazon não estavam apostando na empresa; eles estavam apostando na pessoa por trás da ideia. Eles foram convencidos por Bezos e por sua ideia visionária.

Tom Alberg assinou um desses cheques. Quando deixou o conselho da Amazon após 23 anos, o investimento inicial de Alberg valia mais de 30 milhões de dólares. Ele disse que ficou impressionado com Bezos naquelas primeiras reuniões, sobretudo com sua habilidade em colocar os números em perspectiva, o que se provou irresistível para investidores de longo prazo (explicarei como contar histórias de dados no Capítulo 15). Com o passar do tempo, Alberg também passou a admirar a capacidade de Bezos para montar equipes que vivem de acordo com seus princípios todos os dias.

Mais tarde, em junho de 1996, Bezos recebeu outros 8 milhões de dólares da Kleiner Perkins, a empresa de capital de risco de John Doerr. Foi o único capital de risco que a Amazon levantou antes de abrir o capital um ano mais tarde, um investimento que renderia mais de 1 bilhão de dólares.

— O que vi foi um fundador incrível e uma oportunidade incrível[3] — lembra Doerr sobre seu primeiro encontro com Bezos. — Ele tinha uma formação técnica e o sonho de crescer rápido e mudar a maneira como o mundo funciona.

Quando Doerr voou para Seattle para visitar a empresa em um "bairro decadente" da cidade, ficou surpreso ao encontrar mesas feitas de portas de madeira, compradas na loja de material de construção Home Depot. Como você verá no Capítulo 14, as portas eram uma metáfora visível que, constantemente, lembrava aos funcionários que deviam seguir um dos princípios fundamentais da Amazon: a frugalidade. Depois que Andy Jassy substituiu Bezos como CEO, Doerr previu que a empresa não perderia de vista seus valores porque Bezos havia enraizado seus princípios em toda a organização.

Esse é o poder de um modelo — ele se adapta ao crescimento de sua ideia ou empresa.

Você pode ter uma ótima ideia, mas o segredo do sucesso em qualquer empreendimento é convencer outra pessoa a agir com base nela. Você não precisa ocupar o cargo de vendedor para se considerar um. Vender é tudo, e você faz isso com mais frequência do que pensa. Estudos realizados por Dan Pink e outros pesquisadores mostram que os profissionais de negócios gastam 40% de seu tempo no trabalho fazendo algo semelhante a vender: persuadir, influenciar, motivar e convencer. Isso significa que seu impacto ao longo de 24 minutos de cada hora, todos os dias, requer o aprimoramento de uma habilidade que você pode aprender com os mestres da persuasão.

De acordo com Ann Hiatt, que trabalhou ao lado de Jeff Bezos por vários anos, "o maior presente da minha vida foi sentar ao lado dos CEOs mais inteligentes do mundo e aprender, passo a passo, como eles pensam, agem, motivam e tomam decisões".[4] Hiatt diz que o hábito mais importante que aprendeu com seu ex-chefe é priorizar o aprendizado. Ela conta que Bezos chegava ao escritório todas as manhãs com três jornais debaixo do braço. Assim que terminava de lê-los, passava para os artigos e documentos informativos. Hiatt captou a mensagem e pegava os jornais da mesa de Bezos para ler durante o intervalo do almoço.

O momento em que você acha que sabe tudo é quando para de crescer. Bezos cresceu como líder ao longo do tempo — e melhorou consideravelmente como escritor e palestrante. Você também pode fazer mudanças drásticas, mas apenas se considerar que é um aprende-tudo e não um sabe-tudo.

As táticas de escrita, de contar histórias e de apresentação que você está prestes a aprender liberarão seu potencial, estabelecerão as bases para seu sucesso como aprendiz, empreendedor, executivo, líder ou profissional de negócios em qualquer área. Depois de ter uma base sólida em redação e comunicação, você descobrirá que essas habilidades funcionam da mesma forma que o famoso flywheel da Amazon, ou seja, criam um ciclo de sucesso incessável.

As estratégias de comunicação que Jeff Bezos introduziu na Amazon afetam nossas vidas todos os dias. Mesmo que você não seja um dos 300 milhões de clientes globais ativos da Amazon, provavelmente interage com empresas alimentadas ou inspiradas por ela. Nenhum empreendedor teve tanta influência em sua vida diária quanto Jeff Bezos, e poucos líderes empresariais deram tanta atenção ao ato de comunicar sua ideia visionária quanto Bezos — desde o Dia Um.

PROCURAM-SE: HABILIDADES DE COMUNICAÇÃO DE ALTO NÍVEL

EM 23 DE AGOSTO DE 1994, Bezos divulgou seu primeiro anúncio de emprego. Embora ainda não tivesse escolhido um nome atraente para sua empresa de comércio eletrônico, ele tinha uma ideia clara das habilidades necessárias para tornar a "startup bem capitalizada de Seattle" um sucesso. Por estar procurando por um desenvolvedor Unix, os candidatos ao cargo precisavam conhecer a linguagem de programação C++. Bezos acrescentou que a familiaridade com servidores de internet e HTML seria desejável, mas "não necessária". No entanto, ele considerou apenas uma habilidade *essencial* para todos os cargos: "Habilidades de comunicação de alto nível".[5]

Bezos estava à frente de seu tempo. Vinte e cinco anos depois de publicar o primeiro anúncio de emprego para a Amazon.com, uma pesquisa feita pelo LinkedIn com quatro mil profissionais de recrutamento e seleção concluiu que "habilidades de comunicação" são, de fato, essenciais para ter sucesso em qualquer área. Os recrutadores relataram que, de 120 habilidades, a comunicação era a que apresentava alta demanda e baixa oferta. Na maioria dos casos, o conhecimento técnico não é suficiente para chegar ao topo, mesmo em áreas extremamente complexas, como aprendizado de máquina, inteligência artificial e computação em nuvem. De acordo com Jeff Weiner, CEO do LinkedIn, "os seres humanos são subestimados".[6] Falar e escrever — habilidades humanas — são fundamentais para o sucesso em qualquer área. De acordo com pesquisas de recrutadores, a escrita e a comunicação são as habilidades mais procuradas em quase todos os setores e até em áreas técnicas. Um relatório da Indeed.com, um dos maiores sites de emprego do mundo, mostrou que a tendência ao trabalho remoto apenas serviu para realçar a importância das habilidades básicas. As habilidades de comunicação verbal — escrita e oral — encabeçaram a lista das onze habilidades que os empregadores mais desejam ver em seus funcionários. As habilidades de trabalho em equipe e de liderança ficaram em segundo e terceiro lugar, ambas as quais são aprimoradas quando se aprende a falar e escrever de forma eficaz.

A mudança para o trabalho remoto como resultado da pandemia de COVID-19 e a onda de funcionários que deixaram seus empregos para se tornarem seus próprios chefes apenas aumentaram a importância das habilidades de comunicação. Uma pesquisa da McKinsey feita com 18 mil pessoas em 15 países identificou as habilidades necessárias para tornar sua carreira "à prova de futuro".[7] Publicado em 2021, o relatório foi um dos estudos mais abrangentes a levar em consideração as mudanças no local de trabalho pós-COVID, juntamente com os avanços em inteligência artificial, automação e tecnologias digitais. Embora a "fluência digital" seja um conjunto de habilidades que os empregadores de amanhã consideram extremamente desejável nos candidatos, a maioria das principais habilidades necessárias para fazer uma carreira ser à prova de futuro está dentro do escopo da comunicação em todos os seus desdobramentos: contar histórias, falar em público, sintetizar e esclarecer mensagens, traduzir informações para públicos e contextos diferentes, elaborar uma ideia inspiradora, desenvolver relacionamentos e inspirar confiança. A McKinsey chama esse grupo de "habilidades fundamentais", e você aprenderá muito sobre como desenvolver cada uma delas ao longo deste livro.

POR QUE ESTUDAR BEZOS?

BEZOS NÃO PRECISOU que alguém lhe dissesse que habilidades de comunicação eram fundamentais. Logo no começo da história da Amazon, ele conectou a comunicação eficaz à inovação incomum. Embora entendesse o poder dos dados para melhorar a experiência do cliente, Bezos reconheceu que a inovação impulsionaria o crescimento da Amazon. E a inovação exigia seres humanos inteligentes com excelentes habilidades interpessoais e de comunicação.

O premiado autor Walter Isaacson diz que lhe perguntam muitas vezes quem, entre os líderes contemporâneos de hoje, ele colocaria na mesma categoria que os sujeitos históricos de outras biografias escritas por ele: Leonardo da Vinci, Albert Einstein, Steve Jobs.

A resposta de Isaacson? Jeff Bezos.

— Eles eram todos muito inteligentes, mas não era isso que os tornava especiais[8] — afirmou Isaacson. — Pessoas inteligentes são facilmente encontradas e muitas vezes não dão em nada. O que vale é ser criativo e imaginativo. É isso que torna alguém um verdadeiro inovador.

Bezos compartilha traços com os outros objetos de escrita de Isaacson: uma curiosidade apaixonada, uma imaginação fervorosa e um fascínio juvenil. De acordo com Isaacson, Bezos também tem uma "paixão pessoal" por escrever, narrar e contar histórias. Ele une um profundo interesse por comunicação e um amor pelas ciências humanas ao seu entusiasmo pela tecnologia e ao instinto para os negócios. Isaacson afirma:

— Essa tríade (humanidades, tecnologia, negócios) é o que o tornou um dos inovadores mais bem-sucedidos e influentes de nossa Era.[9]

Concordo com Isaacson porque, muitas vezes, me fazem uma pergunta semelhante: *quem é o melhor comunicador empresarial do mundo?*

Em meu livro *The Presentation Secrets of Steve Jobs*, chamei o cofundador da Apple de melhor contador de histórias do mundo empresarial. Em *TED – falar, convencer, emocionar*, apresentei o TED Talks como uma plataforma para celebrar os melhores oradores públicos do mundo. Mas, quando me pedem para nomear o melhor comunicador empresarial do mundo, um nome se destaca acima de todos os outros: Jeff Bezos.

48.062 PALAVRAS

BEZOS É UM COMUNICADOR magistral, de acordo com os ex-executivos da Amazon que entrevistei. Esses líderes — muitos dos quais abriram as próprias empresas bem-sucedidas — costumam citar as cartas anuais aos acionistas da Amazon como modelos de redação e comunicação de negócios. Alguns sugeriram que as cartas de Bezos deveriam ser material didático em escolas de administração porque as lições que elas oferecem são adequadas a líderes em qualquer área.

Bezos escreveu 24 cartas de 1997 a 2020. Elas contêm 48.062 palavras. Analisei e examinei cada uma. Dissequei e examinei cada frase. Assimilei e compreendi cada parágrafo. Poucos líderes empresariais usam metáforas com tanta habilidade quanto Bezos.

Ele construiu flywheels para impulsionar o crescimento da Amazon. Plantou *sementes* que se transformaram em grandes empresas. Criou *equipes de duas pizzas*, explicou por que o fracasso e a invenção são *gêmeos inseparáveis* e contratou *missionários* em vez de *mercenários*. E essas metáforas são apenas a ponta do iceberg.

Jeff Bezos não é Ernest Hemingway, nem sua missão é escrever o próximo grande romance americano. Ambos os escritores, no entanto, compartilham algo em comum: embora seus tópicos sejam complexos, sua escrita é simples e acessível à maioria dos leitores. A simplicidade importa. De acordo com um estudo da *Harvard Business Review*, "a simplicidade aumenta aquilo que os cientistas chamam de fluência de processamento mental. Frases curtas, palavras familiares e sintaxe limpa garantem que o leitor não tenha que fazer um esforço mental grande para entender o que você quer dizer".[10]

Uma das lições mais notáveis que você aprenderá com as cartas aos acionistas é que escrever é uma habilidade que qualquer um pode aprender e aprimorar com o tempo. À medida que a Amazon crescia a cada ano, Bezos crescia como escritor a cada carta. A maioria das cartas com classificação mais baixa em termos de qualidade e clareza foram escritas nos primeiros anos após a abertura de capital da Amazon, enquanto as de qualidade mais alta aparecem ao longo da segunda década após a Amazon se tornar uma empresa pública. A última carta que Bezos escreveu, em 2020, tem uma classificação mais alta em quase todas as medidas objetivas de qualidade do que sua primeira carta em 1997. Eu mencionei que escrever é uma habilidade que você pode aprimorar ao longo do tempo?

O Dia Um não é uma estratégia; é uma mentalidade. Em sua primeira carta aos acionistas em 1997, Bezos escreveu que hoje é o "Dia Um" da internet e da Amazon.com. Nas duas décadas seguintes, ele usou esse bordão como metáfora para criar e sustentar uma cultura de inovação, independentemente do tamanho da empresa.

A Amazon começou com uma ideia grande e uma equipe pequena. Enquanto a Amazon se tornava uma empresa grande, com mais de 1,5 milhão de funcionários, Bezos garantia que ela continuava a manter o coração e o espírito de uma startup. Sempre aprendendo. Sempre melhorando.

A mentalidade do Dia Um não envolve as habilidades que você deixou de aprender ontem; tem a ver com aprender novas habilidades para evitar fracassos no futuro. O Dia Um irá prepará-lo para ter sucesso na década que promete ser a mais transformadora da história humana.

Este livro está dividido em três partes. Na Parte 1, você preparará a base ao aprender a escrever com a "clareza do canto dos anjos". Aprenderá a aproveitar o poder da persuasão ao entender o poder persuasivo da palavra escrita. Descobrirá por que habilidades de escrita robustas são mais essenciais do que nunca. Descobrirá que o caminho para o topo é pavimentado com o menor número possível de palavras. Descobrirá por que Bezos e outros líderes inovadores usam palavras simples para explicar coisas complexas. E descobrirá como uma metáfora escolhida de forma deliberada alimentou a inovação da Amazon e a ajudou a sobreviver à crise das empresas "pontocom". Você também aprenderá:

- por que a escrita persuasiva e as apresentações envolventes começam com uma grande ideia;
- como a voz ativa energiza sua mensagem;
- por que 1066 foi um ano crucial na história da língua inglesa e o que isso significa para os líderes empresariais de hoje;
- por que líderes que simplificam ideias não estão emburrecendo seu conteúdo — eles estão sendo mais espertos do que a concorrência;
- como usar metáforas e analogias para instruir seu público e explicar suas ideias; e

- o que as grandes apresentações têm em comum com músicas que não saem de sua cabeça.

Na Parte 2, examinaremos os elementos da construção da estrutura de uma história que leve seus leitores e ouvintes a agir. Quando souber exatamente por que Bezos proibiu o PowerPoint, o que o inspirou a fazê-lo e com o que ele o substituiu, você terá o poder de pensar de maneira diferente sobre como criar sua própria história. E fique tranquilo — você ainda pode usar o PowerPoint. A diferença é que você não vai mais depender de slides de apresentação para contar sua história. Em vez disso, usará apresentações para *complementar* a história que contar.

Você também aprenderá com ex-executivos da Amazon que trabalharam em estreita colaboração com Bezos na introdução de táticas de comunicação novas e eficazes que os amazonians seguem até hoje. Verá como uma dessas mudanças — as narrativas escritas — impulsionou o crescimento da Amazon e gerou muitos produtos e serviços que impactam diretamente sua vida. Além disso, aprenderá:

- como uma estrutura simples para contar histórias, testada ao longo do tempo, guarda o segredo de como criar apresentações inesquecíveis e propostas irresistíveis;
- como adotar a estratégia de "trabalhar para trás" da Amazon para lançar ideias ousadas;
- por que você precisa identificar uma história de origem e aprender a contá-la; e
- por que Bezos e outros líderes criativos leem muito mais livros do que seus seguidores e como seus hábitos de leitura os tornam oradores públicos extraordinários.

A Parte 3 trata do compartilhamento de seus planos e da transmissão da mensagem. Você aprenderá como Bezos desempenhou o papel de repetidor-chefe para montar uma equipe de missionários inspirados. Descobrirá a tática que Bezos e outros novos persuasores usam para tornar dados e estatísticas memoráveis, compreensíveis e viáveis. Vou explicar por que os grandes comunicadores não nascem prontos — eles trabalham para chegar a esse ponto. Além disso, descobrirá:

- como é possível desenvolver sua capacidade de comunicação ao concentrar-se em três variáveis;
- como articular uma ideia visionária breve e ousada que alinha e inspira equipes;
- como um simples artifício cerebral desencadeia ideias criativas; e
- por que três é o número mais persuasivo na comunicação.

Nessa parte, você também encontrará ferramentas e modelos de comunicação, como o Método Gallo, que apresentei a CEOs e líderes das marcas mais admiradas do mundo, inclusive executivos seniores da AWS, a gigantesca divisão de nuvem da Amazon que permite que as empresas aluguem recursos de computação, armazenamento e trabalho em rede. Esse método vai ensinar a construir uma apresentação visual de sua história em uma página, uma mensagem que você pode compartilhar em 15 minutos ou apenas 15 segundos.

CONQUISTE CORAÇÕES E MENTES

ENQUANTO ESTAVA ESCREVENDO este livro, tive uma oportunidade única de falar com as Forças Especiais do Exército dos Estados Unidos (os Boinas Verdes) no John F. Kennedy Special Warfare Center and School, em Fort Bragg, Carolina do Norte. Os Boinas Verdes são globalmente reconhecidos como uma força de combate de elite: corajosos, inteligentes e magnificamente bem treinados. Seu lema é "libertar os oprimidos" por meio da priorização dos humanos em detrimento dos equipamentos. Isso significa que os Boinas Verdes estão bem armados, mas, por serem diplomatas guerreiros, a persuasão é sua arma preferida. Sua missão é conquistar corações e mentes.

Esses guerreiros únicos estão sempre procurando maneiras novas e inovadoras de pensar. Aprendi que soldados com mentalidade empreendedora são candidatos ideais para as Forças Especiais. Uma missão bem-sucedida requer pequenas equipes de pensadores criativos e solucionadores de problemas que possam conquistar rapidamente a confiança de pessoas que vivem em países diferentes, adaptar-se com rapidez a culturas diferentes e falar idiomas diferentes.

As táticas que você aprenderá neste livro são adotadas pelos profissionais militares de elite porque as habilidades de comunicação escrita e oral são essenciais para a liderança. Os líderes de equipe devem se destacar em habilidades, como fazer apresentações claras e concisas, aplicar a regra de três, escrever na voz ativa, contar histórias envolventes e identificar a principal coisa que o comandante precisa saber.

As habilidades de comunicação e liderança são mais importantes hoje do que em qualquer outro momento da história humana por três razões. Primeira: seus gerentes, clientes, colegas e todos os outros que você precisa influenciar são bombardeados diariamente por uma explosão de dados e informações. Eles precisam de comunicadores poderosos para atrair a atenção, definir prioridades, traduzir a complexidade em conselhos viáveis e esclarecer e condensar conteúdos importantes.

A segunda razão, como mencionei anteriormente, é que a pandemia de COVID-19 acelerou a tendência para o trabalho remoto e para a realização de reuniões virtuais. A pandemia desencadeou a "Grande Demissão", quando a economia dos Estados Unidos viu um número sem precedentes de pessoas largarem seus empregos.

Enquanto escrevia este livro, um estudo da Microsoft descobriu que 41% dos trabalhadores estavam pensando em pedir demissão ou mudar de profissão. Mudar de emprego ou abrir uma empresa exige habilidades de comunicação excepcionais para se destacar ou atrair sócios. A colaboração remota é mais eficaz quando a comunicação escrita e as apresentações virtuais são claras, concisas e específicas.

Terceira: embora você possa gostar da flexibilidade que o trabalho remoto proporciona, ele aumenta a competição por empregos cobiçados. Os candidatos não estão mais competindo por empregos com aqueles que moram perto da empresa. Os gerentes de recrutamento e seleção podem escolher talentos de qualquer lugar do mundo. Aqueles que conseguem falar, escrever e apresentar com eficiência se destacarão e avançarão.

Aqui está a boa notícia. Embora as ferramentas que usamos para nos comunicar tenham mudado, o cérebro humano não mudou. Depois de entender como seus ouvintes e leitores consomem informações pessoalmente ou em um ambiente remoto, sua capacidade de envolvê-los se ampliará — e sua carreira também.

Se o Dia Um é uma metáfora para ter uma mentalidade de principiante, sempre à procura de oportunidades para aprender e crescer, como é o Dia Dois? De acordo com Bezos, o Dia Dois é "inércia. Seguido de irrelevância. Seguido de um declínio excruciante e doloroso. Seguido da morte".[11]

Poucas pessoas podem se dar ao luxo de serem complacentes quando se trata de melhorar suas habilidades. Todos queremos evitar esse declínio lento e doloroso que Bezos imagina. "E é por *isso* que é *sempre* o Dia Um", acrescenta Bezos com ênfase. Aprenda as táticas neste livro e você não vai cair. Você vai subir.

Um dos Princípios de Liderança da Amazon é *Pensar grande*. Pensar pequeno é uma profecia que se autorrealiza, diz Bezos. Os líderes do Dia Um sonham alto e dominam as habilidades de comunicação para inspirar os outros. Ao escolher este livro, você se comprometeu a se juntar a esses líderes. Ao adotar as estratégias deste livro, desbloqueará suas ideias e liberará seu potencial.

A cada capítulo, sua confiança aumentará. A cada capítulo, adquirirá as habilidades necessárias para entrar em um futuro maior, mais ousado e mais forte. Hoje é o Dia Um do caminho para construir esse futuro. Mas como Bezos nos lembra:

É *sempre* o Dia Um.

PARTE I

PREPARE A BASE

1 SIMPLES É O NOVO SUPERPODER

> Sempre que você faz algo mais simples
> e com menos atrito, consegue mais.
>
> — JEFF BEZOS, carta de 2007 aos acionistas da Amazon.

Jeff Bezos estudou física teórica em Princeton. E se sentia confiante em sua capacidade de lidar com os trabalhos extremamente exigentes do curso. Afinal, ele tinha sido o orador de sua turma no ensino médio. Por dois anos não se esforçou muito, mas recebeu a nota máxima na maioria das matérias.

Àquela altura, Bezos se orgulhava do fato de que, dos cem alunos que haviam entrado no curso, restavam apenas trinta. O número estava prestes a diminuir novamente, só que, desta vez, Bezos estaria entre os que sairiam. Um obstáculo apareceu em seu terceiro ano, um que mudaria a direção de sua vida e o futuro da internet.

Bezos e seu colega de quarto, Joe, estavam matriculados na disciplina de mecânica quântica. Ao tentarem e não conseguirem resolver uma equação diferencial parcial, ou EDP, eles ficaram perplexos. Por definição, uma EDP é "uma equação que impõe relações entre as várias derivadas parciais de uma função multivariável". Bezos era bom em matemática, mas o problema o deixou pasmo.

Após três horas sem chegar a lugar nenhum, Bezos e Joe tiveram uma ideia melhor.

— Vamos perguntar a Yasantha, o cara mais inteligente de Princeton[1] — sugeriu Bezos.

Eles foram até o quarto de Yasantha e pediram que ele tentasse resolver a equação. Yasantha pensou sobre ela por muito pouco tempo e disse calmamente: — Cosseno.

— O que você quer dizer com isso? — perguntou Bezos.

— Essa é a resposta. Deixa eu mostrar.

Yasantha escreveu três páginas de álgebra, em detalhes, para demonstrar como chegara à resposta.

— Você fez tudo isso de cabeça? — perguntou Bezos, incrédulo.

— Não. Isso seria impossível — respondeu Yasantha. — Três anos atrás, resolvi um problema muito semelhante e consegui associá-lo com esse aí, então ficou imediatamente óbvio que a resposta era cosseno.

Esse foi um momento de virada na vida de Bezos.

— Foi nesse exato instante que percebi que nunca seria um grande físico teórico — lembra Bezos. — Eu vi o que estava escrito na parede e mudei meu curso muito rapidamente para engenharia elétrica e ciência da computação.

Anos depois, Yasantha ficou extasiado ao saber que a pessoa mais rica do mundo o havia chamado de o cara mais inteligente de Princeton. Yasantha postou um tuíte que dizia: "Vocês não teriam a Amazon se não fosse por mim, já que Jeff Bezos teria se formado em física e o mundo seria um lugar diferente". Bezos não foi o único naquele dormitório de Princeton a mudar a história. Se você tem um telefone iPhone ou Samsung, está usando um chip ou uma tecnologia que Yasantha ajudou a criar. As notas de rodapé estão repletas de histórias.

A decisão de mudar de curso funcionou bem para Bezos. Em 1986, ele se formou com as mais altas honras acadêmicas em ciência da computação e engenharia elétrica. Quase 25 anos depois, Bezos foi convidado a fazer o discurso de formatura em sua *alma mater*. Os alunos que se formavam na turma de Princeton de 2010 estavam entre os mais brilhantes do país. Quatro anos antes, Princeton havia recebido um número recorde de inscrições, mas aceitara apenas 10% dos alunos inscritos.

Em 30 de maio de 2010, Bezos, um bilionário superinteligente, fez um discurso de formatura para graduados superinteligentes da Ivy League* e falou com eles com palavras dignas de um aluno do sétimo ano. Bezos transmitiu uma mensagem profunda em linguagem simples, tornando o discurso um sucesso instantâneo. A National Public Radio** chamou a fala dele de "um dos melhores discursos de formatura de todos os tempos".

No restante deste capítulo, você aprenderá *como* Bezos e outros líderes bem-sucedidos simplificam informações complexas, *por que* eles consideram que a capacidade de simplificar é uma vantagem competitiva e *o que* você pode fazer agora para tornar o simples seu superpoder.

VOCÊ NÃO ESTÁ EMPOBRECENDO O CONTEÚDO, ESTÁ SENDO MAIS ESPERTO DO QUE A CONCORRÊNCIA

BEZOS DISSE à turma de 2010 em Princeton:

— Quero falar com vocês hoje sobre a diferença entre dons e escolhas. A inteligência é um dom; a bondade é uma escolha. Dons são

---

* Grupo de oito universidades prestigiosas e tradicionais do nordeste dos Estados Unidos, inclusive a Princeton. (N.T.)

** Rede de rádio pública dos Estados Unidos financiada por doações da iniciativa privada e pública, e de ouvintes. (N.T.)

fáceis; afinal, eles são dados. As escolhas podem ser difíceis. Em última análise, somos nossas escolhas.[2]

> Seis anos após seu discurso em Princeton, Bezos retomou o tema de se orgulhar de suas escolhas, não de seus dons:
> — Isso é algo superimportante para os jovens entenderem e para os pais pregarem para os jovens. É muito fácil para um jovem talentoso se orgulhar de seus dons: "Sou muito atlético", ou "Sou muito inteligente", ou "Sou muito bom em matemática". Isso é bom. Você deve comemorar seus dons. Você deve sentir satisfação. Mas não pode se orgulhar deles. Você *pode* se orgulhar de suas escolhas.[3]
> Você trabalhou duro? Isso é uma escolha.
> Você estudou muito? Isso é uma escolha.
> Você treinou bastante? Isso é uma escolha.
> — As pessoas que se destacam combinam dons e trabalho duro, e a parte do trabalho duro é uma escolha — disse Bezos.

O discurso de formatura de Bezos consistiu em 1.353 palavras e 88 frases, e registrou uma "pontuação de legibilidade" equivalente ao sétimo ano escolar. A legibilidade é uma medida de qualidade da escrita. A pontuação informa o grau de dificuldade que o leitor médio encontraria para entender um trecho de texto. Nesse caso, a pontuação conclui que o discurso de formatura de Bezos em Princeton provavelmente será entendido por um leitor que tenha recebido, pelo menos, instrução até o sétimo ano (doze anos).

A pontuação de legibilidade foi originalmente criada na década de 1940 pelo Dr. Rudolf Flesch, um estudioso e promotor da prosa simples e descomplicada. Flesch destacou os elementos que tornam um trecho difícil ou fácil de ler. Seu teste se baseou no tamanho médio de frases e palavras, entre outras variáveis. A "facilidade de leitura" é medida em uma escala que vai de 1 a 100. Quanto maior a pontuação, mais fácil é para os leitores entenderem a escrita. Por exemplo, uma pontuação de 30 é "muito difícil" de ler. Uma pontuação de 70 é "fácil" e uma igual ou superior a 90 é "muito fácil". Jornais e editoras que adotaram esse sistema após sua introdução, no final da década de 1940, viram o número de seus leitores aumentar em 60%.

O cientista e educador J. Peter Kincaid trabalhou com Flesch na década de 1970 para tornar a fórmula ainda mais fácil de interpretar. Juntos, eles converteram as pontuações de legibilidade em notas correspondentes aos anos escolares. O teste Flesch-Kincaid examina o número de palavras em uma frase, o número de sílabas por palavra e o número de frases escritas na voz ativa versus a voz passiva, uma concepção de escrita importante que examinaremos no Capítulo 3.

Se você está escrevendo para um público amplo de adultos, qual grau de escolaridade deve se esforçar para alcançar? A resposta talvez o surpreenda: oitavo ano.

O conteúdo escrito no nível do oitavo ano pode ser lido e compreendido por 80% dos estadunidenses. Para contextualizar, trabalhos acadêmicos, incompreensíveis para a grande maioria dos leitores, são escritos para alunos de pós-graduação. A série de livros *Harry Potter* é legível por alunos do sexto ao oitavo ano. Os funcionários da Amazon são instruídos a buscar um nível de pontuação Flesch-Kincaid igual ou inferior ao oitavo ano.

E o discurso de Bezos para os formandos de Princeton? Sétimo ano. O homem mais rico do mundo inspirou os universitários formandos mais inteligentes do país com palavras que uma criança de doze anos seria capaz de entender.

Aqui está a chave. Uma pontuação de legibilidade do sétimo ano não significa que Bezos soe como um aluno do sétimo ano, uma vez que a pontuação não reflete a complexidade ou a sofisticação da fala de uma pessoa. Ela simplesmente nos informa quanta energia mental o ouvinte ou o leitor precisa gastar para absorver e entender a informação. Quanto mais fácil for acompanhar um discurso ou uma apresentação, mais provável será que seu público se lembre de sua mensagem e aja com base nela. Quando você expressa ideias complexas de forma simples, você não está "empobrecendo" o conteúdo; está sendo mais esperto do que a concorrência.

Bezos escreveu cartas anuais aos acionistas da Amazon de 1997 a 2020, 24 cartas ao todo. Veja a pontuação delas em termos de legibilidade:

- 48.062 palavras;
- 2.481 frases;
- 18,8 palavras por frase;
- 2º ano do ensino médio na escala Flesch-Kincaid; e
- 6% de frases na voz passiva, 94% de frases na voz ativa (em frases na voz ativa, o sujeito executa a ação; frases na voz ativa vão direto ao ponto mais rápido, são mais curtas e, na maioria dos casos, são mais fáceis de entender do que as frases na voz passiva).

É um feito impressionante para alguém tão inteligente quanto Bezos escrever 48 mil palavras em uma linguagem que um estudante médio do ensino médio conseguiria ler e entender, sobretudo ao considerar que ele abordou tópicos financeiros complexos, como fluxo de caixa, princípios contábeis geralmente aceitos (GAAP, na sigla em inglês) e lucro pró-forma. Ele também escreveu sobre tópicos extremamente técnicos, como mineração de dados, inteligência artificial e aprendizado de máquina, anos antes desses termos serem incorporados ao léxico empresarial.

A escrita, como qualquer habilidade, pode ser aprimorada. Bezos aperfeiçoou sua escrita ao longo do tempo. Dê uma olhada na Tabela 1 e compare a primeira carta aos acionistas da Amazon, que Bezos escreveu em 1997, com a última delas como CEO. À medida que a Amazon crescia, o tamanho das cartas aos acionistas também aumentava. Mas quando passou a escrever com mais frequência, Bezos se tornou um escritor melhor. O tamanho de suas frases diminuiu em média quatro palavras, e os anos de instrução necessários para ler as cartas caíram dois anos escolares.

TABELA 1 – Comparação de legibilidade das cartas de Bezos aos acionistas enviadas entre 1997 e 2020

FATOR DE LEGIBILIDADE	1997	2020
Palavras	1.600	4.033
Tamanho das frases	20	16
Ano escolar na escala Flesch-Kincaid	1º ano do ensino médio	8º

Um trecho popular da carta de 2020 é simples e fácil de ler, mesmo para alunos do sexto ano:

> Se você quer ter sucesso nos negócios (na vida, na verdade), precisa criar mais do que consome. Seu objetivo deve ser criar valor para todos com quem interage. Qualquer negócio que não crie valor para aqueles que toca, mesmo que pareça bem-sucedido na superfície, não dura muito neste mundo. Ele está fadado a acabar.[4]

SUGESTÃO PARA TREINAMENTO

Durante seu tempo como CEO da Amazon, Bezos ajudou a criar 16 Princípios de Liderança que os amazonians usam todos os dias para discutir novos projetos, apresentar ideias ou determinar a melhor abordagem para resolver um problema específico. Acima de tudo, os princípios reforçam o espírito da empresa, que mantém os clientes no centro de todas as decisões.

A maneira como os princípios são escritos é uma das principais razões pelas quais eles são completamente integrados e compreendidos em todos os níveis da organização. O documento inteiro consiste em cerca de setecentas palavras escritas em uma linguagem equivalente ao oitavo ano escolar. Cada princípio é simples e claro e inclui algumas frases curtas que o traduzem em comportamentos desejáveis.

Por exemplo, o primeiro e mais importante princípio orientador é:

OBSESSÃO PELO CLIENTE

De acordo com a Amazon, a obsessão pelo cliente significa que "os líderes começam com o cliente e trabalham para trás. Eles trabalham vigorosamente para ganhar e manter a confiança do cliente. Embora os líderes prestem atenção aos concorrentes, eles são obcecados pelos clientes".

Princípios-chave que também são relevantes para este livro incluem: mentalidade de dono, inventar e simplificar, aprender e ser curioso, pensar grande, ganhar a confiança e insistir nos mais altos padrões. Você pode ver esses princípios claramente exibidos no site da Amazon porque a empresa deseja que todos os candidatos a emprego os conheçam, que todos os novos contratados os aprendam e que todos os líderes os internalizem e difundam.[5]

Brad Stone, o autor que narrou a ascensão da Amazon em *A loja de tudo*, escreveu que a articulação clara desses princípios é uma estratégia de liderança deliberada. Enquanto os funcionários de muitas organizações se atrapalham em seu trabalho porque os objetivos da empresa são confusos ou complicados, os princípios da Amazon são simples, claros e consistentes.

Os princípios ou valores que compõem a cultura da sua empresa devem ser postos em prática. Mas é impossível colocar em prática um princípio que ninguém consegue lembrar ou entender. Torne seus princípios simples de ler, lembrar e seguir.

Diminuir o tamanho das frases e substituir palavras longas por curtas reduz a quantidade de energia mental necessária para absorver sua ideia. Por que isso importa? Porque nossos cérebros não são feitos para pensar. Eles são feitos para conservar energia.

"A eficiência energética foi a chave para a sobrevivência", escreve Lisa Feldman Barrett em seu premiado livro *Sete lições e meia sobre o cérebro*. "O trabalho mais importante do seu cérebro é controlar as necessidades energéticas de seu corpo. Em suma, o trabalho mais importante do seu cérebro não é pensar."[6]

Expressar argumentos sofisticados e ideias complexas em palavras e frases simples é um sinal de genialidade. Quem disse isso? Um gênio chamado Daniel Kahneman, psicólogo e economista agraciado com o Prêmio Nobel.

"Se você pretende ser considerado confiável e inteligente, não use linguagem complexa quando uma linguagem mais simples funciona", escreve Kahneman em seu livro inovador *Rápido e devagar: duas formas de pensar*. Os falantes persuasivos, diz Kahneman, se esforçam ao máximo para reduzir a "tensão cognitiva". Qualquer coisa que exija energia mental aumenta a carga que as pessoas carregam na cabeça enquanto leem ou ouvem. Cada palavra desconhecida, cada acrônimo desconhecido, cada frase complicada, cada ideia nova — tudo aumenta a carga. Se você continuar adicionando peso à carga, seu leitor ou ouvinte largará tudo e desistirá. Kahneman diz que a "facilidade cognitiva" oferece uma experiência mais agradável e, quando as pessoas estão satisfeitas, é mais provável que apoiem sua ideia.[7]

Simplicidade — que cria facilidade cognitiva — é um tema que percorre todo este livro. Você aprenderá a razão pela qual o cérebro humano está programado para lembrar histórias com mais facilidade do que fatos aleatórios. Vou mergulhar profundamente em duas técnicas retóricas que Bezos usa como atalhos mentais para explicar teorias complexas: metáforas e analogias. E você aprenderá por que os líderes que estão em ritmo acelerado usam o menor número possível de palavras para chegar ao topo.

Acima de tudo, simplicidade significa conhecer e selecionar: conhecer seu público e selecionar as informações que ele precisa saber.

CONHEÇA SEU PÚBLICO

JAY ELLIOT LEMBRA, VIVIDAMENTE, do momento em que conheceu Steve Jobs. Jay, um executivo de 39 anos da IBM, estava sentado na recepção de um restaurante mexicano em Los Gatos, um subúrbio chique no coração do Vale do Silício. Jay lia um artigo de jornal enquanto esperava por um amigo. Um jovem barbudo entrou, vestindo uma camiseta e jeans esfarrapados. Sentou-se ao lado de Jay e notou que o artigo do jornal era sobre a IBM.

— Você sabe alguma coisa sobre computadores?[8] — perguntou ele a Jay.

— Sei. Sou executivo da IBM.

— Um dia, vou enterrar a IBM — respondeu o estranho.

Quem é esse cara?, Jay pensou.

— Oi. Meu nome é Steve Jobs.

Enquanto conversavam, Jay ficou hipnotizado pela ideia visionária de Steve a respeito de um computador pessoal simples e fácil de usar por qualquer um.

— O que preciso fazer para você trabalhar para mim? — perguntou Steve.

— Estou satisfeito com o que estou fazendo. Não conheço você e nunca ouvi falar da Apple — respondeu Jay.

— O que preciso fazer?

— Eu gosto de Porsches. Compre-me um Porsche e vou trabalhar para você — brincou Jay.

Duas semanas depois, um Porsche apareceu na porta da garagem de Jay.

Acho que estou trabalhando para Steve Jobs, pensou Jay.

Elliot tornou-se um mentor de Jobs enquanto a Apple projetava o primeiro Macintosh.

— Nunca confie em ninguém com mais de trinta anos — Jobs costumava brincar. — Exceto Jay.

Jobs queria criar um computador pessoal tão fácil de usar que poderia ser embalado e entregue sem um manual de instruções.

— Esse era o objetivo número um — lembra Elliot. Mas o *mouse* (dispositivo para controlar o computador) era tão inusitado para as pessoas que a equipe do Mac percebeu que o produto precisava ser acompanhado por um manual de instruções.

Durante uma reunião com Elliot, Jobs e alguns profissionais de marketing, alguém na sala sugeriu que o manual deveria ser simples o suficiente para que um aluno do último ano do ensino médio pudesse lê-lo, entendê-lo e aprender a usar o computador apenas com o texto.

— Tudo bem — disse Jobs a contragosto. — Jay, vá a uma escola de ensino médio e ache um aluno do último ano para escrever o manual.

Jobs não estava brincando. Elliot visitou escolas de ensino médio nas proximidades de Cupertino e realizou concursos para encontrar um bom escritor. Eles encontraram um estudante escritor e o levaram para uma instalação secreta onde o aluno do último ano do ensino médio poderia sentar-se com o Macintosh, brincar com ele e aprender a usá-lo. O Macintosh foi o primeiro computador pessoal simples o suficiente para ser usado por uma pessoa comum, acompanhado de um manual fino e escrito para ser lido por qualquer pessoa com nível de ensino médio. Ele continha frases simples, como:

"Você está prestes a aprender uma nova maneira de usar um computador."

"Este capítulo ensina o que você precisa saber para usar seu Macintosh — como criar documentos (o nome de qualquer coisa possível de ser criada no Macintosh), fazer alterações neles e guardá-los."

"O localizador é como o corredor central da casa Macintosh."

— Parte da genialidade de Steve foi ele ter procurado as pessoas certas para ajudar a manter tudo simples, do design ao conteúdo — diz Elliot.

Os grandes comunicadores não começam com aquilo que *eles* sabem; eles começam com aquilo que o *público* sabe.

Pouco depois de trabalhar com executivos da Amazon Web Services, encontrei-me com executivos de outra empresa de nuvem, uma parceira da AWS. Essa startup de rápido crescimento do Vale do Silício vendia a profissionais de TI e de segurança um produto para ajudá-los a analisar uma enxurrada de dados muito mais rápido do que jamais tinha sido feito. Esse produto reduzia o tempo necessário para investigar violações de segurança potencialmente catastróficas. Essa é a explicação simples.

A Greylock Partners, uma empresa de capital de risco do Vale do Silício cujos primeiros investimentos incluíram Facebook, Dropbox, Pandora, Instagram e Airbnb, era o principal investidor nessa empresa de nuvem.

A Greylock tinha muito a ganhar ao promover o sucesso da abertura de capital da empresa. Sua participação de 23% levou a startup a atingir um valor superior a 1 bilhão de dólares.

— A empresa está indo muito bem. Por que vocês precisam de mim? — perguntei a um dos sócios da Greylock.

— Os especialistas em segurança de computadores entendem nosso valor, mas agora nosso trabalho é traduzi-lo para um público mais amplo de investidores, analistas e acionistas. — Embora os executivos da empresa se sentissem à vontade para falar com outros especialistas em seu jargão e em sua linguagem, outras pessoas tinham dificuldade para entender as implicações do produto. As apresentações originais eram lotadas de *slides* prolixos, siglas desconhecidas e um excesso de detalhes escondidos em um excesso de lugares. Não havia histórias ou exemplos concretos para dar vida à história. Em suma, a apresentação era "pouco inspiradora".

Os investidores precisavam saber — em linguagem simples — qual era o problema que o produto resolvia, por que era importante que a empresa fosse "nativa da nuvem" e o que a diferenciava das dezenas de plataformas de segurança no universo da nuvem.

A empresa tinha uma boa história. Só precisávamos cortar a gordura e chegar à carne antes que a sobrecarga cognitiva tomasse conta. Como a empresa tinha um aplicativo em nuvem simples de usar (simples para especialistas), nos concentramos no fato de que os profissionais de TI, em grandes organizações, usavam a plataforma para solucionar problemas em menos de 15 minutos.

As apresentações foram um grande sucesso. Os investidores imploraram por uma participação na empresa. A startup abriu seu capital em 2020 e se tornou um dos IPOs com melhor desempenho do ano. Hoje, ela vale mais de 2 bilhões de dólares.

O SEGREDO SIMPLES DE WARREN BUFFETT PARA ESCREVER COM CLAREZA

BEZOS NÃO É O ÚNICO líder cujas cartas aos acionistas são consideradas leitura obrigatória pela comunidade empresarial. O investidor bilionário Warren Buffett escreve cartas anuais aos acionistas da Berkshire Hathaway há sessenta anos, três vezes mais tempo do que Bezos.

Buffett continua escrevendo cartas aos noventa anos. Sua experiência lhe dá uma perspectiva que poucas pessoas possuem. Segundo ele, o segredo para uma escrita clara e simples é imaginar seu público.

— Sempre imagino que estou conversando com minhas irmãs, Doris e Bertie[9] — diz Buffett. — A Berkshire é praticamente todo o investimento delas. Elas são inteligentes, mas não têm uma participação ativa no negócio, então não leem sobre isso todos os dias. Eu finjo que elas estão viajando há um ano e que estou contando a elas sobre o investimento que fizeram.

Buffett começa a redigir suas cartas com a saudação "Queridas Doris e Bertie". Pouco antes de a carta estar pronta para ser publicada, ele substitui os nomes por uma saudação formal: "Aos acionistas da Berkshire Hathaway".

As cartas de Buffett são acessíveis, legíveis e divertidas. Ao imaginar seus leitores, Buffett se coloca no lugar deles e fala com eles em uma linguagem que compreenderão com facilidade. Quando Buffett se sentou para redigir sua carta de 2018, imaginou que suas irmãs estivessem pensando em vender suas ações. Seu trabalho era convencê-las a esperar.

Leia a carta de Buffett de 2018 e veja como ele tornou informações financeiras complexas acessíveis a Doris e Bertie. A carta ganhou as manchetes por sua agora famosa metáfora de "foco na floresta".

Buffett disse que analisar os detalhes financeiros complexos de cada empresa na enorme carteira da Berkshire seria uma tarefa entorpecedora, dada a sua complexidade. Felizmente para os investidores, não era necessário avaliar cada empresa para estimar se valia a pena manter a Berkshire. Buffett disse que os investidores precisavam saber que as empresas individuais eram "árvores", variando de galhinhos pequenos a sequoias enormes. "Algumas de nossas árvores estão doentes e é improvável que estejam vivas daqui a uma década", reconheceu Buffett. "Muitas outras, porém, estão destinadas a crescer em tamanho e beleza."[10]

Buffett dedicou o restante da carta a levar os investidores por uma jornada pelas cinco categorias — ou "bosques" — que compõem o portfólio da Berkshire: negócios fora do ramo dos seguros ("o bosque mais valioso da floresta da Berkshire"), ações negociáveis, controle acionário de várias empresas, dinheiro e seguros.

Buffett optou por usar a metáfora da árvore como modelo mental para simplificar informações financeiras complexas. Ele disse que é mais fácil para as pessoas entenderem um bosque de árvores do que o relacionamento entre noventa empresas com quase quatrocentos mil funcionários. No Capítulo 5, você aprenderá muito mais sobre como empregar metáforas como atalhos mentais. Buffett é considerado o rei da metáfora na comunicação empresarial, mas Jeff Bezos está perto de confiscar a coroa.

> **SUGESTÃO PARA TREINAMENTO**
>
> Se você estiver trabalhando em um tópico complexo, escolha um exemplo da abordagem usada por Warren Buffett para escrever suas famosas cartas financeiras. Conheça seu público antes de começar a escrever e se faça três perguntas.
>
> **Quem** é o seu público-alvo? Buffett pensa em escrever para suas irmãs, Doris e Bertie.
>
> **O que** o seu público-alvo precisa saber? Evite dizer-lhe tudo o que *você* sabe. O que ele precisa saber que ainda não sabe?
>
> **Por que** ele deveria se importar? Ninguém se importa com suas ideias. A preocupação de seu público é se a sua ideia o ajudará a ter uma vida melhor.

Quem são suas Doris e Bertie? Depois de conhecer bem seu público — quem ele é, o que ele precisa saber e por que ele deveria se importar —, você está pronto para dar o próximo passo e simplificar sua mensagem. Se o primeiro passo foi *conhecer* seu público, o segundo passo é *selecionar* as mensagens certas para ele.

VINTE E SETE ANOS DE INOVAÇÃO EM APENAS 620 PALAVRAS

A SIMPLICIDADE É um ato de seleção, não de compressão. Você já deve ter ouvido falar de oradores que estão "emaranhados", o que significa que estão sendo demasiadamente detalhistas. Como orador, você pode evitar se emaranhar se tiver feito o trabalho duro de se livrar dos detalhes irrelevantes antes de sua apresentação.

Em 2 de fevereiro de 2021, Bezos anunciou, em um e-mail aos funcionários, que estava deixando o cargo de CEO da Amazon e entregando as rédeas do negócio ao executivo-chefe da AWS, Andy Jassy. Bezos explicou que presidiria o conselho de administração da Amazon e permaneceria muito envolvido com os novos produtos e com as iniciativas incipientes da empresa.

A pontuação do e-mail de Bezos chega perto do oitavo ano por ter estrutura, palavras e frases simples. Mas o verdadeiro segredo de sua simplicidade está nas informações que ele decidiu destacar. Se Bezos tivesse decidido falar sobre tudo o que a Amazon havia realizado de 1994 a 2021, teria sido o e-mail mais longo do mundo. Isso simplesmente não serviria para um líder que se orgulha de criar uma experiência acessível. Ao selecionar, com cuidado, o que deixar e o que retirar, Bezos cobriu 27 anos de inovação em um e-mail de apenas 620 palavras.

"A invenção é a chave do nosso sucesso",[11] escreveu Bezos. "Fizemos coisas malucas juntos e depois as tornamos normais. Fomos pioneiros em avaliações de clientes, compras com um clique, recomendações personalizadas, entregas incrivelmente rápidas da Prime, compras sem passar por uma caixa registradora, Climate Pledge, Kindle, Alexa, marketplace, infraestrutura de computação em nuvem, Career Choice e muito mais."

E muito mais. Três palavras que subestimam o alcance das iniciativas e inovações que Bezos optou por deixar de fora.

"Se existe uma razão pela qual nos saímos melhor do que nossos pares no espaço da internet, é porque focamos como um laser na experiência do cliente",[12] disse Bezos certa vez. Desde o Dia Um, Bezos entendeu uma regra fundamental do comportamento humano — as pessoas se alinharão com objetivos, ideias e prioridades compartilhadas quando estes forem expressos de forma simples, concisa e consistente.

NÃO SE PERCA EM UM MAR DE DADOS

STEPHEN MORET ESTÁ FELIZ por ter estudado os princípios orientadores e as ideias da Amazon. Em abril de 2017, a Amazon divulgou que estava procurando um local fora de Seattle para construir sua segunda sede. Convidou regiões de todo o país para apresentarem suas propostas. A Amazon recebeu 238 inscrições.

Moret, chefe de desenvolvimento econômico da Virgínia, viu uma grande oportunidade para desenvolver a economia de seu estado. Mas ele sabia que suas chances eram mínimas. Uma agência de consultoria reuniu dados de vinte categorias para analisar a viabilidade do estado. Os resultados não prediziam nada de bom. Virgínia não tinha como conceder os incentivos generosos oferecidos por outros estados, nem poderia competir com os custos baixos de mercados mais acessíveis.

— Sabíamos que a Amazon receberia centenas de propostas — Moret me disse. — Tínhamos uma oportunidade limitada para causar uma boa impressão, então precisávamos ser claros sobre as coisas que nos diferenciavam.[13]

A equipe começou a elaborar uma apresentação sobre o norte da Virgínia (NOVA) e trabalhou para trás, pesquisando as necessidades da empresa como ponto de partida (*Working Backwards,* ou trabalhar para trás, é uma técnica de redação e tomada de decisões da Amazon sobre a qual você aprenderá mais no Capítulo 10). Eles descobriram que a Amazon valorizava a oferta sólida e sustentável de talentos. A equipe de Moret persuadiu entidades governamentais e privadas a comprometerem 1,1 bilhão de dólares para expandir o ensino de ciência da computação e construir um novo campus de inovação na Universidade Estadual da Virgínia, conhecida como

Virginia Tech. Moret superou o ceticismo inicial ao apontar que, mesmo que a proposta da Virgínia não vingasse, uma região conhecida por seu talento em tecnologia atrairia empresas do país inteiro.

Embora a proposta final da NOVA tenha chegado a novecentas páginas (incluindo apêndices detalhados), Moret desafiou a equipe a fazer "a história real caber em uma página".

A equipe de Moret simplificou a história da NOVA em seis mensagens-chave cuidadosa e deliberadamente selecionadas:

- o maior produtor de talentos tecnológicos da América do Norte;
- uma região global e inclusiva;
- a única região metropolitana dos Estados Unidos que é líder em inovação nos setores público e privado;
- um parceiro estável e competitivo, com um legado de governança excepcional;
- uma variedade enorme de locais esplêndidos para corresponder ao escopo, à velocidade e à escala da segunda sede; e
- um novo modelo de desenvolvimento econômico para o século 21.

— Focar em seis pontos nos forçou a ter certeza de que estávamos apresentando um argumento convincente — diz Moret. — Se você tiver que destilar o caso que está tentando apresentar em um número pequeno de pontos, quais seriam? Certifique-se de que esses pontos sejam claros, irresistíveis e embasados. Não se perca em um mar de dados.

Moret montou uma equipe que realizou aquilo que a maioria dos observadores dizia que nunca aconteceria. Em 13 de novembro de 2018, a Amazon anunciou que o norte da Virgínia abrigaria sua segunda sede. A equipe de Moret ganhou o maior projeto econômico privado da história dos Estados Unidos. A segunda sede da Amazon criará 25 mil empregos novos e trará mais de 500 milhões de dólares por ano em receita para a Virgínia.

Se você conversar com Moret, logo descobrirá por que ele é tão bem-sucedido em reunir centenas de pessoas com interesses diversos — e às vezes conflitantes — para trabalharem juntos pelo bem comum. Ele se recusa a aceitar o crédito, sempre apontando os holofotes para as outras quinhentas pessoas envolvidas na preparação da proposta. Mas não se engane, Moret era o capitão da equipe. Líderes inteligentes mantêm as coisas simples porque coisas simples levam a decisões inteligentes.

— Se você possui uma competência que ninguém mais tem, uma carta na manga, você se torna mais valioso — diz Indra Nooyi, ex-CEO da PepsiCo que atualmente faz parte do conselho de administração da Amazon.[14] Nooyi também identifica sua "carta na manga" como a capacidade de tornar simples aquilo que é complexo.

"Sempre que as coisas pareciam ser muito complexas, apelavam para mim. As pessoas pediam: 'Indra, você precisa simplificar primeiro. Precisa nos dizer como lidar com esse problema extremamente complexo.' Essa era a minha habilidade naquela época. E ainda é hoje."

De acordo com Nooyi, "Se você quer ser um líder e não consegue se comunicar de forma eficaz, esqueça. No mundo digital, as pessoas acham que enviar mensagens de texto e tuítes é comunicar. Não é. Você precisa ser capaz de se colocar diante dos funcionários e convencê-los a ir aonde nunca pensaram que poderiam chegar. Você precisa ter uma enorme capacidade de comunicação. Nunca é demais investir em habilidades de comunicação".

Você sempre encontrará pessoas que se recusam a simplificar a mensagem. Eles são apaixonados pelo próprio intelecto, cativados por suas credenciais e encantados com sua experiência. Nunca escolheriam uma palavra curta para substituir uma longa. Por que deveriam? São adeptos do que é sesquipedal. Sim, a palavra existe. Um texto sesquipedal usa palavras multissilábicas que são difíceis de pronunciar e de entender. Não deixe que eles o intimidem.

O MODELO JEFF BEZOS DE COMUNICAÇÃO

O bilionário fundador de uma empresa de investimentos em capital privado me disse certa vez que a maior fraqueza que ele vê entre os graduados em administração que se candidatam à sua empresa é a incapacidade de traduzir seu trabalho e suas ideias em linguagem simples. "Suas apresentações são abrangentes e técnicas demais, e totalmente incompreensíveis e inócuas."

Trabalhe duro para manter a mensagem simples, e sua mensagem simples se tornará seu superpoder.

2 UMA INTERPRETAÇÃO MODERNA PARA PALAVRAS ANTIGAS

> Palavras curtas são as melhores, e palavras antigas, quando curtas, são as melhores de todas.
>
> — WINSTON CHURCHILL

Uma revolução abalou o mundo editorial em novembro de 2007. O lançamento, pela Amazon, de seu e-reader, o Kindle, decolou como um foguete.

Os primeiros aparelhos esgotaram em cinco horas, enquanto os clientes devoravam a seleção de noventa mil títulos disponíveis. Hoje, os clientes do Kindle podem escolher entre mais de seis milhões de títulos. A Amazon é responsável por 80% de todas as vendas de e-books nos Estados Unidos.

Cerca de 25% dos adultos estadunidenses leem e-books. Mesmo que você prefira o livro impresso ou a categoria de audiolivros, que está em rápido crescimento, você sabe como acessar e ler e-books. Mas, em 2007, a maioria das pessoas nunca tinha visto tal dispositivo. Bezos destacou algumas de suas características em uma carta aos acionistas.

Se você se deparar com uma palavra que não conhece, poderá encontrar seu significado facilmente. Você pode pesquisar em seus livros. Suas anotações nas margens e seus trechos sublinhados são armazenados em servidores na "nuvem", onde não se perdem. O Kindle guarda automaticamente o lugar em que você está na leitura em cada um dos livros que está lendo. Se seus olhos estiverem cansados, você pode alterar o tamanho das letras. O mais importante é a capacidade simples e perfeita de encontrar um livro e tê-lo em sessenta segundos. Quando vi pessoas fazendo isso pela primeira vez, ficou claro que essa possibilidade tem um efeito profundo sobre elas. Nossa ideia para o Kindle é que ele tenha todos os livros já impressos em qualquer idioma, todos disponíveis em menos de sessenta segundos.[1]

Noventa e dois por cento das palavras da versão original em inglês do trecho acima são de uma ou duas sílabas. Na verdade, a maioria das palavras que Bezos escolheu para descrever o Kindle — 76% — são de apenas uma sílaba.

Os grandes oradores usam palavras curtas para explicar ideias novas.

Palavras curtas e simples têm sua origem em um evento de grande importância na mente do povo inglês. Cerca de 940 anos antes de o Kindle mudar a forma como as pessoas leem, a Batalha de Hastings mudou a forma como as pessoas falam.

Em 1066, Guilherme, o Conquistador, fez jus ao seu apelido e, partindo da França, atravessou o Canal da Mancha junto com sete mil invasores normandos. Ele introduziu palavras novas no vocabulário da classe dominante, uma versão precursora do francês baseada no latim (o francês normando). A conquista normanda teve uma enorme influência sobre a língua inglesa, e seu impacto se faz sentir até hoje.

Embora a nova classe dominante normanda falasse usando uma linguagem "sofisticada", os 97% restantes da população do país, o povo "comum", continuaram a usar o inglês antigo, a forma mais antiga registrada da língua inglesa, cujas raízes remontam ao século 5. Depois de 1066, o francês normando tornou-se a língua da nobreza inglesa, enquanto palavras curtas e antigas continuaram sendo a língua do povo.

Hoje, 80% das palavras em inglês se dividem em dois campos: germânico (uma combinação de inglês antigo e médio) e latino. Os 20% restantes das palavras vêm de uma combinação de origem grega e outras origens que atravessaram continentes (por exemplo, *tobacco* [tabaco] e *potato* [batata] vieram das Américas; e palavras como *bungalow* [bangalô] e *guru,* do Extremo Oriente). A tecnologia também é responsável por uma pequena porcentagem de palavras, como *to google* [pesquisar no Google].

Qual a diferença entre as palavras mais antigas da língua inglesa e aquelas de origem latina? É fácil responder quando você pega o jeito. As palavras antigas são curtas e muitas vezes têm uma sílaba. As palavras baseadas no latim são mais longas e têm mais sílabas. Quando alguém fala em "inglês simples", provavelmente está usando palavras antigas. Quando um orador é prolixo, confuso e complicado, provavelmente está usando muitas palavras de origem latina.

Se você *need* [precisa de] algo, você está falando em inglês simples. Se você *require* [requer] aquilo, está usando linguagem sofisticada.

Se você se reporta a um *boss* [chefe], está falando em inglês simples. Se você se reporta a um *superior,* está usando linguagem sofisticada.

Se disser que a propriedade do seu vizinho fica *next to* [ao lado] da sua, você está falando em inglês simples. Se disser que a propriedade deles é *adjacent* [adjacente] à sua casa, está usando linguagem sofisticada.

As palavras antigas de origem germânica são informais e coloquiais. As palavras de origem latina são, muitas vezes, formais e enfadonhas. A Tabela 2.1 mostra mais exemplos que comparam frases formais com suas contrapartes informais.

O MODELO JEFF BEZOS DE COMUNICAÇÃO

TABELA 2.1 – Frases formais em comparação com versões mais simples

FORMAL	CARACTERES	INFORMAL	CARACTERES
Ele proferiu uma falsidade deliberada.	34	Ele mentiu.	9
Eu percebo algo distante.	22	Vejo algo longe.	14
Vamos nos engajar em um diálogo.	27	Vamos conversar.	15
Você é obrigado a comprar qualquer item que danificar.	46	Quebrou, pagou.	14

Neste capítulo, você aprenderá um recurso de linguagem simples para inspirar, persuadir e motivar: combine palavras antigas e palavras sofisticadas. Quando Patrick Henry* escreveu *"Give me liberty or give me death"* [Dê-me liberdade ou dê-me a morte], ele combinou *liberty* [liberdade], um substantivo derivado da palavra latina *libertas*, com uma palavra curta de origem inglesa antiga, *death* [morte]. As palavras de Henry unificaram os colonos estadunidenses e provocaram uma revolução.

Uma combinação de palavras latinas e germânicas fica em algum lugar entre um livro jurídico e um livro infantil, como em *Fun with Dick and Jane*. Quando a menina diz: "Corra, corra" e o menino diz: "Olhe, olhe", isso constitui uma leitura interessante apenas para a mente de uma criança de seis anos. No extremo oposto, textos e apresentações compostos apenas por palavras de origem latina são difíceis de entender, desconcertantes, confusos e complicados. Simplificando, as palavras sofisticadas dão sono.

Como você decide quando escolher uma palavra curta em vez de uma longa? A resposta é simples. Use palavras curtas para falar

---

* Patrick Henry (1736-99) foi advogado e político, além de um dos "pais fundadores" dos Estados Unidos. (N.T.)

sobre coisas difíceis: uma crise, uma ideia complexa ou uma grande ideia que você deseja que os ouvintes lembrem.

> **SUGESTÃO PARA TREINAMENTO**
>
> Submeta sua mensagem a um teste. Selecione um trecho de texto de um de seus roteiros de apresentação. Quantas palavras ou frases são sofisticadas? Você pode usar um dicionário de etimologia on-line para identificar a origem das palavras. Procure palavras mais simples e curtas para substituir as formais. Ao escolher palavras curtas, você eliminará do seu discurso a maior parte do jargão, palavras que confundem seu público. Como resultado, suas frases serão firmes, claras e fortes. Substitua palavras longas por curtas e você será muito mais persuasivo.

EM UMA CRISE, OPTE POR PALAVRAS CURTAS

"AS PALAVRAS MAIS curtas de uma língua são geralmente as mais antigas", disse certa vez Winston Churchill. "Seu significado está mais enraizado no caráter nacional, e elas apelam para uma força maior."

Erik Larson é o autor campeão de vendas de narrativas históricas como *A última viagem do Lusitania*, sobre o naufrágio do *Lusitania* na Primeira Guerra Mundial, e *O esplêndido e o vil*, sobre os primeiros meses de Churchill no cargo de primeiro-ministro do Reino Unido na Segunda Guerra Mundial. Larson me disse que Churchill tinha muito cuidado com as palavras que escolhia para se comunicar com o público. Em um memorando intitulado "Brevidade", Churchill instou os administradores do serviço público a substituir frases prolixas por palavras simples e mais coloquiais. Churchill disse: "A disciplina de expor os pontos mais importantes de maneira concisa auxilia a pensar com clareza".[2]

Mensagens e pensamento claros era o que precisávamos quando a pandemia do coronavírus paralisou o mundo. Em março de 2020, agências de saúde do mundo inteiro estabeleceram regulamentos nacionais de quarentena e realizaram campanhas visando incentivar as pessoas a tomarem precauções para reduzir a propagação da COVID-19. Nos países de língua inglesa, dos Estados Unidos ao Reino Unido e do Canadá à Austrália, os cidadãos foram instruídos com as orientações *Stay Home. Stop the Spread. Save Lives.* [Fique em casa. Evite a propagação. Salve vidas.]

O governo do Reino Unido divulgou anúncios impressos e de rádio com o objetivo de evitar que o Sistema Nacional de Saúde ficasse sobrecarregado: *Stay Home. Stop the Spread* [Fique em casa. Evite a propagação.] Os australianos foram aconselhados com a frase: *Stop the spread and stay healthy* [Evite a propagação e mantenha-se saudável]. Os canadenses foram instruídos com: *Stay home, wear a mask, and wash your hands* [Fique em casa, use máscara e lave as mãos].

Em uma crise, as palavras curtas são urgentes, chamam a atenção e são fáceis de entender.

Imagine se as campanhas tivessem usado o jargão burocrático tradicional. A mensagem poderia ter soado assim:

> Para preservar a saúde e a segurança pública, todos os cidadãos que não exerçam atividades essenciais que impactem partes críticas da infraestrutura são, por meio deste, obrigados a permanecer em suas residências, a fim de mitigar a propagação do novo coronavírus e minimizar a morbidade e a mortalidade.[3]

Eu não inventei esse parágrafo. Ele faz parte da ordem executiva que anunciou as diretrizes de permanência em casa, emitida pelas autoridades do estado de Nova York em 16 de março de 2020. É uma linguagem jurídica, não a linguagem cotidiana de pessoas reais. A maioria dos comunicadores do setor de saúde sabe a diferença entre as duas. Quando se comunicam em uma crise, escolhem palavras de origem antiga como *stay, home* e *lives* [fique, casa e vidas].

E nos países que não falam inglês? Palavras simples são adequadas em uma crise? Certamente.

A pandemia de COVID-19 transtornou o Japão porque o país teve que lidar com o golpe psicológico e econômico adicional de ser forçado a adiar as Olimpíadas de Tóquio de 2020. Em março, uma reunião de especialistas em saúde concluiu que três condições eram responsáveis pela transmissão do vírus: espaços fechados com pouca ventilação, espaços lotados onde era impossível manter o distanciamento social e conversas com as pessoas perto umas das outras.

A "modificação de comportamento" era crucial, e somente uma comunicação eficaz persuadiria o público a se precaver. As autoridades de saúde lançaram uma campanha pedindo às pessoas que evitassem os "Três As: ambientes fechados, ambientes lotados e aproximação". Os três As eram tão fáceis de lembrar que até mesmo os japoneses jovens, em idade escolar, ficaram alerta para a necessidade de evitar ambientes fechados e lotados, e ficar muito próximos uns dos outros.

Os especialistas em saúde global são treinados em comunicação de crise. A primeira regra que eles aprendem é tornar a mensagem clara e concisa. Grande parte da pesquisa no campo da comunicação em tempos de crise é baseada na "teoria do ruído mental". Significa que, em tempos de crise, há muito estresse e emoções à flor da pele. Nessas situações, as pessoas são menos propensas a ouvir as informações com precisão, entendê-las e lembrá-las.

A solução para eliminar o ruído é criar uma mensagem que possa ser falada entre sete e nove segundos ou impressa em vinte palavras. É por isso que, muitas vezes, você verá mensagens de crise em grupos de três, com as palavras mais curtas possíveis. Se suas roupas pegarem fogo, é fácil lembrar de *stop, drop, and roll* [pare, deite no chão e role]. Em áreas sujeitas a terremotos nos Estados Unidos, as crianças são ensinadas com a frase *drop, cover, and hold on* [deite no chão, proteja-se e se agarre a algo].

Escolha as palavras mais curtas para transmitir uma mensagem em uma crise. Durante a pandemia, todos ouvimos as mesmas instruções repetidas vezes: fique em casa, use máscara e mantenha uma distância de um metro e meio. Você saberá que encontrou as palavras mais antigas para expressar uma mensagem quando não houver palavras mais curtas para dizer a mesma coisa.

COMO EXPLICAR IDEIAS COMPLEXAS PARA A MAIORIA DAS PESSOAS

À MEDIDA QUE sua ideia fica mais complexa, o tamanho de suas palavras deve diminuir.

Vamos usar a área jurídica como exemplo. Os advogados têm um caso de amor com palavras de origem francesa e latina. É por isso que os contratos legais estão cheios de palavras que você não usaria em conversas cotidianas: *doravante, quantum indenizatória* e *força maior*.

Shawn Burton decidiu que estava na hora de haver uma mudança. A inovação que ele trouxe para o departamento jurídico da GE veio na forma de comunicação em inglês simples. Burton, o advogado principal da divisão de aviação da GE, começou um artigo na *Harvard Business Review* com a seguinte observação: "Como você chama um contrato denso e excessivamente longo, carregado de jargão jurídico e praticamente ininteligível para quem não é advogado? O status quo".[4]

Burton diz que a maioria dos contratos legais são "cheios de linguagem desnecessária e incompreensível". Burton liderou um esforço de três anos para promover contratos escritos em linguagem simples em vez de em juridiquês arcano ou, como é definido pelo Google, "neologismo utilizado para designar o uso excessivo do jargão jurídico. O termo reflete o uso rebuscado do vernáculo na comunicação escrita e falada, quando esta é permeada em termos técnicos complexos, por vezes, em latim, comumente utilizados no âmbito do Direito"*.

O problema com o jargão jurídico frustrava as equipes de vendas da empresa. Contratos de mais de cem páginas e quase quarenta definições consumiam tempo demais para serem lidos, compreendidos e negociados. Burton, que aprendeu inglês simples na faculdade de direito, criou um teste simples: "Se alguém no ensino médio não era capaz de entender aquilo sem contexto algum, o texto não era claro o suficiente".[5]

Reescrever contratos não foi fácil. A equipe jurídica de Burton passou um mês trabalhando no primeiro rascunho, mas conseguiu reduzir sete contratos em um. Declarações e parágrafos que exigiam mais de uma página foram reduzidos a uma ou duas frases. Um dos contratos tinha uma frase com 142 palavras. Ao substituir muitas das palavras baseadas em latim por versões mais simples, a frase foi reduzida para 65 palavras — ainda era longa, mas a empreitada havia reduzido o tamanho dela em mais da metade.

O melhor de tudo era que não havia mais necessidade de um apêndice porque todas as 33 palavras que exigiam uma definição haviam sido eliminadas.

Todos concordaram que os contratos finais eram mais curtos e fáceis de ler. Foram-se as palavras como *quantum indenizatória, doravante, vernáculo* e *data venia*. Alguns até estranharam o novo contrato porque perceberam que, quanto mais simples a linguagem, mais fácil era de entender.

— Conceitos jurídicos, que historicamente haviam sido apresentados de forma complicada, foram explicados em termos leigos. As frases eram curtas e escritas na voz ativa[6] — disse Burton.

O esforço foi recompensado. Os primeiros 150 contratos em linguagem simples levaram 60% menos tempo para serem negociados.

---

* Definição encontrada no Wikipédia. (N.T.)

De acordo com Burton, os contratos novos aceleraram os negócios, melhoraram a satisfação dos clientes e economizaram dinheiro.

Burton chama sua iniciativa de "contratação brilhante". A estratégia *é* brilhante, mas não é nova.

Cerca de 150 anos antes da iniciativa de usar linguagem simples da GE, um advogado do interior dos Estados Unidos chamado Abraham Lincoln havia descoberto a mesma estratégia.

"A chave para o sucesso de Lincoln foi sua incrível capacidade de decompor os casos ou os problemas mais complexos em seus elementos mais simples",[7] escreve a historiadora Doris Kearns Goodwin. Embora os argumentos de Lincoln fossem lógicos e muito significativos, eram fáceis de acompanhar. Como? "Ele procurava se envolver em conversas íntimas com os jurados, como se estivesse conversando com amigos." Goodwin cita um dos colegas de Lincoln, Henry Clay Whitney, que observou que "a linguagem de Lincoln era composta de palavras anglo-saxãs simples".

O bom e velho Abraham Lincoln estava certo o tempo todo.

Voltemos à Amazon. Não a Amazon de Seattle, mas a "Amazon da Coreia do Sul".

Em março de 2021, a Coupang abriu seu capital. Bom Kim fundara a empresa em 2010, depois de largar a Harvard Business School após apenas seis meses. Não é preciso se preocupar com o futuro dele, no entanto. Ele adotou alguns dos princípios da Amazon para revolucionar o comércio eletrônico em sua parte do mundo e hoje a empresa vale 8 bilhões de dólares, segundo a *Forbes*.

Quando Kim fala sobre a obsessão de sua empresa com o serviço, com uma variedade grande e com um preço baixo, somos lembrados dos princípios que tornaram a Amazon bem-sucedida. O jovem empresário também usa um exemplo do manual de Bezos e utiliza estilo e palavras simples para explicar novas ideias.

Nas apresentações preparatórias para a abertura de capital da empresa de Kim, ele explicou o serviço de entregas rápidas que chamou de "entrega foguete". Ela é impressionantemente rápida. Os sistemas avançados de logística da Coupang permitem entregar milhões de itens e mantimentos frescos em horas, 365 dias por ano.

Veja como Kim explica o serviço: "Faça um pedido até meia-noite e receba sua encomenda ao acordar. Faça seu pedido. Vá dormir. Acorde para encontrar suas encomendas à sua porta, como na manhã de Natal. Sua filha precisa de um tutu para a aula de balé? Encomende até a meia-noite e chegará ao amanhecer, antes de ela sair para a escola. Ou peça fones de ouvido à noite e use-os em seu trajeto para o trabalho no dia seguinte".[8]

A proposta de Kim recebe uma pontuação de 90 por sua facilidade de leitura, o que significa que é "muito fácil" para a maioria das pessoas entendê-la. Quanto mais alta a pontuação, mais curtas as frases e palavras. O trecho tem uma pontuação no nível do terceiro ano e não contém nenhuma sentença na voz passiva. Não há maneira mais simples de dizer a mesma coisa.

As palavras de Kim, no entanto, escondem uma enorme complexidade. Ele não diz que a empresa "aproveita o aprendizado de máquina para antecipar a demanda e encaminhar o estoque para mais perto dos clientes". Ele não explica a "orquestração dinâmica", uma tecnologia que classifica centenas de milhões de combinações de possibilidades de estoque e de rota para prever o caminho mais eficiente ao entregar cada pedido. Ele evita uma discussão sobre o sistema integrado que permite à empresa "otimizar os processos a montante para diminuir as ineficiências a jusante".

O cliente padrão não se importa com a maneira como uma encomenda chega à sua porta. Ele não se importa em saber quais plataformas de IA, logística ou software a empresa usa para fornecer essa experiência. E, embora não se importe em entender a "orquestração dinâmica", ele fica impressionado com o resultado: a tecnologia permite que a Coupang entregue 100% dos pedidos no dia seguinte ou em uma questão de horas.

Kim disse à CNBC que "invejava" o modelo de negócios da Amazon e que se inspirou na maneira como Bezos articulou a ideia e os benefícios da empresa. Kim tornou-se um excelente comunicador. Muitos clientes podem recitar a declaração da missão simples e memorável da empresa: "Criar um mundo onde os clientes se perguntam: como eu conseguia viver sem a Coupang?".

AFORISMAS SINTETIZAM IDEIAS PODEROSAS

TODOS NÓS JÁ ouvimos a frase "Se não está quebrado, não conserte". Alguns empreendedores deram uma nova interpretação a esse ditado antigo e criaram o próprio: "Mova-se rápido e quebre coisas". Esses são aforismos — ditos breves, observações astutas, gotas de sabedoria ou pepitas de conselhos. Cada aforismo contém uma mensagem diferente, é claro, mas quase sempre são curtos:

- Você colhe o que planta.
- Uma corrente é tão forte quanto seu elo mais fraco.
- Não há nada bom ou ruim, mas o pensamento faz com que seja assim.
- Roma não foi construída em um dia.
- Não julgue um livro pela capa.

Um ditado longo e confuso seria difícil de lembrar. As pessoas não podem seguir um conselho se não se lembrarem dele. Frases curtas e palavras simples são melhores para transmitir ideias novas ou instigantes.

O filósofo e autor campeão de vendas de *A lógica do Cisne Negro*, Nassim Nicholas Taleb, diz que o poder de um aforismo está em sua capacidade de "sintetizar ideias poderosas em um punhado de palavras".

No livro *A cama de Procusto*, Taleb explica que aforismos, máximas, provérbios e ditos curtos são exemplos das mais antigas formas literárias. "Eles carregam a brevidade cognitiva da frase de efeito... com um certo ar de bravata na capacidade do autor de sintetizar ideias poderosas em um punhado de palavras — sobretudo no formato oral... aforismos exigem que mudemos nossos hábitos de leitura e os abordemos em pequenas doses; cada um deles é uma unidade completa, uma narrativa completa, dissociada das outras".[9]

Alguns aforismos são chavões pouco inspirados que repetem ideias de senso comum que você já ouviu muitas vezes. Mas, de acordo com Taleb, outros são "ideias nítidas transformadas em *commodities*", que desencadeiam um momento de descoberta e têm "consequências explosivas".

Aforismos que o forçam a pensar sobre o mundo de uma maneira diferente resistem ao teste do tempo porque são transmitidos de geração em geração. Da mesma forma, Bezos quer que suas estratégias sejam passadas dos funcionários atuais para os novos, para que toda a empresa permaneça alinhada em torno de um objetivo comum. E é por isso que Bezos empacota seus conselhos em forma de provérbios e aforismos que, por definição, são frases curtas que contêm muita sabedoria. Palavras curtas são fáceis de dizer, fáceis de ler, fáceis de lembrar e fáceis de repetir.

JEFFISMOS FAMOSOS

VAMOS DAR UMA olhada mais de perto em alguns dos mais famosos "jeffismos" (os ditos mais memoráveis de Bezos) e examinar por que ele escolhe certas palavras em detrimento de outras. Você encontrará exemplos na Tabela 2.2, junto com anotações sobre por que as citações são populares.

TABELA 2.2: Aforismos de Bezos

AFORISMO	OBSERVAÇÕES
"Cresça rápido."	Duas palavras que registram uma pontuação Flesch de facilidade de leitura de 100 pontos. Não há como escrever de uma forma mais simples.
"Você não escolhe suas paixões. Suas paixões escolhem você."	Mais uma vez, essa citação tem uma pontuação de legibilidade próxima de 100. Ela tem o poder a mais de inverter a mesma frase e ter duas sentenças sucessivas, um artifício retórico chamado de quiasmo. Outro exemplo é a frase famosa de JFK: "Não pergunte o que seu país pode fazer por você. Pergunte o que você pode fazer por seu país".
"Você pode trabalhar muito, trabalhar duro ou trabalhar de forma inteligente, mas, na Amazon.com, você não pode escolher apenas dois desses."	Bezos fez essa observação em 1997, e ela permanece até hoje. Exceto por *Amazon*, cada palavra tem uma sílaba no original em inglês.
"Resumindo, o que é bom para os clientes é bom para os acionistas."	Bezos deu esse conselho em 2002. Sabemos que se trata de um resumo de um princípio importante porque ele assim o disse.
"A vida é curta demais para gastarmos tempo com pessoas que não valem a pena."	Bezos poderia ter usado *se associar* ou *confraternizar*, mas escolheu a expressão comum "gastar tempo".
"Se não puder alimentar uma equipe com duas pizzas, ela é grande demais."	Uma nota de legibilidade de 100 significa que não existe forma mais simples de expressar esse conceito que pode encher — e já encheu — livros inteiros.
"Sua marca é aquilo que os outros dizem sobre você quando você não está na sala."	Mais uma vez, um conceito que pode encher um livro sobre construção de marca, escrito quase inteiramente com palavras de duas sílabas.
"É sempre o Dia Um."	Muito fácil de ler, lembrar e repetir.

SUGESTÃO PARA TREINAMENTO

Use testes do tipo Flesch-Kincaid para simplificar sua escrita. Várias plataformas de escrita incorporam o serviço, como o Grammarly (atualmente apenas em inglês) e o Microsoft Word, que adicionou pontuações de legibilidade a suas opções de Revisão. Nesse software, você poderá encontrar um guia de ortografia e gramática que traz, dentre outras utilidades, "Estatísticas do documento" e "Estatísticas de legibilidade", com detalhes sobre a legibilidade e a facilidade de leitura do documento. A Amazon ensina seus funcionários a mirar em um nível de "legibilidade" igual ou superior a 50 e em uma pontuação equivalente

> ao oitavo ano escolar. No original em inglês, este capítulo tem uma nota de legibilidade de 59 e uma pontuação Flesch-Kincaid equivalente ao oitavo ano, o que significa que é simples o suficiente para uma ampla gama de leitores entenderem claramente o seu conteúdo.

O SÁBIO DE OMAHA

UM *SÁBIO* É definido como uma pessoa que tem muito conhecimento. Sábios podem ser encontrados em todas as partes do mundo, inclusive em Omaha, Nebraska, onde mora o sábio financeiro mais brilhante do planeta.

O bilionário Warren Buffett é o rei da metáfora, como vimos anteriormente. Ele também é o príncipe das frases concisas. A maioria das frases famosas de Buffett contém uma quantidade de sabedoria que já encheu livros inteiros sobre o assunto, o que explica por que gostamos de ler e compartilhar expressões curtas que revelam verdades essenciais. Esses ditos esclarecem, educam e inspiram por meio de uma frase ou duas. A Tabela 2.3 fornece uma amostra de citações do Sábio de Omaha.

TABELA 2.3: Aforismos de Buffett

AFORISMO	OBSERVAÇÕES
"Seja temeroso quando os outros são ambiciosos e ambicioso quando os outros são temerosos."	Essa frase, retirada da carta de 1996 aos acionistas escrita por Buffett, tem duas coisas a seu favor: palavras curtas — no original em inglês ele usa *greedy* [ambicioso] e não *avarice* [ganancioso] — e, mais uma vez, a ferramenta retórica de inversão de uma palavra ou frase. A frase é curta e atraente e tem o benefício adicional de ser agradável de ouvir. Em resumo, funciona.
"Não importa como 'cê vende elas, mas como 'cê conta elas."	Na carta de 2016 de Buffett, ele nem se importa em escrever as palavras por extenso. É por isso que seus ditos são, com frequência, chamados de "sabedoria popular". Ele escreve como as pessoas falam.

AFORISMO	OBSERVAÇÕES
"Melhor andar com pessoas melhores que você."	Na frase seguinte a essa citação, Buffett reformula a sentença: "Escolha companheiros cujo comportamento é melhor do que o seu e você seguirá na mesma direção que eles." A frase muito curta pega.
"Não salto barras de dois metros de altura. Procuro barras de cinquenta centímetros para dar um passo por cima delas."	No original em inglês, uma frase inteira com palavras de uma sílaba, com uma exceção.
"Se você compra coisas de que não precisa, logo terá de vender as coisas de que precisa."	Outra frase com palavras de uma sílaba no original em inglês.
"Você nunca sabe quem está nadando nu até que a maré baixa."	Marés que *retrocedem* não transmitem o mesmo impacto que as que baixam.
"Por 240 anos, tem sido um erro terrível apostar contra os Estados Unidos, e agora não é hora de começar."	A escolha de palavras é chave. Buffett escolhe *bet* em vez de *wager* [sinônimos de apostar] e *start* em vez de *commence* [sinônimos de começar].
"Os melhores dias dos Estados Unidos estão por vir."	Essa frase é ainda mais curta do que a primeira versão dela. Imagine se Buffett tivesse escrito: "Os Estados Unidos estão em uma boa posição para capitalizar as oportunidades de crescimento futuras." Se você optar pelo exagero, seja breve.

Frases curtas e cativantes estão para a liderança como os refrões estão para a música. Um *refrão* é uma poderosa ferramenta de composição que torna uma música inesquecível. A maneira acadêmica de descrever o fenômeno é "imagens musicais involuntárias". No linguajar popular, é uma música "chiclete".

OS GRANDES COMUNICADORES ESCREVEM PARA UM OUVINTE

A MÚSICA "CHICLETE" é aquela que você canta no chuveiro porque é cativante e fácil de lembrar. Embora existam várias maneiras de escrever um refrão cativante, a regra fundamental é que ele deve ser simples e repetível. A maioria dos refrões compatíveis com o rádio têm apenas três a cinco segundos de duração. O refrão se destaca e é mais provável que não saia de sua cabeça quando repetido várias vezes.

Em 1972, Bill Withers escreveu o refrão *Lean on me / when you're not strong* [Apoie-se em mim/quando se sentir fraco]. Ele não tinha ideia de que entraria na lista da revista *Rolling Stone* das quinhentas melhores músicas de todos os tempos.

— Para mim, o maior desafio do mundo é pegar qualquer coisa complicada e torná-la simples para que possa ser compreendida pelas massas[10] — Withers disse a um entrevistador anos depois. — Eu sou um defensor de dizer tudo da maneira mais simples possível, porque simples é memorável. Se algo é muito complicado, você não vai andar por aí cantarolando porque é muito difícil de lembrar... A chave é fazer com que alguém não apenas se lembre daquilo, mas lembre-se de novo e de novo e de novo.

Withers disse que a música *country* é um de seus gêneros favoritos porque as canções contam uma história em letras simples. Withers fez sua observação muito antes de a sensação *country* Luke Combs entrar em cena, mas os dois músicos compartilham o amor por transformar histórias complexas em refrões curtos.

Combs alcançou recordes de streaming nas paradas da Billboard por causa de seus refrões inteligentes e irresistíveis, os quais, muitas vezes, são os títulos da canção: "She Got the Best of Me", "When It Rains It Pours", "What You See Is What You Get" e "Beer Never Broke My Heart".

— Eu definitivamente sou muito crítico quando se trata de composição[11] — Combs diz sobre o processo dele. — Sou super, superperfeccionista... Até mesmo as palavras pequenas são superimportantes.

Se você não acha que um refrão musical pode ajudá-lo a se comunicar como líder, tenho três palavras para você: *sim, nós podemos*. Barack Obama não usou um compositor apaixonado por letras de música; ele usou um redator de discursos com ouvido para o lírico.

O MODELO JEFF BEZOS DE COMUNICAÇÃO

Jon Favreau trabalhou com Obama no discurso de 2008, o qual tornou o senador de Illinois famoso. Juntos, eles ressuscitaram uma frase de três palavras que Obama havia usado em uma propaganda política anos antes: "sim, nós podemos". Em termos retóricos, eles transformaram a frase em uma *epístrofe*, uma repetição de palavras no final de uma frase. A frase funciona como um refrão, a parte cantada do discurso. Tornou-se um refrão que o público começou a saber de cor. O jornal *The Washington Post* chamou isso de "frase lírica".

Em um discurso, Obama repetiu o refrão doze vezes.

> Quando enfrentamos adversidades impossíveis de superar, quando nos disseram que não estávamos prontos ou que não devíamos tentar ou que não podíamos, gerações de estadunidenses responderam com um credo simples que resume o espírito de um povo: sim, nós podemos. Sim, nós podemos. Sim, nós podemos.
> Era um credo escrito nos documentos fundadores que declaravam o destino de uma nação. Sim, nós podemos.
> Foi sussurrado por escravos e abolicionistas enquanto desbravavam o caminho para a liberdade nas noites mais escuras. Sim, nós podemos.
> Foi cantado por imigrantes que partiram de lugares distantes e por pioneiros que avançaram rumo ao oeste através de um sertão implacável. Sim, nós podemos.
> ... E, juntos, iniciaremos o próximo grande capítulo da história estadunidense, com três palavras que soarão de costa a costa, de mar a mar brilhante. Sim, nós podemos.[12]

Os discursos de Obama eram canções retóricas, histórias contadas em ritmo de música. Suas ideias enchiam os versos enquanto "Sim, nós podemos" compunha o refrão, a cantoria, o lema memorável.

Os bons comunicadores são claros e concisos; os grandes comunicadores fazem música para os ouvidos.

3
ESCRITA QUE DESLUMBRA, BRILHA E RESPLANDECE

> A escrita, inventada há milhares de anos, é uma grande ferramenta, e não tenho dúvidas de que ela nos mudou drasticamente.
>
> — JEFF BEZOS

O cronista esportivo Red Smith disse certa vez:

— Escrever é fácil. Você simplesmente se senta na frente da máquina de escrever, corta as veias e sangra.

Colocar a caneta no papel é fácil. Escrever palavras que significam algo é difícil.

Expressar suas ideias por escrito é como "empurrar um carrinho de mão cheio de tijolos contra o vento, em solo macio e lamacento",[1] disse uma vez o comediante Jerry Seinfeld ao *podcaster* Tim Ferriss. "Escrever é um processo doloroso e árduo, mas, na comédia, ou você aprende a escrever ou morre. A escrita salvou minha vida e construiu minha carreira. A comédia standup é, na verdade, a profissão de escrever."

Sua carreira pode não depender tanto da escrita quanto a de Seinfeld, mas escrever é uma habilidade crucial em quase todos os níveis de todas as profissões. Quase todo o material de comunicação destinado a informar, persuadir ou motivar começa sua jornada na forma da palavra escrita: uma redação inspiradora que leva o candidato a ser aprovado no vestibular, uma apresentação memorável que impressiona o público, um e-mail sucinto que leva o leitor à ação e uma legenda do TikTok ou do Instagram que motiva o engajamento. Fortes habilidades de escrita também são um requisito para ser contratado pela Amazon e subir na carreira até uma posição de liderança. Poucas empresas valorizam tanto a escrita quanto a Amazon, e poucas pessoas promovem essa habilidade com tanta paixão quanto Bezos.

Escrever é uma habilidade, o que significa que é possível melhorar com a prática constante. Seinfeld criou sistemas para ajudá-lo a escrever, técnicas que os profissionais de negócios também podem usar para aprimorar suas habilidades de escrita. Primeiro, Seinfeld aborda o ofício da mesma forma como um atleta treina um esporte. Ele pratica a escrita todos os dias, mesmo que as ideias não se transformem em ouro.

— Ninguém é excepcional logo de saída[2] — diz ele. — Os que são ótimos dedicam uma quantidade enorme de horas a isso. É uma questão de repetição.

Em segundo lugar, Seinfeld estabelece um limite de tempo para sua escrita. Quando a filha dele lhe disse que planejava passar o dia inteiro escrevendo um projeto, ele respondeu:

— Não, você não vai. Ninguém consegue escrever um dia inteiro. Shakespeare não consegue escrever o dia todo. É tortura. Faça uma hora de intervalo. — Seinfeld lembrou à filha que escrever é uma das tarefas mais difíceis que um ser humano pode tentar realizar. Extrair uma ideia do cérebro e do espírito e transferi-la para uma página em branco não é algo natural para a maioria de nós. — As pessoas dizem para você "apenas escrever", como se você devesse ser capaz de fazê-lo. As melhores pessoas do mundo não conseguem fazer isso. Se você vai fazer isso, primeiro deve levar em conta que o que está tentando fazer é incrivelmente difícil.

Agora que estabelecemos que escrever bem é um trabalho árduo, evitarei torná-lo mais difícil dando a você uma lista de "regras" a serem seguidas. As regras são rígidas e, para muitas pessoas, evocam memórias dolorosas de dificuldades para escrever uma redação escolar. As regras também restringem. Elas não se aplicam da mesma maneira a todos os gêneros de redação comercial. Memorandos, e-mails, textos, blogues, tuítes, postagens no LinkedIn e em outras plataformas de mídia social têm seus próprios estilos e expectativas de leitor.

Dwayne "The Rock" Johnson postou uma das imagens mais populares de 2020 do Instagram, uma foto de seu casamento secreto no Havaí. Ele escreveu:

> Nosso casamento havaiano foi lindo e quero agradecer a nossa incrível equipe pelo excelente trabalho. Para atingir meu objetivo nº 1 de privacidade total, nenhum organizador de casamentos ou recurso externo foi contratado. Tudo o que você vê foi feito à mão, apenas pela equipe e pela família. Os resultados finais foram espetaculares e Lauren e eu seremos eternamente gratos por ajudarem nossos corações a cantar nesse dia.

O texto de Johnson é doce e elegante. Fui uma das quinze milhões de pessoas que "curtiram" sua postagem. Eu acho que é perfeita, mas os gramáticos encontrariam muitos erros. Passei o texto de Johnson por um software de gramática e descobri que ele violava várias dessas regras irritantes. Por exemplo:

- uma vírgula deve ser adicionada após a palavra *lindo* porque a próxima palavra, *e*, é uma conjunção coordenativa aditiva em uma frase com dois sujeitos diferentes;

- a frase que começa com a subordinada *para atingir minha meta nº 1 de privacidade total* contém um modificador pendente (total) e deve ser reescrita;
- a frase *nenhum organizador de casamentos ou recurso externo foi contratado* deve ser reescrita na voz ativa;
- a expressão *os resultados finais* é redundante, e a palavra "finais" deve ser eliminada; e
- deveria haver uma vírgula depois de *espetaculares* porque, mais uma vez, a vírgula separa duas frases em que há uma conjunção coordenativa aditiva *e* e dois sujeitos diferentes.

A postagem de Johnson não obedece a várias "regras", e mesmo assim eu não mudaria nada. Sim, as regras servem a um propósito, e você deve entender as regras da gramática para desenvolver suas habilidades de escrita. No entanto, elas implicam que existe uma resposta certa e uma errada. Escrevi este livro para ajudá-lo a navegar na área cinzenta em que a persuasão e a comunicação clara prosperam. Você pode ter a melhor das ideias e usar a gramática correta, mas se não for bem-sucedido em convencer os outros a agir de acordo com sua ideia, você falhou em *persuadir*. Você pode ter a melhor solução para um problema, mas se não conseguir transmitir claramente o significado e a emoção que deseja, poderá perder seu público. O método mais eficaz de expressar suas ideias é o que funciona. E o que funciona pode quebrar algumas das "regras" formais.

Então, vamos substituir as *regras* por *ferramentas* e *estratégias*. As ferramentas são flexíveis. Escolhemos a ferramenta certa para o trabalho. Uma estratégia combina arte e ciência, e a persuasão é uma habilidade que requer conhecimento tanto da arte quanto da ciência. Sim, aprenda as regras, mas não deixe que elas lhe atrapalhem.

Muito poucos livros de negócios abordam o tema da escrita, a menos que seja o único assunto da obra. Muitos CEOs que escrevem livros abordam habilidades de liderança, mas, além de falarem superficialmente sobre a importância da escrita, eles evitam dar dicas específicas sobre como escrever da forma mais eficaz. Eles simplesmente não se sentem qualificados para oferecer tais conselhos, embora muitos deles sejam escritores excepcionais. Fomos condicionados a pensar que bons escritores têm acesso a algum tipo de magia que ilude o restante de nós. Absurdo. Vou repetir — escrever é uma habilidade que você pode aprimorar com conhecimento e prática.

A Figura 3 mostra um gráfico de todas as 24 cartas aos acionistas que Bezos escreveu como CEO da Amazon. Ao usar o recurso de legibilidade do Grammarly*, consegui identificar o nível de escolaridade de cada carta. Elas variam desde o oitavo ano a "algum estudo em nível superior". Lembre-se: quanto mais baixo o ano escolar, mais fácil é entender o material. Um total de 70% das cartas com a pontuação mais alta em qualidade de escrita apareceram depois de 2007, uma década após Bezos começar a se comunicar com os acionistas por meio da palavra escrita. Um ex-amazonian que trabalhou em estreita colaboração com Bezos me disse que este gráfico é outro exemplo de sua busca incansável pelo excepcional. Bezos estuda comunicação. Ele lê, ajusta, reúne especialistas e aprimora suas habilidades ano após ano. As habilidades de escrita não são exceção.

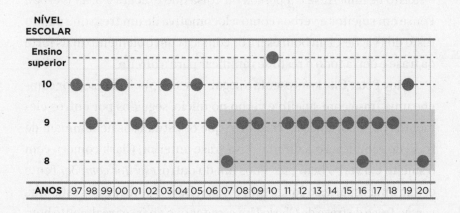

* Verificador on-line de regras gramaticais da língua inglesa. (N.T.)

Como todos nós podemos nos esforçar para chegar ao excepcional e melhorar nossas habilidades de escrita, voltei à escola antes de começar a trabalhar neste livro. Reli alguns dos meus livros de redação favoritos e entrevistei alguns dos principais especialistas da área. A princípio, eu só queria entender por que as 24 cartas de Bezos aos acionistas são consideradas modelos de simplicidade e clareza. Mas, ao conversar com os especialistas, eles despertaram minha paixão pela arte de escrever. E o mais importante: me ajudaram a identificar várias estratégias simples de escrita que os líderes empresariais influentes usam para se destacar. Recorri a vários autores e especialistas em redação, como Gary Provost, Roy Peter Clark e Gill, um britânico sensação do YouTube.

No restante deste capítulo, oferecerei sete dicas de redação desses instrutores e de outros especialistas. As estratégias deles melhorarão suas habilidades de escrita. Você também aprenderá como Jeff Bezos e outros líderes empresariais eficazes seguem muitos desses princípios para venderem suas ideias.

1. COMECE FRASES COM SUJEITOS E VERBOS

O SUJEITO DE uma frase é a pessoa ou coisa que executa a ação (verbo). Pense em sujeitos e verbos como a locomotiva de um trem que puxa o resto dos vagões. Um bom escritor começa com o elemento mais forte da frase e deixa todo o resto se ramificar para a direita.

Roy Peter Clark apresenta o seguinte exemplo: "Um escritor compõe uma frase com sujeito e verbo no início, seguidos por outros elementos de subordinação, criando o que os estudiosos denominam de frase de ramificação à direita".[3] Na frase anterior, Clark começa com o sujeito e o verbo bem próximos um do outro: *escritor compõe*. Tente evitar uma separação longa entre o sujeito e o verbo. Aqui está uma versão fraca da frase de Clark: Um *escritor* que quer ser realmente bom no ofício deve *compor* uma frase com um sujeito e um verbo no início.

Se você está tendo dificuldades para escrever uma frase boa, comece com um sujeito e um verbo. Isso aliviará a carga.

Vamos ver como Bezos inicia frases com sujeitos e verbos que puxam o restante delas. Os sujeitos e verbos estão em negrito.

- "**A visão da Amazon** é **construir** a empresa mais centrada no cliente da Terra; um lugar onde os clientes possam encontrar e descobrir tudo e qualquer coisa que queiram comprar on-line."[4]
- "**Nós vivemos** em uma era de aumentos extraordinários na disponibilidade de largura de banda, espaço em disco e poder de processamento, os quais continuam a ficar mais baratos rapidamente."[5]
- "Na Amazon, **nossa energia vem** do desejo de impressionar os clientes, e não do zelo por tirar vantagem dele."[6]
- "**Nós projetamos** o Amazon Prime como um programa gratuito que oferece de tudo."

Os sujeitos e os verbos no início de cada uma dessas frases agem como a locomotiva que puxa o restante do pensamento.

2. ORDENE PALAVRAS PARA DAR ÊNFASE

OS BRITÂNICOS CHAMAM um ponto-final de *full stop*. É uma imagem perfeita para o papel do ponto-final na pontuação. O ponto funciona como um sinal de parada, chamando a atenção do leitor para as palavras que vêm a seguir.

Muitos instrutores de redação sugerem colocar a informação mais forte no início (a locomotiva) e guardar uma palavra interessante para o final (o vagão). Esconda a informação mais fraca no meio.

Considere esta famosa frase de *Macbeth* de Shakespeare: "A rainha, meu senhor, está morta". Shakespeare poderia ter mantido o sujeito e o verbo juntos escrevendo: "A rainha está morta, meu senhor". Em vez disso, ele começa com o sujeito e deixa o choque para o final, logo antes do ponto-final. Nas palavras de Clark: "Shakespeare fez um pouso perfeito".[7]

Bezos estrutura muitas de suas frases como uma locomotiva forte que puxa as palavras mais fracas no meio, antes de chegar à plataforma. Veja as duas frases seguintes de sua carta de 1998:

"Adoramos ser pioneiros, está no DNA da empresa, e isso é bom, porque precisaremos desse espírito pioneiro para alcançarmos o sucesso."[8] *E isso é bom* torna a frase informal e antecipa o ponto de vista, mas é mais forte terminar com *espírito pioneiro para alcançarmos o sucesso*.

"Estabelecer padrões altos em nossa abordagem à contratação foi, e continuará sendo, o elemento mais importante do sucesso da Amazon." Mais uma vez, Bezos coloca o trecho mais fraco da frase *e continuará sendo* no meio dela. *Estabelecer padrões altos* e *o sucesso da Amazon* são os dois conceitos mais importantes, e eles vêm logo no início da frase e antes do ponto-final.

No setor imobiliário, tudo é questão de localização. Aplique a mesma estratégia à sua mensagem. Você talvez tenha construído uma bela casa (uma ideia atraente), mas uma localização ruim prejudicará o seu valor. Quintiliano, instrutor de oratória romano, acreditava que rearranjar as palavras de uma frase poderia melhorar seu ritmo e emocionar o leitor/ouvinte.

Escritores eficazes pensam sobre onde colocar suas palavras para causar o maior impacto possível. Comece com as palavras mais fortes, deixe as mais fracas no meio e termine com palavras fortes.

3. USE A VOZ ATIVA (NA MAIOR PARTE DO TEMPO)

JOHN F. KENNEDY adorava os livros de James Bond de Ian Fleming. De acordo com Clark, "o poder da prosa de Fleming flui dos verbos de ação".[9] Por exemplo, no livro favorito de J. F. K., *Da Rússia, com amor,* os verbos energizam a ação: "Bond *subiu* os poucos degraus e *destrancou* a porta, e depois a *trancou* e *fechou* o ferrolho".

Se o sujeito da frase executa a ação, ela é uma frase ativa. Se o sujeito recebe a ação, trata-se de uma passiva. Aqui está um exemplo:

Jeff Bezos fundou a Amazon em 1994. (Ativa)
A Amazon foi fundada por Jeff Bezos em 1994. (Passiva)

A frase ativa é mais clara e usa menos palavras para dizer a mesma coisa. Além de serem mais prolixas, as frases passivas deixam a mensagem confusa e confundem o leitor à medida que a mensagem se torna mais complexa. A voz passiva também semeia desconfiança. Muitas vezes, os líderes se escondem atrás de frases passivas para evitar assumir a responsabilidade. A piada entre os jornalistas é que um líder que quer evitar ser culpado de algo diz: "Erros foram cometidos por alguns funcionários". As pessoas anseiam por líderes que assumam a responsabilidade, e aqueles que o fazem usam frases na voz ativa: "Eu cometi erros. Assumo. A culpa é minha".

Muitos especialistas em escrita concordam que converter frases na voz passiva em frases na voz ativa energiza a escrita. Stephen King culpa a voz passiva por arruinar "praticamente qualquer documento de negócios já escrito". Em seu *best-seller* clássico *Como escrever bem,* William Zinsser diz: "Use verbos de ação, a menos que não haja outra maneira elegante de escrever e você precise usar a voz passiva. A diferença entre um estilo com verbos de ação e um com estruturas passivas — no que se refere à clareza e ao vigor — é a mesma entre a vida e a morte para um escritor".[10] E, no clássico *The Elements of Style*, William Strunk escreve: "A voz ativa é, em geral, mais direta e vigorosa do que a passiva. Por exemplo, 'Eu sempre me lembrarei da minha primeira visita a Boston' é melhor do que 'Minha primeira visita a Boston sempre será lembrada por mim'. A última frase é menos direta, menos forte e menos concisa".[11]

Na redação empresarial, esforce-se para usar a voz ativa o máximo possível. As frases escritas na voz ativa são fáceis de entender, transmitem mais rapidamente a mensagem e reduzem o número de palavras necessárias para expressar uma ideia.

A frase seguinte está na voz ativa: "O menino chutou a bola". *Menino* é o sujeito porque realiza a ação. *Chutou* é o verbo porque expressa a ação. *Bola* é o objeto da frase porque recebe a ação. Sujeito-verbo-objeto. A frase é curta, simples e precisa. Ela não deixa dúvidas sobre quem fez o quê. É melhor do que a versão na voz passiva, que é uma forma confusa e desajeitada de expressar a mesma ideia: "A bola foi chutada pelo menino".

O Grammarly detectou apenas um problema no parágrafo anterior. Ele identificou "A bola foi chutada pelo menino" como uma sentença escrita na voz passiva. Recomendação do Grammarly: "Sua frase talvez não esteja clara e seja difícil de entender. Pense em reformular". O Grammarly está certo. Sua escrita será mais forte se você considerar reformular frases na voz passiva e reescrevê-las na voz ativa.

Ler manchetes em publicações de alta qualidade da área de negócios é uma maneira excelente de pegar o jeito de escrever na voz ativa. Por exemplo, enquanto escrevia este capítulo, notei o seguinte título na forma de sujeito-verbo-objeto: **Fed aumenta taxas**. O restante do artigo explicou por que o Federal Reserve Bank dos Estados Unidos* aumentou as taxas de juros, o quanto elas subiram e o que a ação significa para o consumidor médio. Mas se você ler apenas o título de três palavras na voz ativa, obterá muitas informações.

---

* Banco Central dos Estados Unidos. (N.T.)

Aqui estão mais manchetes que chegaram à minha mesa (os verbos estão em itálico):

Intel *investe* 20 bilhões de dólares em Ohio.

Vendas de casas *atingiram* o pico em 15 anos.

Pandemia *complica* perspectivas econômicas.

A inflação *acelera* no ritmo mais rápido dos últimos dez anos.

TikTok *ultrapassa* o Google e chega ao primeiro lugar em tráfego na internet (uma das minhas favoritas).

Escrever na voz ativa gera resultados que se acumularão ao longo de sua carreira. Imagine tentar ingressar na Harvard Business School, a escola de negócios número um do mundo. Mais de dez mil pessoas se candidatam e cerca de 11% são admitidas. Os responsáveis pelas admissões em Harvard reconhecem que procuram candidatos cuja escrita deslumbra e brilha.

— Um candidato deve ser capaz de comunicar, em um espaço relativamente curto, algo que o torne humano — diz um diretor-executivo de admissões de Harvard.[12] — Os bons comunicadores usam linguagem simples e frases curtas para transmitir seu ponto de vista.

Esse diretor de admissões, assim como muitos consultores universitários, aconselha os candidatos a usar a voz ativa para estruturar a maioria das frases em suas redações. A voz ativa transmite ação e cria um impacto emocional mais forte. Mantenha-se ativo para se destacar.

O próximo passo para deslumbrar seus leitores é soltar verbos dinâmicos em seu público.

4. SOLTE VERBOS FORTES

VERBOS FORTES SÃO impactantes. De acordo com Clark, "verbos fortes criam ação, economizam palavras e mostram quem é quem".[13] Verbos fortes, significativos e ilustrativos demonstram confiança e certeza. "Verbos, palavras de ação, são a principal fonte de energia em suas frases",[14] escreve Gary Provost em *Cem maneiras de melhorar a escrita*. "Eles são os executivos; deveriam estar no comando." Provost diz que os verbos "fracos" são o oposto dos fortes: os verbos fracos não são específicos, não são ativos e são desnecessariamente dependentes de advérbios para completar seu significado. Por exemplo, na frase "A raposa caminhou rapidamente pela floresta", *caminhou* é um verbo que depende de um advérbio *rapidamente* para completar seu significado. Uma frase mais forte é: "A raposa disparou pela floresta".

"Se você escolher verbos fortes e escolhê-los com sabedoria, eles trabalharão mais para você do que qualquer outra palavra de outra classe gramatical",[15] defende Provost. "E o mais importante: os verbos fortes encherão seus parágrafos com a energia, emoção e sensação de movimento que os leitores desejam."

Dê a seu público as palavras que ele deseja.

Bezos costuma escolher a voz ativa e os verbos fortes para descrever o sucesso da Amazon. "As invenções mais radicais e transformadoras geralmente são aquelas que *empoderam* os outros para *soltarem* sua criatividade — para perseguirem seus sonhos", disse Bezos certa vez. Em sua carta de 1999, ele escreveu: "Nós *ouvimos* os clientes, *inventamos* por eles, *personalizamos* a história para cada um deles e *ganhamos* sua confiança".[16]

"De muitas maneiras, a Amazon.com não é uma loja normal",[17] Bezos escreveu em sua carta de 2002. "*Giramos* nosso estoque 19 vezes em um ano. *Personalizamos* a loja para cada um de nossos clientes. *Trocamos* imóveis por tecnologia. *Exibimos* comentários críticos de clientes sobre nossos produtos. Você pode *fazer* uma compra em alguns segundos e com um clique. *Colocamos* produtos usados ao lado de novos para que você possa escolher. *Compartilhamos* nossos imóveis principais — nossas páginas com detalhes dos produtos — com terceiros e, se eles puderem *oferecer* um valor melhor, nós *deixamos* eles fazerem isso."

Escolha verbos fortes para energizar sua escrita. Vamos ver como Jeff Bezos usou verbos de ação para destacar várias realizações em sua carta de 2009 de acionistas:

- "*Adicionamos* 21 categorias novas de produtos em todo o mundo."[18]
- "A equipe de vestuário continuou a *aprimorar* a experiência do cliente."
- "A equipe de calçados e vestuário *criou* mais de 121 mil descrições de produtos."
- "A Amazon Web Services *continuou* seu ritmo acelerado de inovação."

Considere os verbos que alavancam sua escrita. Dinamize seu conteúdo.

Em 2013, Bezos fez um passeio, juntamente com seus leitores, pelas iniciativas da Amazon. Ele começou cada etapa do passeio com uma frase em voz ativa e um verbo forte. Por exemplo:

- "Os clientes adoram a Prime."[19]
- "Graças ao Audible Studios, as pessoas escutam Kate Winslet, Colin Firth, Anne Hathaway e muitas outras estrelas enquanto dirigem para o trabalho."
- "A Amazon App Store agora atende clientes em quase 200 países."
- "Nós [AWS] lançamos 61 serviços e recursos significativos... as equipes de desenvolvimento trabalham diretamente com os clientes e têm o poder de projetar, construir e lançar com base naquilo que aprendem."

Em 2016, Bezos revisitou a metáfora do Dia Um com uma série de verbos fortes.

Permanecer no Dia Um exige que você *experimente* pacientemente, *aceite* falhas, *plante* sementes, *proteja* mudas e *esforce-se ainda mais* quando perceber a satisfação do cliente.[20]

5. EVITE QUALIFICADORES VERBAIS E "PALAVRAS EVASIVAS"

LÍDERES PERSUASIVOS SOAM assertivos quando usam a voz ativa e dão preferência a verbos de ação. Eles evitam confundir a mensagem com "qualificadores verbais" fracos e insossos (os amazonians os chamam de "palavras evasivas"). Aqui estão alguns exemplos de qualificadores verbais:

- Meio que
- Tender a
- Tipo de
- Parecem ser
- Podia ter

Vamos imaginar novamente algumas das citações famosas de Bezos com uso de qualificadores. A primeira afirmação é o que Bezos realmente disse e a segunda é a versão "fraca" reimaginada.

Assertivo: "Na Amazon, somos obcecados pelo cliente."
Fraco: "Na Amazon, tendemos a pensar que, se estivermos preocupados com o cliente e realmente obcecados por ele, provavelmente poderemos ter mais sucesso a longo prazo."
Assertivo: "Missionários fazem produtos melhores. Eles se importam mais."
Fraco: "Eu meio que acho que os missionários tendem a fazer produtos melhores. Eles parecem se importar um pouco mais."

Assertivo: "As chaves para o sucesso são paciência, persistência e atenção obsessiva aos detalhes."
Fraco: "Eu tipo acho que as chaves para o sucesso provavelmente são coisas como ser muito paciente, muito persistente e meio que ter uma atenção muito obsessiva aos mínimos detalhes".

Escritores e oradores assertivos prestam atenção às palavras que podem ser retiradas com facilidade. Os advérbios são um bom lugar para começar. Advérbios modificam as palavras — muitos deles terminam em *mente* e são fáceis de retirar sem degradar a frase. Você *realmente* não precisa deles. Quero dizer, você não precisa deles. Você está *extremamente* chocado ou apenas chocado? A explosão destruiu o prédio *totalmente* ou destruiu o prédio?

O falecido David Cornwell, que usava o pseudônimo John le Carré, deixava os verbos fazerem o trabalho pesado em seus romances de espionagem britânicos.

— Não uso adjetivos se puder evitá-los. Eu não uso advérbios[21] — ele disse a um entrevistador do *60 Minutes*. — Livre-se de tudo que é desnecessário.

"O advérbio não é seu amigo", escreveu Stephen King certa vez. "A estrada para o inferno é pavimentada com advérbios."

Os advérbios não são inúteis, é claro, mas, muitas vezes, são redundantes ou desnecessários na redação empresarial.

6. VARIE O TAMANHO DAS FRASES

FAÇA DE TUDO para condensar sua escrita, mas não fique preocupado em manter o menor número de palavras possível em cada frase. Varie seu jeito de escrever.

Imagine se eu tivesse escrito este livro inteiro com frases com seis palavras:

O MODELO JEFF BEZOS DE COMUNICAÇÃO

Jeff Bezos é um comunicador bom. Sua mensagem é clara e concisa. Bezos simplifica ideias complexas e complicadas. Agora a escrita está ficando chata. Você fica entediado com o padrão. Frases curtas agradam, em doses pequenas. Seus olhos e ouvidos desejam variedade.

Grandes escritores variam o tamanho de suas frases para envolver os leitores. Eles escrevem frases curtas, médias e muito, muito mais longas. De acordo com Clark, "as frases longas criam um fluxo que carrega o leitor por um rio de compreensão, um avanço constante. Uma frase curta pisa no freio".[22]

Clark aconselha os escritores a "não temerem a frase longa". Bezos não teme a frase longa; ele a adota.

Na primeira frase de sua carta de 2010 aos acionistas, Bezos escreve: "Florestas aleatórias, avaliadores bayesianos ingênuos, serviços RESTful, protocolos de fofoca, consistência eventual, fragmentação de dados, antientropia, quórum bizantino, codificação de apagamento, relógios vetoriais... entre em certas reuniões da Amazon, e você pode, por um instante, achar que adentrou uma palestra de ciência da computação".[23]

Frases longas funcionam melhor para listar itens ou descrever cenas. A chave é misturar.

Aqui estão mais dois exemplos de como Bezos usou uma variedade de frases curtas e longas em suas cartas aos acionistas.

- **1998:** Os últimos três anos e meio foram animadores. **(8 palavras)** Atendemos 6,2 milhões de clientes, saímos de 1998 com uma receita de 1 bilhão de dólares, lançamos lojas de música, de vídeo e de presentes nos Estados Unidos, abrimos lojas no Reino Unido e na Alemanha e acabamos de lançar os leilões da Amazon.com. **(44 palavras)** Acreditamos que os próximos três anos e meio serão ainda mais animadores.[24] **(12 palavras)**

- **2014:** Uma oferta de negócios atraente tem, pelo menos, quatro características: **(10 palavras)** os clientes adoram; ela pode chegar a ser muito grande; tem um grande retorno sobre o capital; e é resistente ao tempo — com potencial para durar décadas. **(27 palavras)** Quando encontrar uma dessas, não apenas deslize para a direita, case com ela.[25] **(13 palavras)**

A carta de 2000 aos acionistas da Amazon contém meu exemplo favorito da combinação de frases curtas com longas. Observe como cada frase cresce (um pouco mais) em tamanho.

Ai. **(1 palavra)**. Este foi um ano brutal para muitos no mercado de capital e, certamente, para os acionistas da Amazon.com. **(18 palavras)** No momento em que escrevo, nossas ações caíram mais de 80% em relação a quando escrevi no ano passado. **(19 palavras)** No entanto, de acordo com quase todos os parâmetros, a Amazon.com está em uma posição mais forte do que jamais esteve no passado.[26] **(23 palavras)**

As quatro frases nesse parágrafo têm em média 15 palavras, mas não estão distribuídas uniformemente: 1, 18, 19 e 23 palavras, respectivamente.

Vamos ver como Bezos usou uma frase longa para fornecer uma lista em 2009, seguida por frases mais curtas.

Os resultados financeiros de 2009 refletem o efeito cumulativo de 15 anos de melhorias no atendimento ao cliente: aumento da variedade, agilidade na entrega, redução da estrutura de custos para que possamos oferecer preços cada vez menores aos clientes. **(39 palavras)** Estamos orgulhosos de nossos preços baixos, da confiabilidade de nossas entregas e da disponibilidade em nosso estoque até mesmo de itens obscuros e difíceis de encontrar. **(26 palavras)** Sabemos também que ainda podemos ser muito melhores, e nos dedicamos a melhorar ainda mais.[27] **(15 palavras)**

7. CONSTRUA ESTRUTURAS PARALELAS

NO ÚLTIMO EXEMPLO, Bezos se baseou em um dispositivo gramatical chamado *construção paralela*: usar o mesmo padrão para expressar duas ou mais ideias, o que dá às ideias o mesmo nível de importância.

Por exemplo, Bezos escreveu que as melhorias são: "aumento", "agilidade" e "redução". Na frase seguinte, Bezos escreveu: "Estamos orgulhosos de nossos *preços baixos*, da confiabilidade de *nossas entregas* e da disponibilidade em *nosso estoque* até mesmo de itens obscuros e difíceis de encontrar". A forma não paralela da frase seria: "Estamos orgulhosos dos preços mais baixos da Amazon, do fato de os clientes receberem seus produtos de forma confiável e encontrarem a maioria de seus itens em estoque quando querem". A construção paralela adiciona poder e corta palavras.

A construção paralela suaviza a frase. Por exemplo, eu gosto de *correr, jogar* golfe e *ler*. Também posso dizer que gosto de *corrida, golfe* e *leitura*. Não é paralelo dizer que gosto de corrida, jogar golfe e comprar livros para ler.

Uma mensagem paralela é satisfatória de ler e agradável de ouvir. Em muitos casos, o mesmo texto pode ser lido ou falado e causar o mesmo impacto.

Em sua primeira carta aos acionistas, em 1997, Bezos escreveu: "Continuaremos a focar incansavelmente em nossos clientes".[28] Bezos seguiu essa estrutura em uma série de tópicos.

- Continuaremos a tomar decisões de investimento à luz de considerações de liderança de mercado de longo prazo, em vez de

considerações de lucratividade de curto prazo ou das reações da Wall Street no curto prazo.
- Continuaremos a avaliar nossos programas e a eficácia de nossos investimentos analiticamente...
- Continuaremos a aprender com nossos sucessos e fracassos.
- Tomaremos decisões de investimento ousadas e não tímidas...
- Compartilharemos nossos processos de pensamento estratégico com você quando fizermos escolhas ousadas...
- Trabalharemos duro para gastar com sabedoria e manter nossa cultura enxuta.
- Equilibraremos nosso foco em crescimento com ênfase na rentabilidade de longo prazo e na gestão de capital.
- Continuaremos a nos concentrar na contratação e na retenção de funcionários versáteis e talentosos, e continuaremos a concentrar a remuneração deles em opções de ações em vez de em dinheiro.

SUGESTÃO PARA TREINAMENTO

Neste capítulo, apresentei estratégias de redação simples que colocarão você muito à frente de seus colegas. Mas sempre há mais a aprender com professores de redação brilhantes cujos livros têm um lugar permanente na minha estante. Aqui estão alguns títulos que irão melhorar sua habilidade de escrita.

Writing Tools: 55 Essential Strategies for Every Writer, de Roy Peter Clark

Writing to Persuade, de Trish Hall

Como escrever bem, de William Zinsser

Cem maneiras de melhorar a escrita, de Gary Provost

Sobre a escrita, de Stephen King

Lembre-se de que, quando se trata de desenvolver suas habilidades de escrita, fala e apresentação, você nunca para de aprender. O CEO da Microsoft, Satya Nadella, diz que você conhecerá dois tipos de pessoas no mundo dos negócios: os sabe-tudo e os aprende-tudo. Os sabe-tudo não duram muito tempo na economia digital, em que o ritmo de mudança é diferente de tudo o que já vimos na história da humanidade. Nesse ambiente, o aprende-tudo é quem brilha. Ele se adapta, cresce e prospera, não importa quais mudanças surjam ao longo de sua jornada. Uma coisa ótima da escrita é que — embora haja muito a aprender — há muitos professores ansiosos para nos guiar.

4 | O TÓPICO FRASAL: SUA GRANDE IDEIA

> A missão da Amazon é ser a empresa mais centrada no cliente da Terra.
> — JEFF BEZOS

Ai.

Com apenas uma palavra, Jeff Bezos descreveu a quebra das pontocom, uma implosão chocante do mercado de ações que eliminou mais de 5 trilhões de dólares em riqueza.

Em 10 de março de 2000, o Nasdaq, um índice composto principalmente por ações de tecnologia, atingiu um pico de 5.132. O que aconteceu em seguida abalou toda a comunidade financeira, o Vale do Silício e milhões de trabalhadores. A partir de 1996, os investidores haviam começado a injetar dinheiro em empresas especulativas da internet. Nenhum lucro? Sem problemas! Como todas as manias, esta também teria um fim. Em abril, um mês após o pico das ações de tecnologia, o Nasdaq perdeu 34% de seu valor. Em outubro de 2002, o índice havia caído quase 80%.

Ai.

Levaria mais quatro anos para que o índice voltasse ao nível de março de 2000. Ajustado pela inflação, no entanto, não se recuperou por mais dezessete anos.

Ai.

Só o Vale do Silício perdeu duzentos mil empregos.

Ai.

O valor de uma ação da Amazon caiu de 113 para 6 dólares.

Ai está certo.

A palavra *ai* [*ouch*, em inglês] originou-se como uma daquelas palavras antigas e curtas que você aprendeu no Capítulo 2. Os imigrantes alemães que se estabeleceram, no início de 1800, na Pensilvânia, introduziram a palavra nos Estados Unidos, uma abreviação para um grito de dor. Se puder encontrar uma única palavra melhor para descrever o colapso das pontocom, vá em frente, mas acho que *ai* é bastante eloquente.

Bezos não terminou sua carta com uma palavra, é claro, mas não demorou muito para chegar à mensagem principal. Bezos disse muito nas 60 palavras seguintes:

> Este foi um ano brutal para muitos no mercado de capital e, certamente, para os acionistas da Amazon.com. No momento em que escrevo, nossas ações caíram mais de 80% em relação a quando escrevi no ano passado. No entanto, de acordo com quase todos os parâmetros, a Amazon.com está em uma posição mais forte do que jamais esteve no passado.[1]

Pense no que Bezos realizou em quatro frases curtas.

- Ele atraiu a atenção dos acionistas da Amazon.
- Ele contou o que havia acontecido.
- Ele deu esperança.

- Ele apresentou uma razão convincente para continuarem investidos na empresa.

Bezos reflete muito sobre as primeiras frases de seu material escrito ou falado. As primeiras frases atraem a atenção do seu público e definem o tom do restante da discussão.

A "NÍTIDA VANTAGEM" DE JAMES PATTERSON

SEGUNDO JAMES PATTERSON, o autor mais vendido no mundo, uma excelente primeira frase lhe dará "uma nítida vantagem", esteja você escrevendo um livro, enviando um e-mail ou fazendo uma apresentação.

Entre as muitas primeiras frases que Patterson escreveu, a abertura de seu livro *Private* é uma de suas favoritas: "Baseado na minha memória compreensivelmente fraca, a primeira vez que morri foi mais ou menos assim".

— Essa é uma primeira frase muito legal, na verdade, mesmo que isso signifique que estou me gabando um pouco[2] — Patterson lembrou sorrindo.

Patterson acredita que as frases de abertura o ajudaram a vender mais de trezentos milhões de livros. Ele reescreve as primeiras páginas — e as primeiras frases — diversas vezes até sentir que são fortes o suficiente para prender o leitor. Uma frase de abertura não precisa segurar o leitor até o *fim*, diz Patterson, mas se seu leitor ou ouvinte se interessar logo pela história, eles continuarão a acompanhá-la.

Os líderes mais graduados da Amazon aprenderam que tinham que fazer com que seu chefe se interessasse por uma ideia, e fazê-lo rápido. Bezos não gosta de perder tempo e encerra as reuniões abruptamente quando perde o interesse.

Bezos faz suas reuniões mais importantes às 10h, quando seu foco e sua energia estão no auge. Da mesma maneira que muitos

CEOs, Bezos protege seu tempo porque toma mais decisões importantes em um dia do que o profissional de negócios médio toma em um ano. Quando dirigia a Amazon, ele não era apenas responsável pela divisão de comércio eletrônico, que despachava dez milhões de pacotes por dia. Bezos dirigia uma empresa que fornece serviços em nuvem para aplicativos e sites que afetam nossas vidas todos os dias, desde chamar um táxi a assistir um filme da Netflix; de reservar um Airbnb a ler o *The Washington Post;* e de participar de uma reunião no Zoom a conversar na plataforma Slack. Além disso, ele dirigia uma empresa que produz filmes, desenvolve tecnologias de IA e possui mais de quarenta subsidiárias, incluindo Zappos, Whole Foods e Audible. Nesse tempo livre, ele lançou a Blue Origin, uma empresa de exploração espacial. O sujeito está ocupado.

A maioria dos CEOs e líderes seniores afirma que o tempo é seu recurso mais escasso. Não é incomum que um CEO receba até mil e-mails por dia e que sua agenda esteja lotada com seis meses de antecedência. Se você não explicar o que quer — e rápido — perderá a atenção desse tipo de pessoa.

Muitos profissionais de negócios me contam histórias de quando cometeram o erro de preparar uma quantidade excessiva de material para líderes ocupados. Andy Grove, um pioneiro do Vale do Silício, tinha uma merecida reputação de repreender apresentadores prolixos. Até mesmo pessoas de fora, como o falecido professor de Harvard e guru da inovação Clay Christensen, tiveram que se acostumar com a impaciência lendária de Grove. Em seu famoso artigo da *Harvard Business Review* "Como você medirá sua vida", Christensen conta como conheceu Grove.

Grove havia lido um dos artigos de Christensen sobre tecnologia disruptiva e convidou o professor para visitar a sede da Intel, em Santa Clara, Califórnia, para discutir as implicações de sua pesquisa. Christensen voou de uma costa a outra do país, cheio de entusiasmo para compartilhar suas descobertas.

O TÓPICO FRASAL: SUA GRANDE IDEIA

— Olha, aconteceram algumas coisas[3] — disse Grove no início da reunião. — Temos apenas 10 minutos para você. Conte-nos o que seu modelo de disrupção significa para a Intel.

— Não posso — disse Christensen. — Preciso de trinta minutos para explicar o modelo.

Grove o deixou começar, mas, depois de dez minutos, ele interrompeu a apresentação e disse:

— Olha, eu entendo o seu modelo. Apenas nos diga o que isso significa para a Intel.

Christensen conseguiu espremer alguns minutos adicionais.

— Está bem, entendi. O que isso significa para a Intel é... — Grove então articulou sucintamente como o modelo de Christensen poderia ajudar a empresa a dominar o mercado de microprocessadores.

Christensen teve que brigar por cada minuto adicional; não é uma situação que você gostaria de encarar. O fato é que CEOs, chefes, gerentes, clientes, investidores e partes interessadas costumam ser impacientes. Eles talvez não o interrompam após dez minutos, mas tenha certeza de que estão lhe dando não mais do que dez minutos de atenção total. Eles estão se fazendo uma variante da mesma pergunta que Grove fez a Christensen: *O que isso significa para mim?*

As pessoas que trabalham *para* você também enfrentam uma carga de trabalho cada vez mais exigente e distrações cada vez mais sofisticadas. Estudos mostram que, embora a capacidade de atenção humana tenha permanecido inalterada desde 1800, o número de coisas que competem por nossa atenção aumentou exponencialmente. O cérebro humano fica facilmente entediado. Estamos constantemente buscando opções alternativas para o que estamos fazendo, um fato psicológico que as empresas de mídia social aproveitaram para nos manter viciados em suas plataformas.

Além disso, o bombardeio de ruídos digitais que nos confronta a cada minuto de cada dia torna mais difícil que qualquer mensagem atraia nossa atenção. Quinhentas horas de vídeo são incluídas no

YouTube a cada minuto, 365 dias por ano. Em 60 segundos, os usuários do WhatsApp enviam 42 milhões de mensagens, o Zoom hospeda 208 mil reuniões, os usuários do Twitter enviam 350 mil tuítes, pessoas enviam 188 milhões de e-mails e palestrantes fazem 25 mil apresentações em PowerPoint com uma média de 40 palavras por slide.

Os dados nunca dormem, mas o seu público sim. Ele simplesmente não tem a capacidade mental para lidar com o tsunami de informações em que se afoga a cada minuto de cada dia. À medida que o volume de conteúdo continua a crescer, nossa atenção fica cada vez mais fragmentada, dizem os pesquisadores. E isso porque estamos sempre buscando novidades, constantemente procurando por algo "novo". Hoje, não passa um segundo sem que algo novo esteja disponível e ao nosso alcance.

Acontece que o segredo para atrair a atenção de uma pessoa não é abafar os ruídos, mas amplificar o sinal.

Nos últimos trinta anos, psicólogos cognitivos chegaram a conclusões fascinantes sobre a maneira como as pessoas aprendem conceitos novos. Por exemplo, estudos sobre professores eficazes constatam que os melhores instrutores organizam as informações em torno de grandes ideias. Se você imagina a criação de conteúdo em uma estrutura hierárquica, a grande ideia fica no começo do seu memorando ou de sua apresentação, e os detalhes *apoiam* esta grande ideia.

Quando eu estava escrevendo *TED – falar, convencer, emocionar,* um livro que incluiu os melhores palestrantes do mundo, entrevistei muitos especialistas cujas palestras TED tinham se tornado virais. Quase todos tiveram uma reação semelhante quando receberam o convite: "Como espremer tudo o que sei em 18 minutos?" A resposta curta é: você não consegue.

Os grandes oradores do TED selecionam uma grande ideia e conseguem expressá-la em mensagens curtas. A brevidade não vem da compactação de uma montanha de informações em um curto período. Em vez disso, a brevidade acontece quando você começa com uma grande ideia e seleciona, cuidadosamente, as histórias, os exemplos e os dados que a apoiam.

Da próxima vez que ouvir alguém dizer: "Vá direto ao ponto", saiba que o que eles estão realmente pedindo é para ver o quadro mais amplo. Parece tão simples — vá direto ao ponto. Mas, como você aprendeu, simplificar é um trabalho árduo. Então, para nos ajudar, vamos recorrer a comunicadores profissionais — homens e mulheres que trazem as histórias que você adora ouvir.

O TÓPICO FRASAL

ADAPTEI O CONCEITO de *tópico frasal* dos roteiristas de Hollywood. Quando eles tentam vender roteiros para os estúdios, entram nas reuniões armados com um tópico frasal, uma frase concisa e convincente que responde à pergunta: sobre o que é minha história? Um tópico frasal bem-sucedido tem de 25 a 30 palavras que podem ser faladas em 15 segundos ou menos.

Muito antes de os escritores colocarem os roteiros na nuvem, estes textos eram impressos e armazenados nos cofres dos estúdios. Em seguida, os executivos do estúdio escreviam o título e uma frase sobre o filme na lombada do roteiro. Hoje, um tópico frasal significa uma ou duas frases escritas em um e-mail ou ditas em uma reunião de apresentação.

Tente nomear os filmes de sucesso resumidos nos seguintes tópicos frasais:

Um jovem é transportado para o passado, onde deve unir seus pais novamente antes que ele e seu futuro deixem de existir.

Quando um garoto do interior otimista descobre que tem poderes, ele se une a outros combatentes rebeldes para libertar a galáxia das forças sinistras do Império.

Dois amantes desafortunados se apaixonam na viagem inaugural do Titanic e tentam sobreviver enquanto o navio condenado afunda no Oceano Atlântico.

Quando seu filho é arrastado mar adentro, um peixe-palhaço ansioso embarca em uma perigosa jornada pelo oceano traiçoeiro para trazê-lo de volta.

Você provavelmente pode adivinhar o título de cada um desses filmes, mas, para constar, as respostas são: *De Volta para o Futuro, Guerra nas Estrelas, Titanic* e *Procurando Nemo*.

Shonda Rhimes, criadora de *Grey's Anatomy*, diz:

— Vender seu produto é a coisa mais importante que você pode fazer depois de ter cruzado o portal... Se você é ruim nisso, será um desafio gigante. Você precisa descobrir como fazê-lo, e fazê-lo bem.[4]

Os executivos dos estúdios de Hollywood recebem dezenas de projetos toda semana. Se um escritor não conseguir fisgá-los — atrair a atenção deles rapidamente — é provável que o projeto esteja condenado. De acordo com Rhimes, "uma apresentação forte captura a imaginação do ouvinte quase que imediatamente".

A chave para criar um tópico frasal vencedor é seguir Jeff Bezos — ser obcecado pelo cliente. Para um roteirista, o cliente (o público) é um produtor, diretor ou executivo de estúdio. Enquanto esses públicos assistem a uma apresentação, eles também pensam: *como posso comercializá-la?*

Quando Rhimes lançou *Grey's Anatomy*, ela o chamou de "sexo e o centro cirúrgico", uma comparação amigável para fins de marketing com um programa popular naquela época, *Sex and the City*. Ela diz que o tópico frasal funcionou como uma ferramenta de vendas porque dava aos executivos uma ideia clara e concisa de como eles poderiam comercializar o programa. Rhimes sabia que o programa evoluiria a partir desse conceito original, mas ela tinha que convencer o estúdio a comprá-lo primeiro. Então ela escreveu a apresentação com esse público em mente.

Um tópico frasal claro e conciso não é, necessariamente, suficiente para vender o projeto, mas sem ele não há chance de sucesso. Tópicos frasais bem-sucedidos atraem os chefes de estúdio para acompanharem o restante da história.

Jimmy Donaldson não vende filmes, mas cria conteúdo. O canal de YouTube de Donaldson, MrBeast, atrai mais visualizações do que os finais de temporada de *Seinfeld* ou *Friends*. MrBeast atraiu mais de sessenta milhões de assinantes.

Donaldson postou seu primeiro vídeo aos 13 anos e atraiu apenas quarenta assinantes em seu primeiro ano. Então, após vários anos de tentativas, erros e estudos cuidadosos dos algoritmos que o YouTube usa para recomendar vídeos, Donaldson conseguiu um sucesso viral em 2017. Um dia, ele estava entediado e se gravou contando até cem mil. Levou 44 horas para Donaldson chegar a esse número, e cada minuto ainda está no YouTube, se você tiver muito tempo sobrando. O *Huffington Post* postou um artigo sobre a façanha com o título "Watch This Guy Count to 100,000 for No Reason Whatsoever" [Assista a este sujeito contar até 100 mil sem razão alguma].

Embora os vídeos de Donaldson agora sejam mais curtos, as façanhas ficaram mais elaboradas com a ajuda de brindes patrocinados. Por exemplo, ele surpreendeu um de seus inscritos com um presente impressionante em um vídeo intitulado "Eu dei 40 carros para meu assinante de número 40 milhões".

Escrever enredos simples construiu um dos canais do YouTube que mais crescem, de acordo com o consultor Derral Eves, que trabalhou com Donaldson. "Se o MrBeast não consegue explicar um conceito de vídeo em uma frase, ele o considera complicado demais e desiste",[5] afirma Eves. "Essa capacidade de criar conteúdo é muito desprezada e desvalorizada pela maioria dos criadores do YouTube, mas é o que diferencia os grandes criadores das mensagens."

Os títulos de uma linha, a seguir, receberam um total de duzentos milhões de visualizações, e o título mais longo tem apenas 65 caracteres.

"Dei às pessoas US$ 1.000.000, mas apenas um minuto para gastá-los"
"Abri um restaurante que paga para você comer nele"
"Abri uma concessionária de carros gratuitos"

As primeiras palavras que você ouve Donaldson falar em seus vídeos são as mesmas dos títulos, exibidas na tela em letras grandes. Em uma frase, o espectador sabe exatamente o que vai ver. Toda semana, os vídeos de Donaldson atraem mais espectadores do que a final do campeonato de futebol americano. Ele começa com um tópico frasal, a grande ideia.

Tópicos frasais fortes também atraem investidores no Vale do Silício, sede das principais empresas de capital de risco do mundo. Eu me encontrei com empresas deste tipo que financiaram startups com nomes como Amazon, Apple, Airbnb, Google, PayPal, Twitter, YouTube e muitos outros. Também trabalhei com CEOs e empreendedores de startups para prepará-los para abrirem seu capital fazendo uma série de apresentações em que equipes executivas divulgam suas empresas para investidores em potencial.

Os investidores são como os produtores de filmes de Hollywood; eles querem conhecer o panorama geral antes de mergulhar nos detalhes. Resumindo, sobre o que é o filme? Abaixo estão vários tópicos frasais reais de lançamentos de startup.

- "O Google organiza as informações do mundo e as torna universalmente acessíveis." (12 palavras)
- "O Coursera oferece acesso universal a aprendizado de primeira classe para que qualquer pessoa, em qualquer lugar, tenha o poder de transformar sua vida através do aprendizado." (27 palavras)

- "O Airbnb é uma plataforma de internet onde os usuários podem alugar seu espaço. Os viajantes economizam dinheiro, os anfitriões ganham dinheiro e ambos compartilham suas culturas." (27 palavras)
- "O Canva é uma ferramenta de design gráfico on-line cuja missão é capacitar todo mundo a criar qualquer coisa e publicá-la em qualquer lugar." (24 palavras)
- "A Amazon é a empresa mais centrada no cliente da Terra." (11 palavras)

Não cometa o erro de lançar uma ideia ou fazer uma apresentação sem um tópico frasal. Certa vez, um investidor na lista da *Forbes* dos bilionários mais ricos do mundo me deu esta mensagem para compartilhar com meus leitores: "Se um empreendedor não consegue expressar sua ideia em uma frase, não estou interessado — ponto-final".

Depois de criar um tópico frasal — a grande ideia que você deseja que seu público conheça — a questão passa a ser onde apresentá-la. Os militares dos Estados Unidos realizaram uma quantidade considerável de pesquisas para responder a essa pergunta. Sua solução é ensinada como uma técnica de comunicação em todos os ramos e, como se vê, na Amazon também.

RESULTADO FINAL NO INÍCIO

EM UM DIA de setembro, quando a temperatura atingia 46 graus no deserto de Yuma, Arizona, tive um encontro com uma turma de cerca de cem aviadores do Corpo de Fuzileiros Navais dos Estados Unidos, os equivalentes aos pilotos de caça TOPGUN da Marinha.

Esses pilotos — os melhores aviadores do Corpo de Fuzileiros Navais dos Estados Unidos — estavam participando de um programa de sete semanas, considerado o curso de aviação mais completo do mundo. Durante o curso de Instrutor de Armas e Táticas (WTI, na sigla em inglês), os aviadores aprendem técnicas avançadas e habilidades de liderança em sala de aula e no ar. Pode surpreendê-lo saber que a comunicação verbal e escrita é considerada uma habilidade essencial no combate. Mas é claro que a comunicação direta e de fácil compreensão é essencial para qualquer organização que dependa do conhecimento coordenado para responder com rapidez e agilidade a quaisquer desafios que surjam.

Líderes em todos os ramos das forças militares dos Estados Unidos aprendem uma estratégia de comunicação adequada a empreendedores, profissionais de negócios e qualquer pessoa que aspire à liderança em qualquer área. Chama-se "Intenção do Comandante".

A Intenção do Comandante é uma declaração que define a visão do comandante do que é um resultado bem-sucedido de uma missão: precisa ser clara, concisa e de fácil compreensão. Ela é o panorama geral da missão, o tópico frasal. A Intenção do Comandante deve ser fácil de identificar. Primeiro, ela responde a cinco perguntas: quem, o quê, quando, onde e por quê? Segundo, ela é repetida no início e no final da apresentação. E em terceiro, começa com a declaração: "A coisa mais importante que precisamos realizar é...".

De acordo com instrutores de comunicação militar, a Intenção do Comandante serve como uma declaração de propósito que transmite o panorama geral de forma clara e concisa. Segundo um manual de treinamento, "descrições narrativas longas tendem a inibir a iniciativa dos subordinados". Em outras palavras, homens e mulheres que realizam a missão precisam entender o propósito dela em uma declaração breve e clara. A brevidade esclarece e a clareza inspira.

A Intenção do Comandante não é uma sequência de itens; é uma narrativa escrita e verbal com frases que contêm substantivos e verbos. Por exemplo: "Nossa missão é destruir o equipamento de radar do inimigo no Objetivo Bravo para evitar a detecção antecipada de subsequentes ataques aéreos da coalizão". A frase é escrita na voz ativa e evita ordens vagas como: "Vamos atacar vigorosamente".

No calor da batalha, uma declaração concisa e específica é mais rapidamente transmitida pelo rádio do que uma explanação longa. Como resultado, é mais provável que a ordem seja transmitida com precisão de pessoa para pessoa e muito mais fácil para os subordinados lembrarem ao enfrentar estresse extremo.

Quando os pilotos de caça navegam em terreno montanhoso a 1.100 quilômetros por hora, eles não têm tempo para ler ou recordar as montanhas de detalhes que precisam saber para fazer seu trabalho com sucesso. No momento em que entram em ação, eles já tiveram anos de experiência e passaram milhares de horas em aulas, simuladores de voo e missões de treinamento. Eles sabem fazer o que fazem. Mas saber *como* fazer algo não importa se eles não sabem *o que* devem fazer e *por que* estão fazendo aquilo.

Imagine-se um comandante. Sua missão é informar e inspirar uma ampla gama de públicos, desde indivíduos, como clientes, chefes ou gerentes de contratação, até equipes de colegas, investidores e funcionários. Em uma frase, explique a eles sobre o que é o filme.

Uma vez que a Intenção do Comandante é a frase mais importante que os líderes comunicam na hora de entrar em ação, eles devem fazer essa declaração no início da apresentação. E é por isso que os líderes militares seguem uma técnica de comunicação precisa e poderosa chamada BLUF, na sigla em inglês.

A sigla BLUF significa *bottom line up front*, ou seja, resultado final no início. Embora o BLUF tenha começado como uma técnica de escrita no Exército dos Estados Unidos, agora é ensinado em todas as armas militares. Ainda que o Exército dos Estados Unidos possa reivindicar para si o crédito pela criação do acrônimo, ele não foi o primeiro a identificar essa necessidade. Durante a Segunda

Guerra Mundial, o primeiro-ministro britânico Winston Churchill escreveu um memorando famoso, intitulado "Brevity" [Brevidade], no qual defendia o destaque dos pontos essenciais em documentos extensos. Churchill disse que a maioria dos documentos desperdiçava tempo e energia porque não dava o devido destaque aos pontos principais.

Declarar o resultado final logo no início também encontrou seu caminho em todos os cantos da Amazon, onde isso é ensinado nas aulas de redação como BLOT (*bottom line on top*).

O resultado final na frente (ou no topo) significa o que diz: é a informação mais importante que seu ouvinte ou leitor precisa saber. Se não souberem nada além do resultado final desejado, terão o panorama geral. Isso deve ser a primeira coisa que seus leitores veem em um e-mail ou ouvem em uma apresentação.

Os amazonians escrevem o resultado final em negrito na parte superior de seus e-mails. Em uma ou duas frases, aquilo diz ao leitor por que ele está recebendo o e-mail e por que deve se preocupar com o restante da mensagem. Por exemplo, em seu primeiro grande anúncio de política depois de se tornar apenas o segundo CEO da história da Amazon, Andy Jassy enviou um memorando aos funcionários da Amazon, no final de 2021, explicando o pensamento atual da empresa sobre as regras de volta ao trabalho presencial à medida que a pandemia de COVID-19 começava a regredir.

A linha de assunto do e-mail dizia: "Orientações atualizadas sobre nosso local de trabalho".

"Caros amazonians", começava. "Quero atualizá-los sobre como continuamos a desenvolver nossas ideias sobre onde trabalhamos." Em uma frase, na linha de assunto, o tema do e-mail fica claro.

Jassy explica então que a equipe de liderança realizou várias reuniões para discutir os desafios e as incertezas do retorno ao escritório. Houve consenso em torno de "três coisas", ele escreveu:

O TÓPICO FRASAL: SUA GRANDE IDEIA

Primeiro, nenhum de nós sabe as respostas definitivas para essas perguntas, sobretudo a longo prazo. Segundo, em uma empresa do tamanho da nossa, não existe uma abordagem universal para a forma como cada equipe funciona melhor. E terceiro, estaremos em uma etapa de experimentação, aprendizado e ajuste durante algum tempo, à medida que emergimos dessa pandemia.

Jassy explicou que, para aqueles que trabalhassem em funções executivas, a decisão sobre quantos dias por semana eles deveriam comparecer ao escritório seria tomada, no nível da equipe, por diretores individuais. Ele acrescentou que as decisões deveriam ser guiadas pelos Princípios de Liderança da Amazon — ou seja, "o que será mais eficaz para nossos clientes".

Aqui está uma regra tácita que você não aprenderá na escola de negócios: é mais provável que você conquiste seu chefe ou colegas de equipe com uma comunicação que economiza tempo e energia e dá a eles o resultado final na frente. Estudos mostram que você tem 15 segundos para atrair a atenção de um leitor em um e-mail, documento ou artigo. Cerca de 45% dos leitores perderão o interesse ou desistirão completamente após 15 segundos. Se, no entanto, conseguir atrair e prender a atenção deles por mais de 15 segundos (35 palavras), é mais provável que eles continuem lendo o restante do conteúdo.

A PRECISÃO DO ESTILO DA AMAZON

SE VOCÊ QUISER escrever e falar com precisão no estilo militar ou no estilo da Amazon, sua grande ideia precisa ser clara, concisa e específica.

Clara. A Amazon valoriza a comunicação clara. Os amazonians são incentivados a seguir estas diretrizes para deixar clara sua comunicação verbal e escrita:

- use a voz ativa para deixar claro quem está fazendo o quê;
- evite jargões;
- esforce-se para obter uma pontuação Flesch-Kincaid equivalente ao oitavo ano ou mais baixo; e
- certifique-se de que sua ideia passa no teste *E daí?*.

Uma vez que cobrimos as três primeiras dicas de comunicação, vamos mergulhar mais fundo no teste *E daí?*. Utilizo uma versão dele para ajudar CEOs e executivos a descobrir o tópico frasal para grandes anúncios e apresentações. Veja como funciona.

Primeiro, aceite que está próximo demais de sua ideia; que conhece detalhes que poucos entendem. Então, quando começar a criar uma mensagem, pergunte-se: *e daí*? Faça a pergunta três vezes. Você se aproximará da mensagem principal a cada resposta — a única coisa que seu público quer saber.

Já vi esse processo funcionar para muitas empresas, não apenas para a Amazon. A Apple também faz isso. Vamos ver os bastidores de uma reunião hipotética na Apple, na qual profissionais de marketing e executivos discutem o lançamento de um produto — neste caso, o chip M1.

O que estamos anunciando?
O M1, primeiro chip da Apple projetado especificamente para o Mac.

E daí?
É o primeiro sistema em um chip (SOC, na sigla em inglês) da Apple.

E daí?
Possui 16 bilhões de transistores, o que o torna o núcleo de unidade central de processamento (CPU, na sigla em inglês) mais rápido do mundo.

O TÓPICO FRASAL: SUA GRANDE IDEIA

E daí?
O chip M1 é um salto gigantesco para o Mac; oferece mais potência, desempenho mais rápido e maior duração de bateria.

A frase final é aquela que o CEO Tim Cook e outros executivos usaram para anunciar os primeiros notebooks MacBook com silício da Apple.

Esse tipo de conversa é difundido nos estágios iniciais da criação de uma apresentação de lançamento. Os especialistas presentes na sala trabalharam no produto há meses ou anos — são inteligentes, mas sofrem com a maldição do conhecimento. Eles não estão atolados até os joelhos no lamaçal de detalhes; eles estão afogados. Assim como a maioria das pessoas não se importa com o que está sob o capô de um carro, a maioria dos compradores de computadores não pensa no motor que alimenta seu sistema. Os detalhes são essenciais para a comunicação, mas eles não são os tópicos frasais. Estes apresentam o panorama geral.

SUGESTÃO PARA TREINAMENTO

Aplique o teste *E daí?* em uma de suas apresentações. Comece com o tópico da sua conversa e responda à pergunta: "E daí?". Faça a pergunta mais duas vezes até elaborar um tópico frasal claro para a sua proposta ou apresentação.

Tópico _____
E daí? _____
_____
E daí? _____
_____
E daí? _____
_____

Concisa. Comunicar-se à maneira da Amazon significa escrever memorandos, documentos e e-mails fáceis de ler e entender. Os amazonians são ensinados a escrever frases com vinte palavras ou menos. Isso significa que o escritor precisa eliminar palavras desnecessárias.

Vanessa Gallo é colíder de nossa empresa Gallo Communications Group. Vanessa tem formação em psicologia do desenvolvimento e usa sua experiência para ajudar os executivos a parecerem mais assertivos e confiantes. Ela analisa o texto das apresentações deles para eliminar palavras irrelevantes. Assim como um escultor remove o excesso de pedra para revelar a obra-prima em seu interior, remover o excesso de palavreado revela todo o poder de sua mensagem. Aqui está um exemplo de como Vanessa simplifica as mensagens. A versão original é o que um instrutor militar sênior disse aos alunos no início de uma disciplina obrigatória para se formarem no programa. Vanessa elaborou uma versão revisada que eliminou palavras desnecessárias, foi direto ao ponto e forneceu clareza:

> **Versão original:** "Muitos de vocês estão aqui porque esta é uma matéria obrigatória, mas se vocês reservarem um tempo para estar em aula, e vai ser uma aula longa, certo, porque é nisso que estamos trabalhando no verão, mas se vocês reservarem um tempo para sentar naquela aula e fazer o trabalho, vocês estarão fazendo um favor a si mesmos, ao seu cérebro, ao seu futuro eu." (65 palavras)
>
> **Versão revisada:** "A maioria de vocês está aqui porque é obrigada. Se reservarem tempo para sentar na aula e fazer o trabalho, farão um favor a si mesmos, ao seu cérebro e ao seu futuro eu." (34 palavras)

Jeff Bezos, liderando pelo exemplo, mantém suas mensagens curtas e diretas. Dê uma olhada nas três afirmações a seguir, na Tabela 4. Na primeira coluna, você verá as palavras que Bezos escreveu.

O TÓPICO FRASAL: SUA GRANDE IDEIA

Na segunda coluna, Vanessa e eu criamos alternativas prolixas hipotéticas para suas declarações. A segunda coluna é o exemplo "ruim", é claro, mas reflete o que ouvimos, com muita frequência, de comunicadores empresariais.

TABELA 4: Citações concisas x Citações prolixas

CARTA AOS ACIONISTAS	CITAÇÕES CONCISAS DE BEZOS	CITAÇÕES PROLIXAS
2018	"Os vendedores terceirizados estão nos dando uma sova. Feia."[6] (9 palavras; 7 com 1 e 2 sílabas)	"Um ponto interessante a ser observado — os vendedores terceirizados em nossa indústria estão nos superando por uma margem notável, nós, que somos os vendedores diretos; estão nos superando por tanto que existe uma diferença substancial." (35 palavras; 13 de uma sílaba, 9 de duas sílabas e 13 de três ou mais sílabas)
2007	"Apresentarei algumas características úteis do Kindle que vão além de qualquer coisa que poderíamos fazer com o livro de papel."[7] (20 palavras; 8 de uma sílaba, 8 de duas sílabas, 4 de três ou mais sílabas)	"Durante a próxima parte da apresentação, eu gostaria de rever algumas das características dinâmicas do Kindle, um dispositivo que lançamos recentemente com a intenção de maximizar esse mercado e que pode executar mais tarefas do que seria possível de executar em livros de papel." (44 palavras; 18 de 1 sílaba, 6 de duas sílabas e 20 de três ou mais sílabas)
2005	"Este ano, a Amazon se tornou a empresa que mais rápido atingiu 100 bilhões de dólares em vendas anuais."[8] (19 palavras)	"Antes de revermos o ano e entrarmos em detalhes, acho que eu deveria mencionar que a Amazon atingiu 100 bilhões de dólares em vendas anuais. O que realmente impressiona com relação a essa realização é que atingimos esse número de uma forma mais rápida do que qualquer outra empresa já atingiu." (51 palavras)

Específica. Nas aulas de redação, os amazonians aprendem a evitar linguagem vaga, ou "palavras evasivas".

Em vez de dizer "quase todos os clientes", seja específico: "87% dos membros Prime". Em vez de dizer "significativamente melhor", seja específico: "um aumento de 25 pontos-base". Em vez de dizer "Há algum tempo", seja específico: "Há três meses".

Visite a sala de notícias da Amazon para acessar aulas de especificidade. O tópico frasal (a primeira declaração) nos anúncios da Amazon, em geral, contém informações precisas, desde métricas e dados até locais específicos e públicos-alvo. Aqui estão alguns exemplos (coloquei em negrito as palavras específicas):

- Amazon expande seu centro de tecnologia em Boston com planos de criar **3 mil empregos novos** para dar **suporte à Alexa, à AWS e à Amazon Pharmacy**.
- Amazon lança fundo de equidade habitacional de **2 bilhões de dólares** para disponibilizar mais de **20 mil casas acessíveis** para famílias nas comunidades onde está instalada.
- O centro de distribuição de **93 mil metros quadrados** da Amazon em **Oklahoma City** criará **500 empregos**.
- Os clientes da Amazon agora podem comprar **medicamentos com receita** na loja on-line da Amazon sem sair de casa. Os **membros do Amazon Prime** recebem os medicamentos com **entrega gratuita em dois dias** e fazem **uma economia de até 80%** ao pagarem sem seguro, com o novo benefício de economia de receita.
- A Amazon está contratando **75 mil funcionários** para a área de Cadeia de Suprimentos e Transporte, com salário inicial médio superior a **17 dólares por hora** e bônus de contratação de até **mil dólares**.

BEZOS TRABALHA PARA TRÁS

EM 2 DE FEVEREIRO de 2021, mais de um milhão de amazonians receberam um memorando, por e-mail, de seu chefe. Em 27 palavras, Jeff Bezos anunciou a ação mais significativa que havia executado desde a fundação da empresa. "Companheiros amazonians", ele começou.

O TÓPICO FRASAL: SUA GRANDE IDEIA

Tenho o prazer de anunciar que, neste terceiro trimestre, farei a transição para me tornar presidente-executivo da diretoria da Amazon, e Andy Jassy se tornará o CEO.[9]

O leitor sabe o assunto do e-mail logo na primeira frase. Bezos trabalha para trás: ele abre com o item mais importante a ser comunicado — o tópico frasal — seguido pelos detalhes da transição. Esses detalhes explicam *por que* ele está fazendo a mudança, o *que* fará a seguir e *como* a empresa que ele fundou, 27 anos antes, transformou o mundo.

O e-mail de Bezos apresenta um modelo de redação clara, concisa e específica que você pode ver na Figura 4.

Contagem	
Palavras	620
Caracteres	2.959
Parágrafos	12
Sentenças	47
Médias	
Sentenças por parágrafo	4,7
Palavras por sentença	13,1
Caracteres por palavra	4,6
Legibilidade	
Facilidade de leitura Flesch	62,4
Ano escolar na escala Flesch-Kincaid	7,8
Frases na voz passiva	6,3%

FIGURA 4: Análise estatística do e-mail de Jeff Bezos

Clareza: o e-mail que Bezos enviou começa com um tópico frasal, o panorama geral. Se parar de ler após a primeira frase, você já deve estar ciente da maior parte da história. O e-mail inteiro recebe uma pontuação equivalente a 7,8 na escala Flesch-Kincaid. Bezos escreve a maior parte do e-mail (94%) na voz ativa, que, como você deve se lembrar do Capítulo 3, esclarece *quem* está fazendo *o quê*.

Concisão: o e-mail de 620 palavras pode ser lido em apenas dois minutos. É pouco tempo para cobrir a história de 27 anos da Amazon e antecipar os próximos passos da empresa.

Especificidade: o tópico frasal fornece três pontos específicos. Bezos se tornará presidente-executivo; Andy Jassy se tornará o CEO; a transição acontecerá no terceiro trimestre. Abaixo estão os detalhes específicos.

- "Na função de presidente-executivo, pretendo concentrar minhas energias e minha atenção em produtos novos e em iniciativas incipientes."
- "Hoje, empregamos 1,3 milhão de pessoas talentosas e dedicadas."
- "A invenção é a chave do nosso sucesso. Fomos pioneiros em avaliações de clientes, compras com um clique, recomendações personalizadas, entregas incrivelmente rápidas da Prime, compras sem passar por uma caixa registradora, Climate Pledge, Kindle, Alexa, marketplace, infraestrutura de computação em nuvem, Career Choice e muito mais."

Então o que, exatamente, Bezos fará a seguir? Onde Bezos concentrará sua energia? Ele explica em uma frase, um tópico frasal que o repórter Brad Stone encontrou inesperadamente enquanto fuçava uma lata de lixo.

Em 2003, Stone, trabalhando na época para a *Newsweek*, realizava uma investigação à moda antiga para descobrir o que Bezos estava planejando para sua nova empresa espacial. Stone descobriu uma referência à Blue Operations LLC, uma entidade registrada em um endereço de Seattle que correspondia à sede da Amazon. Ele procurou e encontrou um site vago que recrutava engenheiros aeroespaciais.

Determinado a ser o primeiro a divulgar a notícia, Stone foi até um bairro industrial ao sul de Seattle, em outro endereço que constava nos documentos. Ele encontrou um armazém de cinco mil metros quadrados com o nome BLUE ORIGIN escrito na porta.

Era uma madrugada de um fim de semana. Stone não conseguia enxergar nada através das janelas. Finalmente, depois de uma hora de espera no carro, ele decidiu atravessar a rua, ir até uma lata de lixo e levar o máximo possível para o porta-malas do carro. Vasculhando os itens, Stone encontrou um papel manchado de café no qual Bezos havia escrito a primeira missão da Blue Origin:

Criar uma presença humana duradoura no espaço.

Você pode ter a melhor ideia do mundo, mas se não conseguir expressá-la em uma frase clara, concisa e específica, ninguém prestará atenção.

5

METÁFORAS QUE GRUDAM

> Batizei a Amazon com o nome do maior rio da Terra;
> a maior variedade da Terra.
>
> — JEFF BEZOS, Economic Club of Washington, DC, 2018.

Jeff Bezos dirigiu a Amazon durante 9.863 dias, mas sempre aparecia para trabalhar no dia um.

"Dia Um" serviu como metáfora para uma mentalidade de startup. Quando a Amazon foi lançada como uma livraria on-line, a folha de pagamento da empresa tinha cerca de dez pessoas. Quando Bezos deixou de administrar o dia a dia dos negócios da Amazon cerca de 27 anos mais tarde, a empresa havia crescido para 1,6 milhão de funcionários. Mas um líder Dia Um, de acordo com Bezos, sempre lembra às pessoas de que devem pensar e agir como se estivessem trabalhando em uma startup, encontrando oportunidades para aprender, se desenvolver, inovar e criar.

A metáfora do Dia Um fez sua estreia na primeira carta aos acionistas da Amazon como empresa listada em bolsa em 1997: "Este é o Dia Um da internet",[1] proclamou Bezos. Ele lembrou aos acionistas que se perguntavam quando a Amazon começaria a mostrar lucro que, embora o comércio eletrônico estivesse crescendo rapidamente, as compras on-line ainda estavam em seus primeiros dias. A verdadeira mudança ainda estava por vir.

A expressão "Dia Um" apareceu várias vezes nas cartas anuais que Bezos escreveu para os acionistas. Em 21 cartas, Bezos usou a expressão 25 vezes. Em 2009, Bezos começou a encerrar cada carta com a frase "Ainda é o Dia Um". Ele mudou uma palavra de 2016 para 2020: "Continua sendo o Dia Um". A carta de 2019 foi publicada em abril de 2020, um mês após o começo da pandemia de COVID-19. Bezos — dirigindo-se a acionistas e funcionários — escreveu: "Mesmo nessas circunstâncias, *continua sendo* o Dia Um".

Ao fazer referência ao Dia Um com consistência impressionante, Bezos transformou uma figura de linguagem, uma metáfora, em um modelo de como pensar e agir. Até hoje, a metáfora do Dia Um está totalmente integrada em todos os níveis da Amazon, funcionando como um atalho para explicar uma mentalidade que abrange assumir riscos, ser veloz e curioso, experimentar, fracassar e aprender o tempo todo. É difícil não se dar conta da mensagem do Dia Um. Bezos nomeou o prédio de Seattle onde trabalhava "Dia Um Norte". Uma placa ainda saúda os visitantes no saguão. Bezos escreveu a inscrição que diz: "Há tantas outras coisas ainda por inventar. Há tanta novidade ainda por acontecer."

Em 2016, Bezos respondeu a uma pergunta que surgiu mais de uma vez em uma reunião geral. Os funcionários queriam saber: como é o Dia Dois?

Bezos respondeu:

— O Dia Dois é estagnação. Complacência. O início de um declínio lento e doloroso.[2]

A metáfora do Dia Um se espalhou para muito além da Amazon. Tornou-se uma filosofia de gestão ensinada nas escolas de negócios. Um termo de pesquisa popular é "O que é uma empresa Dia Um?".

Não existe nenhuma empresa Dia Um. Não é uma coisa física. É uma mentalidade. É um conceito abstrato que, como qualquer metáfora boa, funciona como um atalho para a transferência de conhecimento.

Neste capítulo, você aprenderá a neurociência por trás das metáforas e por que elas são essenciais para convencer o público. Vou contar uma breve história da metáfora como ferramenta persuasiva e explicar por que 1980 foi um ano divisor de águas na forma como pensamos sobre a metáfora como mais do que uma simples figura de linguagem. Você aprenderá por que Bezos escolhe suas metáforas deliberadamente e conhecerá outros comunicadores empresariais que usam metáforas para transformar conceitos abstratos em ideias implementáveis. Por fim, você aprenderá passos fáceis para encontrar a metáfora certa que dará às suas ideias a "clareza do canto dos anjos".

DANDO VIDA A COISAS SEM VIDA

VAMOS COMEÇAR COM o básico. O que é uma metáfora? Uma metáfora é uma comparação entre duas coisas não relacionadas. Essa é a definição padrão e chata de metáfora. Prefiro uma descrição mais empolgante, oferecida por Ward Farnsworth, reitor da Faculdade de Direito da Universidade do Texas e autor de três livros sobre escrita clássica. Segundo Farnsworth:

> Uma metáfora pode transformar coisas desconhecidas em familiares, invisíveis em visíveis e complicadas em mais fáceis de entender. Pode, como disse Aristóteles, dar vida às coisas sem vida. Pode produzir diversão ao colocar um assunto em companhia inesperada. Ela pode criar sentimento ao separá-la da fonte com a qual o assunto é comparado. Pode transformar um ponto em fascinante e memorável pela beleza da pertinência da comparação. Pode atrair a atenção pelo elemento surpresa. E pode fazer tudo isso com uma economia maravi-

lhosa, invocando uma massa de imagens e significados em uma frase ou em uma única palavra.[3]

As metáforas estão por toda parte. Você as usa o tempo todo, quer saiba ou não. Você está *atolado* em papelada? Se sim, você está atolado em uma metáfora. Seu amigo é uma *joia de pessoa*, uma *estrela brilhante* com um *coração de ouro*? Nesse caso, você não está apenas entrando na piscina metafórica. Você está nadando nela.

Todo ano, no décimo quarto dia de fevereiro, os estadunidenses gastam bilhões de dólares comemorando uma metáfora atemporal: a rosa. Os floristas vendem 250 milhões de rosas naquele dia; a mais popular é a rosa vermelha, símbolo do amor.

A lenda da rosa vermelha é atribuída à Afrodite, a deusa do amor na mitologia grega. Diziam que ela era tão bonita quanto uma rosa vermelha. Desde então, os poetas adotaram a rosa como uma expressão de amor. Quando a Julieta de Shakespeare diz: "Uma rosa com qualquer outro nome cheiraria igualmente doce", ela está reconhecendo seu amor por Romeu, apesar do fato inconveniente de ele ser membro de uma família rival. Para não ficar atrás no departamento de metáforas, Romeu exclama que "Julieta é o sol" porque ela irradia beleza e traz luz à escuridão. Profundo.

Uma vez que muitas canções populares começam sua vida como poesia no papel, não é coincidência que os compositores surfem a onda da metáfora até o estrelato. Bret Michaels achou o tema das rosas irresistível quando escreveu "Every Rose Has Its Thorn" [Toda rosa tem seu espinho]. A rosa significa sua carreira decolando, enquanto o espinho é o dano que o sucesso causou ao seu relacionamento. Quando Garth Brooks canta "The Dance" [A dança], ele não está falando sobre dança em fila em um bar *country* de Nashville. A dança é uma metáfora para a perda de alguém próximo a você. Você realmente teria evitado a dor se nunca tivesse conhecido essa pessoa, mas também teria perdido os momentos felizes.

De todas as músicas que Garth escreveu, ele diz que recebe mais cartas sobre uma em particular: "The River" [O rio]. Quando canta sobre velejar em seu barco "até que o rio seque", ele não é, de fato, o capitão de uma embarcação. Ele era um cantor em dificuldades que tinha o sonho de se tornar grande na música *country*. O sonho é como um rio, e Garth, o sonhador, é a embarcação que segue o rio para onde ele vai. "Não se sente à beira do rio... escolha arriscar as corredeiras e ouse dançar a maré."

Jimmy Buffett pode reivindicar ter criado a metáfora mais lucrativa da música popular. Quando cantou "Margaritaville" pela primeira vez, ele não estava pensando em um lugar. Trata-se de um estado de espírito, um hino para uma filosofia de vida. Quando a música decolou, ela se transformou em um local real — em muitos locais reais. Bares, restaurantes e produtos de Margaritaville elevaram o patrimônio de Buffett acima de meio bilhão de dólares.

As metáforas talvez não o tornem tão rico quanto Bezos ou Buffett, mas se puder usar a linguagem para criar um estado de espírito — um sentimento — para seus ouvintes, você enriquecerá sua vida e sua carreira.

Consumimos metáforas o dia inteiro. Escrevemos, cantamos e até pensamos por meio delas. Em 1980, o estudo da metáfora na área da ciência cognitiva ganhou força com a publicação de *Metáforas da vida cotidiana* de George Lakoff e Mark Johnson. A maioria das pessoas considerava a metáfora um recurso literário reservado à poesia e aos discursos. Os autores argumentam que a metáfora é muito mais difundida do que isso: "A maneira como pensamos, o que experimentamos e o que fazemos todos os dias têm muito a ver com a metáfora".[4]

Lakoff e Johnson popularizaram o conceito de Teoria da Metáfora Conceitual, ou TMC.[5] Isso significa que o cérebro dá sentido ao mundo ao "mapear" um domínio em termos de outro. Essa descoberta leva à regra fundamental da metáfora: ela deve conter um domínio de origem e um domínio de destino. O alvo é o conceito abstrato que você está tentando transmitir; o domínio de origem é a coisa concreta que você está usando como comparação. Os domínios de origem nos permitem entender o alvo abstrato e comunicar muitas informações com apenas algumas palavras. Eles geralmente se enquadram em algumas categorias: movimento, localização física ou orientação espacial.

Por exemplo, o conceito de "vida" é tão abstrato que precisamos pensar nele em termos de algo mais concreto para entendê-lo.

Podemos usar uma comparação de movimento: *Estou na pista expressa. Estou correndo por fora.*

Podemos fazer uma comparação física: *Estou numa encruzilhada.*

Podemos empregar uma orientação espacial: *O céu é o limite.*

> **SUGESTÃO PARA TREINAMENTO**
>
> Procure comparações fora de sua especialidade ou "domínio". Veja quantas metáforas você consegue identificar em livros, artigos, discursos e apresentações. Desafie-se. Categorize as metáforas em comparações de movimento, físicas ou espaciais. Estar ciente das metáforas que você vê, ouve e lê estimulará ideias criativas para ajudá-lo a escrever e fazer apresentações persuasivas.

É quase impossível descrever um sentimento, um princípio abstrato ou uma ideia complexa sem usar uma metáfora apropriada. Segundo o historiador de arte Nelson Goodman, "a metáfora permeia todo discurso, convencional e especial... Esse uso incessante da metáfora brota não apenas do amor pelo colorido literário, mas também da necessidade urgente de economizar".[6] Em outras palavras, as metáforas funcionam como atalhos mentais, condensando uma quantidade enorme de informações em uma palavra ou frase. Elas permitem que você pinte uma imagem rápida para o seu público sem se atolar em detalhes.

Vamos examinar dois conceitos metafóricos que impulsionaram o crescimento da Amazon: as equipes de duas pizzas e o flywheel. Em ambos os casos, Bezos aproveitou o pensamento simbólico e a comunicação para inspirar os líderes da Amazon a pensar de forma diferente.

AS EQUIPES DE DUAS PIZZAS

DEPOIS QUE A bolha da tecnologia estourou (outra metáfora famosa), Bezos tirou uma folga de fim de ano para pensar e ler. O ritmo lento de inovação na empresa que ele havia fundado na garagem de sua casa alugada em Seattle o preocupava. Embora a Amazon fosse uma empresa em crescimento rápido, engenheiros e gerentes de produto estavam frustrados com o processo complicado de transmissão de programas de computador. O desenvolvimento de produtos havia sido organizado em algumas divisões importantes e havia simplesmente um excesso de mãos na massa de tomada de decisões. "Uma hierarquia não é receptiva o suficiente a mudanças"[7], disse Bezos em um discurso na Associação Americana de Editores em março de 1999.

Bezos voltou de seu retiro autoimposto com uma ideia simples. Se ele organizasse as equipes como fizera nos primeiros dias da Amazon, cada grupo poderia ser responsável por seus roteiros de projeto e códigos de software, o que permitiria que se movessem muito mais rápido. Bezos lembrou que eles conseguiam alimentar uma equipe inteira com duas pizzas grandes. Ele escreveu sua ideia em uma página, e a equipe de duas pizzas nasceu.

A metáfora da equipe de duas pizzas comunicava muita coisa. Atestava a necessidade da tomada de decisões descentralizada. Atestava a necessidade de organizar a empresa em equipes de engenharia

O MODELO JEFF BEZOS DE COMUNICAÇÃO

pequenas, que operassem de forma autônoma e com apenas uma conexão frouxa entre as unidades. Atestava a percepção de que o excesso de coordenação entre os funcionários prejudicava a velocidade e a agilidade. Até encurtava uma fórmula matemática.

Uma equação famosa chamada "fórmula do caminho da comunicação" mostrava que, à medida que as equipes crescem, o número de canais de comunicação entre os membros da equipe cresce enormemente, aumentando o tempo necessário para o compartilhamento de informações e para a realização do trabalho.

A fórmula da comunicação funciona da seguinte maneira:

$$N * (N-1)/2$$
N = o número de membros de uma equipe trabalhando em um projeto.[8]

De acordo com a fórmula, se você começar com uma equipe de projeto com cinco pessoas, existirão dez canais de comunicação possíveis. Dobrar o grupo significa que os canais de comunicação se expandem para 45. Isso significa que um gerente de projeto gasta 4,5 vezes mais energia e tempo para manter a equipe informada.

Bezos entendeu a fórmula, que foi inspirada por um livro que ele havia lido e recomendado à sua equipe de liderança sênior, *O mítico homem-mês*, de Frederick Brooks.

Brooks, um cientista da computação e veterano de alta tecnologia da IBM, argumentou que agregar mais corpos a um projeto não produzia resultados mais rápidos. Pelo contrário, um aumento explosivo dos canais de comunicação desacelerava o processo.

De acordo com Brad Stone em *A loja de tudo,* Bezos esperava que, "sem as restrições da comunicação interna da companhia, essas equipes com laços frouxos poderiam se mover com mais rapidez e entregar produtos aos clientes com mais presteza".[9] Uma equipe de duas pizzas bem composta tinha outra vantagem poderosa: sua agilidade lhe permitiria mudar de rumo se detectasse erros ou tivesse que fazer correções rápidas.

Como você pode constatar, matemáticos e cientistas da computação examinaram cuidadosamente a estratégia por trás das equipes pequenas. Livros inteiros e fórmulas misteriosas foram dedicados ao assunto. Bezos sabia que precisava encontrar um atalho para explicar o conceito.

Assim como o tempo de execução de um projeto é diretamente proporcional ao tamanho de uma equipe, a velocidade com que uma ideia é adotada é diretamente proporcional à sua simplicidade.

O que poderia ser mais simples do que duas pizzas? O conceito decolou... até se defrontar com uma zona de turbulência.

SUBSTITUIÇÃO DAS EQUIPES DE DUAS PIZZAS POR SINGLE-THREADS

APESAR DA PROMESSA das equipes de duas pizzas, a metáfora tinha um defeito, de acordo com os ex-executivos da Amazon, Bill Carr e Colin Bryar, em seu livro *Working Backwards*. Poucas pessoas conheciam Bezos melhor do que Carr e Bryar, os quais passaram ao todo 27 anos na Amazon e estiveram presentes em muitos dos momentos mais importantes durante o crescimento da empresa. Sobre as equipes de duas pizzas, Carr e Bryar dizem que equipes pequenas funcionam bem em certas áreas, como o desenvolvimento de produtos, mas não conseguem aumentar a velocidade ou a flexibilidade em outras áreas, como o departamento jurídico ou o de recursos humanos.

A metáfora das duas pizzas era cativante e fácil de entender. E sim, era útil em determinados ambientes de trabalho, mas não em outros. Os líderes mais graduados da Amazon descobriram que o indicador mais significativo do sucesso de uma equipe não era necessariamente seu tamanho, mas "se ela tinha um líder com as habilidades, a autoridade e a experiência apropriadas para trabalhar e gerenciar uma equipe cujo único foco era realizar a tarefa".[10]

O modelo precisava de um novo nome — uma nova metáfora.

Uma vez que muitos dos líderes da empresa eram oriundos das áreas de engenharia e de ciência da computação, eles buscaram algo semelhante ao novo conceito (alvo) em um domínio de origem que conheciam bem. Encontraram o que procuravam no termo *single-threading*.

Os programadores de computador estão familiarizados com threads: o processamento de um comando por vez. Muitas linguagens de programação, como o JavaScript, são single-threaded, o que, por definição, significa que uma linha de código está sendo executada em qualquer dado momento. Aplicar o conceito à liderança significa que um líder de equipe mantém um foco único em uma coisa de cada vez: um novo produto, uma nova linha de negócios ou a transformação de um negócio.

O que começou como equipes que podiam ser alimentadas com duas pizzas evoluiu para equipes dirigidas por "líderes single-threaded", ou STLs, na sigla em inglês. De acordo com Bryar e Carr, a liderança single-threaded inaugurou uma nova onda de inovação na Amazon porque permitiu que "uma única pessoa, sem responsabilidades concorrentes, fosse dona de uma única iniciativa importante". O STL lidera uma equipe que possui recursos, flexibilidade e agilidade para alcançar seus objetivos.

A nova metáfora desencadeou uma onda de inovação, como o Fulfillment by Amazon (FBA). A ideia era dar aos vendedores terceirizados acesso aos serviços de armazenamento e entrega da Amazon. A Amazon armazenaria, escolheria, embalaria e enviaria em nome de um comerciante, eliminando os problemas de logística para esses vendedores.

Executivos que trabalhavam em varejo e em operações adoraram a ideia da FBA. Mas ela definhou por mais de um ano porque ninguém tinha autoridade para gerenciar todos os detalhes e transformar o conceito em realidade. Então entra Tom Taylor, vice-presidente da empresa, que foi convidado a dedicar 100% de seu foco à contratação e ao gerenciamento da equipe que criaria a FBA. O sistema funcionava para clientes que queriam entregas mais rápidas e para comerciantes que queriam uma opção de armazenagem mais flexível para acompanhar as mudanças no tamanho de seus negócios. Um líder single-threaded resolveu um problema de milhões de comerciantes e deixou milhões de clientes muito mais felizes.

Uma pesquisa no Google pelo termo "single-threaded leader" [líder single-threaded] mostra quase quarenta milhões de referências. O conceito, cunhado pela Amazon, agora se tornou um princípio de gestão popular e uma maneira resumida de identificar um líder que é 100% dedicado a uma única iniciativa e responsável apenas por ela. Esse é o poder da metáfora — ela comunica muito em uma ou duas palavras e serve como guia para os funcionários à medida que a empresa cresce.

Uma startup canadense importante adotou a metáfora single-threaded e fez fortuna.

A Hopper é um aplicativo de viagens para uso apenas em telefone celular que recebeu uma avaliação recorde em 2018, quando arrecadou financiamentos com um valor de 100 milhões de dólares. Esse investimento fez da Hopper a startup mais valiosa na história do Canadá.

De acordo com o CEO e cofundador da Hopper, Frederic Lalonde, uma startup em fase de crescimento acelerado precisa olhar para tudo de maneira diferente: cultura, mensagens, marketing e gerenciamento. Lalonde é um leitor voraz de livros de negócios e métodos de liderança. Ele reconheceu que a técnica STL capacita os líderes a agir como proprietários, o que leva à "velocidade de hiper crescimento".

Na Hopper, os proprietários single-threaded são pessoas que acordam e se preocupam com uma coisa. A empresa não possui equipes de produto, engenharia, ciência de dados ou design. Em vez disso, a Hopper é organizada em grupos pequenos que trabalham em recursos ou serviços para melhorar a experiência do cliente.

— É como uma federação frouxamente vinculada de startups internas com equipes multidisciplinares muito fortes[11] — diz Lalonde.

Qualquer pessoa na empresa pode crescer e assumir uma posição de liderança. Quando um líder é designado com um foco singular, ele é responsável por montar a equipe e colocar as pessoas certas no lugar certo. A equipe pode começar com uma ou duas pessoas técnicas, fornecendo recursos suficientes para começar a construir, iterar e entregar algo novo ao cliente. Se o produto ou recurso estiver ajustado ao mercado, o líder single-threaded tem autoridade para aumentar a equipe e transformar a ideia em um negócio maior.

Lalonde considera que a flexibilidade e a velocidade da liderança single-threaded ajudaram a empresa a dobrar sua taxa de crescimento durante a pandemia de COVID-19. Quando as restrições às viagens começaram a ser suspensas no início de 2021, Hopper estava adicionando à startup até duzentos funcionários por trimestre.

A Hopper até adotou a metáfora da equipe de duas pizzas, mas acrescentou um diferencial.

Além dos muitos livros que Lalonde consumiu enquanto construía a empresa, ele também estudou ciência comportamental, na qual aprendeu que a organização com mais capacidade de crescimento da história — a que cresceu mais rápido — foi o Império Romano. Os soldados eram divididos em equipes pequenas de oito integrantes porque esse era o número de pessoas que cabiam em uma barraca. A legião romana criou "uma rede distribuída" que governou o mundo ocidental durante quinhentos anos, diz Lalonde.

E assim, na Hopper, equipes de duas pizzas foram substituídas por barracas romanas. As equipes são organizadas em grupos com um tamanho máximo de oito a dez pessoas, com um líder responsável pelo projeto único da equipe.

Embora as barracas romanas e as equipes de pizza sejam ideias de gerenciamento atraentes e poderosas, um ex-executivo da Amazon acredita ter descoberto uma metáfora mais gostosa — *bagels*.*

A REGRA DOS DOZE BAGELS

JEFF LAWSON, UM ex-executivo da AWS, adotou ideias do modelo de Bezos quando lançou sua empresa, a Twilio.

Lawson ingressou na Amazon em 2004, depois que a empresa havia atingido cinco mil funcionários. Ele perguntou à pessoa que o recrutou o quanto a empresa havia mudado desde seus primeiros dias, quando tinha cem funcionários. A Amazon, foi-lhe dito, era "a mesma empresa com o mesmo senso de urgência".

Lawson queria trazer esse senso de urgência para sua startup. Ele acreditava que equipes pequenas eram o segredo para realizar seus objetivos. Lawson lembra que, apesar de seu tamanho, a Amazon era estruturada como uma coleção de startups com pequenas equipes comandadas por líderes capacitados e voltados para a missão.[12] Foi fácil para Lawson trazer o modelo de equipes pequenas para a Twilio, que, afinal, tinha apenas os três fundadores, todos desenvolvedores de software. Se um cliente relatava um problema, Lawson conseguia escrever a solução em cinco minutos. Três pessoas tomavam decisões rapidamente. Eles nem precisavam de duas pizzas grandes. Três bagels eram suficientes.

Nos primeiros dias da Twilio, os fundadores faziam uma reunião todas as segundas-feiras de manhã. Jeff parava em uma padaria para comprar três bagels. À medida que a empresa crescia, também aumentava o número de bagels comprados. Jeff passou a comprar meia dúzia, depois uma dúzia, depois três dúzias. Mas Lawson começou a perceber a mesma tendência que convencera Bezos a pensar

---

* O bagel é um tipo de pão em forma de um anel. (N.T.)

em equipes menores: na Twilio, a velocidade da inovação diminuiu na proporção direta ao aumento do número de bagels.

A certa altura, trinta pessoas se reportavam a Lawson, o CEO. Ele notou que a empresa não estava funcionando tão eficientemente quanto na época em que tinha menos funcionários. Lawson, lembrando da metáfora das duas pizzas de seus dias na Amazon, encontrou uma solução: dividir o grupo em três equipes. Uma equipe apoiava os produtos existentes, enquanto as outras duas se concentravam em projetos futuros e plataformas internas.

Em vez de pizzas, a regra de ouro de Lawson era que cada equipe precisava ser pequena o suficiente para ser alimentada com uma dúzia de bagels. Quando essas três equipes se transformaram em 150 grupos na Twilio, Lawson continuou a manter em mente a metáfora: se uma dúzia de bagels não fosse suficiente para alimentar a equipe, então ela havia crescido demais. Hoje, Lawson gosta de brincar que a Twilio é um dos negócios mais bem-sucedidos de que ninguém jamais ouviu falar, embora seja provável que você use seus serviços sem saber. O software da Twilio está embutido em milhares de aplicativos, desde a mensagem de texto que você recebe de um motorista do Uber até o código que a Netflix envia ao seu dispositivo antes de permitir que você faça *login*. Construir uma empresa que os consumidores não veem exigiu que Lawson pensasse diferente sobre comunicação durante cada etapa do processo de construção, do projeto ao marketing.

Embora a Amazon tenha encontrado uma solução melhor do que a das equipes de duas pizzas, a metáfora gerou conversas e ideias. Você não encontrará muitas referências às equipes de duas pizzas na Amazon hoje em dia, mas é uma metáfora útil que beneficia tanto as startups quanto as grandes empresas.

Vá em frente e escolha uma metáfora: single-threaded, duas pizzas, uma dúzia de bagels ou barracas romanas. Melhor ainda, crie uma nova que seja exclusiva para sua cultura e missão.

Uma equipe de duas pizzas pode ter ideias para fazer o flywheel da sua empresa girar mais rápido. Ah, o flywheel. Um capítulo sobre metáforas não estaria completo sem falarmos sobre o agora famoso flywheel — o ingrediente secreto da Amazon que tempera seu crescimento. É também uma das metáforas mais convincentes da história dos negócios.

O FLYWHEEL

EM OUTUBRO DE 2001, Jeff Bezos convidou Jim Collins, um autor e pensador empresarial, para falar para membros da equipe de liderança da Amazon. Collins estava prestes a lançar *Empresas feitas para vencer*, um livro que se tornaria um clássico da administração. Bezos teve um vislumbre inicial da metáfora do flywheel que Collins havia descoberto em suas pesquisas. A Amazon adotou o conceito para sobreviver à crise das pontocom e impulsionar seu crescimento durante as duas décadas seguintes.

Um flywheel é um disco circular que gira cada vez mais rápido à medida que acumula energia. Collins diz que é difícil colocar um flywheel em movimento. Mas depois de "empurrar com grande esforço, você consegue fazer o flywheel girar um pouco",[13] escreveu Collins. "Você continua empurrando e, com esforço persistente, consegue que ele complete uma volta inteira. Você não para. Você continua empurrando. O flywheel gira um pouco mais rápido. Duas voltas... depois quatro... depois oito... o flywheel ganha embalo... 16... 32... girando mais rápido... mil... dez mil... cem mil. E, em algum ponto — ele deslancha! O flywheel gira para a frente com um impulso quase imparável."

Bezos anotava.

Em um guardanapo, Bezos esboçou aquilo que ficaria conhecido como *ciclo virtuoso*. Com o "crescimento" no centro, o flywheel seria impulsionado pelo atendimento ao cliente, pela variedade e pelos preços baixos. Em um sistema de circuito fechado, o flywheel gira cada vez mais rápido à medida que qualquer um desses aumenta. Por exemplo, o "atendimento ao cliente" pode ser melhorado por meio de entregas mais rápidas, navegação mais fácil, mais variedade e assim por diante.

De acordo com Brad Stone, "os preços mais baixos causaram mais visitas de clientes. Ter mais clientes aumentou o volume de vendas e atraiu mais vendedores terceirizados que pagam comissões para o site. Isso permitiu que a Amazon tirasse mais proveito dos custos fixos, como os centros de atendimento e os servidores necessários para fazer o site funcionar. Esta maior eficiência permitiu-lhe baixar ainda mais os preços. Aprimore qualquer parte desse flywheel, eles concluem, e isso deve acelerar sua velocidade".[14]

Bezos ficou tão apaixonado pelo flywheel que não incluiu o conceito nas apresentações aos analistas do mercado financeiro porque o considerava o ingrediente secreto da empresa. O flywheel transformou o negócio de consumo da Amazon em objeto de inveja do mundo varejista.

Os atuais líderes da Amazon ainda fazem referências constantes ao flywheel em suas conversas. À medida que a Amazon diversificava, indo além do varejo, a metáfora do flywheel funcionava como a abordagem padrão que cada divisão de negócios usava para impulsionar seu crescimento, o que, por sua vez, acelerava a inovação em todos os outros aspectos da organização.

Por exemplo, a AWS, a divisão de computação em nuvem da Amazon, não vende produtos de terceiros, mas vende ferramentas exclusivas para profissionais de TI. Quanto mais ferramentas ela cria, mais desenvolvedores terceirizados ela atrai. As ferramentas levam a um maior consumo de serviços e atraem mais clientes corporativos. À medida que cresce, a AWS oferece preços mais baixos para serviços em nuvem, atraindo mais desenvolvedores, que criam mais ferramentas, que atraem mais clientes empresariais.

A Amazon Web Services parece ser muito diferente do negócio de varejo ao consumidor, mas Bezos apontou as semelhanças em sua carta de 2015. Lembre-se, uma metáfora é um dispositivo que mostra como duas coisas diferentes são bastante semelhantes.

"Superficialmente, os dois são totalmente diferentes",[15] escreveu Bezos. "Um atende a consumidores e o outro atende a empresas... sob a superfície, os dois não são tão diferentes, afinal."

Os dois não são tão diferentes, afinal. Bezos está descrevendo o princípio por trás do poder da metáfora. Uma metáfora bem escolhida ajuda a traduzir palavras em imagens mentais concretas. O efeito flywheel parece lógico, mas somente com a ajuda de um objeto tangível — o próprio flywheel — seu potencial se torna óbvio.

SUGESTÃO PARA TREINAMENTO

As metáforas funcionam como atalhos para o entendimento. Elas ajudam seu público a compreender ideias complexas ou abstratas. São tão eficazes que usamos metáforas constantemente nas conversas do dia a dia. Mas tente evitar clichês desgastados em suas apresentações de negócios. Metáforas que são muito familiares perdem seu impacto. Aqui estão algumas expressões idiomáticas comuns a serem evitadas.

- Estar com a bola cheia.
- Trazer para a mesa.
- Pensar fora da caixa.
- A gota d'água.
- Fechar com chave de ouro.

Evite usar metáforas muito conhecidas. Se você já ouviu uma expressão idiomática mil vezes, seu público também.

COMO ADICIONAR METÁFORAS AO SEU CONJUNTO DE FERRAMENTAS DE COMUNICAÇÃO

Use metáforas para descrever experiências ou eventos únicos. Antes que o astronauta Chris Hadfield pudesse assumir o comando da Estação Espacial Internacional, ele precisou chegar lá. Hadfield pegou uma carona a bordo de um foguete Soyuz. Cerca de trezentas toneladas de querosene e combustível de nitrogênio geraram um milhão de libras de empuxo para impulsionar o foguete para além da atração gravitacional da Terra e em direção ao seu destino.

Ele é um entre os apenas 240 astronautas que estiveram na Estação Espacial Internacional. A maioria de nós nunca experimentará estar a bordo de um foguete enorme enquanto ele nos arremessa para o espaço. Hadfield, um divulgador científico habilidoso, utiliza comparações familiares para explicar como foi o lançamento do foguete. Ele nos faz sentir que estamos presentes quando descreve o acontecimento.

> Seis segundos antes do lançamento, de repente, esta fera começa a rugir como um dragão cuspindo fogo. E você pode sentir o foguete pulsando com uma quantidade avassaladora de potência que está apenas começando a explodir embaixo de você. Você é como uma folha pequena no meio de um furacão. Reconhece que é insignificante em comparação com o que está prestes a acontecer. Quando o cronômetro chega a zero, é quando os grandes motores acendem, os grandes foguetes sólidos ao seu lado. É como se houvesse um acidente enorme, algo colidiu com sua nave espacial enquanto um enorme pulso de energia passa por ela toda. À medida que esses motores acendem, você se sente como se estivesse nas mandíbulas de um cachorro enorme que o segura e sacode você com força. Você está indefeso, mas focado.[16]

METÁFORAS QUE GRUDAM

Bestas rugindo, dragões cuspindo fogo, explosões, folhas em um furacão, mandíbulas de um cachorro enorme — essas são ideias concretas para descrever uma experiência desconhecida.

Escolha metáforas para dar vida a tópicos misteriosos. Se você assiste a programas de negócios ou acompanha o mercado de ações, sem dúvida já ouviu a expressão *fosso econômico*. Warren Buffett popularizou-a em uma reunião da Berkshire Hathaway em 1995. Um acionista perguntou:

— Quais são as regras fundamentais da economia que você usa para ganhar dinheiro?[17]

Buffett respondeu:

— A coisa mais importante que fazemos é encontrar um negócio com um fosso largo e duradouro ao seu redor, o qual protege um castelo econômico fantástico onde há um vigia honesto encarregado de proteger o castelo.

A metáfora do castelo funciona como um atalho conciso, uma explicação vívida para um sistema complexo de dados e informações que Buffett e sua equipe usam para avaliar investimentos potenciais. Um fosso profundo dá a uma empresa vantagens únicas que dificultam a entrada de concorrentes no negócio e protege sua parcela do mercado. O castelo extrai sua força de um vigia honesto e decente — o CEO — que o protege. Buffett explica que o fosso funciona como um impedimento permanente e poderoso para possíveis invasores.

Buffett revisitou a metáfora do castelo em 2007 para explicar um dos investimentos com melhor desempenho de todos os tempos: a seguradora GEICO. Ela oferecia produtos de baixo custo, gozava de um enorme respeito no mercado — graças, sobretudo, a uma famosa lagartixa* — e tinha uma margem de lucro alta.

---

* Os anúncios da GEICO têm uma lagartixa (*gecko*) como símbolo. (N.T.)

Procurar castelos com fossos provou ser uma estratégia lucrativa para Buffett. Embora a GEICO não seja uma empresa de capital aberto, um site de investimentos estima que Buffett tenha faturado 40 bilhões de dólares com o investimento, um retorno de 48.000%.

— A GEICO é uma joia — disse Buffett certa vez. O bilionário simplesmente não consegue parar de falar por metáforas.

Preste atenção aos especialistas que aparecem com frequência na televisão ou em quem os repórteres confiam para pedir uma análise. Passei 15 anos como âncora de telejornal, incluindo um tempo em que cobri os mercados financeiros na cidade de Nova York. Vou contar um segredo: é raro encontrar um especialista que também seja um grande comunicador. É por isso que um pequeno grupo de personalidades recebe uma publicidade descomunal. A economista Diane Swonk é uma delas.

Diane Swonk é a economista-chefe da Grant Thornton, mas ela diz que seu principal papel é traduzir dados complexos em linguagem cotidiana.

Swonk está em alta demanda por ser uma das economistas mais respeitadas do mundo. Ela mantém uma agenda lotada de entrevistas, podcasts e discursos, uma vez que os meios de comunicação e os líderes governamentais recorrem a ela para obter informações claras sobre a economia global. Sua habilidade mais poderosa é o poder da metáfora.

Swonk me disse que dedica quarenta horas por mês à redação de seus relatórios. Ela passa grande parte desse tempo criando analogias e metáforas para extrair informações de uma montanha de dados.

Durante a pandemia de COVID-19, o governo dos Estados Unidos gastou trilhões de dólares para ajudar indivíduos e empresas em dificuldades a sobreviver à crise. Trilhões é muito dinheiro para as pessoas imaginarem. Além disso, o governo introduziu uma sopa de letrinhas que designavam programas para distribuir o dinheiro. Swonk ajudou os espectadores e leitores a entenderem tudo aquilo. Aqui está uma lista das explicações mais citadas de Swonk. Não surpreende que suas citações mais populares assumam a forma de metáforas.

- "A economia entrou em uma era glacial da noite para o dia. Estamos congelados. Vai demorar muito mais para descongelar a economia do que demorou para congelá-la."
- "A Covid é o *iceberg* e estamos tentando pegar os botes salva-vidas."
- "Estamos entrando no quilômetro mais difícil da maratona do coronavírus."
- "O relatório de empregos parece muito feio por baixo dos panos."
- "O Fed está ficando sem coelhos para tirar da cartola."

O dom de Swonk é a sua capacidade de traduzir a linguagem arcana e complicada da economia em palavras fáceis para as pessoas entenderem. Mas ela diz que esse "dom" requer prática.

— Um colega meu certa vez disse: "Você faz tudo parecer tão fácil". Eles não percebem quanto tempo isso leva[18] — Swonk me contou. — Mas eu sou uma escritora diligente. A arte da comunicação é algo em que trabalhei muito porque se você não consegue explicar, tudo se perde na tradução.

Não deixe sua mensagem se perder na tradução. Achar a metáfora certa dá trabalho, mas valerá a pena o esforço quando você se tornar famoso por suas habilidades de comunicação.

SUGESTÃO PARA TREINAMENTO

Um formato de metáfora simples é "A é B", como "tempo é dinheiro". Esse formato funciona bem para expressar ideias complexas. Selecione uma ideia complexa de sua área. Use o formato A é B para explicá-la. Descreva a comparação em linguagem do dia a dia.

Ideia complexa: _____ (A)

> Ideia familiar: _____ (B)
> Formato A é B: _____ é _____
> **Exemplo:**
> **Ideia complexa:** um bom investimento
> **Ideia familiar:** castelo com fosso
> **Formato A é B:** um bom investimento é um castelo econômico com um fosso profundo ao seu redor para deter os concorrentes.

Aristóteles disse que a capacidade de dominar a metáfora é um sinal de genialidade. Espero que este capítulo tenha convencido você a liberar seu gênio interior e a usar metáforas deliberadas para comunicar suas ideias.

Líderes influentes usam metáforas e analogias para instruir seu público. Embora a metáfora e a analogia sejam primas-irmãs, existe uma diferença entre as duas. Bezos sabe qual delas utilizar quando precisa. E, no próximo capítulo, você também saberá.

6

A ARMA "MAIS PODEROSA" DE UM COMUNICADOR

A meio caminho entre o ininteligível e o corriqueiro fica a analogia que produz mais conhecimento.

— ARISTÓTELES

Bill Carr lembra vividamente da reunião que transformou a Amazon e lançou a etapa mais empolgante de sua carreira. Embora Carr não se lembre de tudo o que Bezos disse nessa reunião geral, uma história permaneceu em sua memória. Ela deu a Carr a confiança para seguir em frente com uma iniciativa que ele, a princípio, relutava em aceitar.

Depois de quatro anos subindo na hierarquia da Amazon até se tornar vice-presidente de Mídia Mundial, o chefe de Carr o convidou para liderar o novo negócio de mídia digital da empresa. Carr sentia que não tinha muita escolha, uma vez que Bezos havia aprovado a mudança. No entanto, Carr sentiu-se terrivelmente decepcionado porque sua carreira parecia estar decolando. Como diretor de livros, música e vídeo da Amazon, Carr dirigia uma divisão que representava 77% da receita global da empresa. Ele agora estava sendo convidado a chefiar a menor iniciativa da empresa. Os livros digitais, por exemplo, representavam menos de 1% de toda a categoria de livros. Embora a Amazon tivesse lançado um recurso de busca dentro do livro, ela não tinha quase experiência nenhuma no fornecimento de produtos e serviços digitais. Ela também nunca havia construído um produto de hardware. Mas a Amazon dominava o espaço do comércio eletrônico.

Por que mudar agora?, pensou Carr.

Carr obteve a resposta na reunião geral.

— Lembro-me da reunião como se fosse ontem[1] — diz Carr. — Muitas pessoas tinham dúvidas e preocupações: por que a Amazon estava investindo em uma área sobre a qual pouco conhecia? Por que ela deveria se desviar da única coisa em que era ótima? Por que a empresa deveria construir os próprios dispositivos? O que a Amazon sabia sobre serviços de mídia digital?

Depois de ouvir os comentários e as preocupações, Bezos deu a resposta na forma de um recurso retórico antigo e eficaz — a analogia.

Bezos disse:

— Precisamos plantar muitas sementes porque não sabemos qual delas se transformará em um carvalho gigantesco.[2]

A escolha da analogia do carvalho foi brilhante.

Um carvalho vive até mil anos, e Bezos tem tudo a ver com pensamento de longo prazo. Um carvalho é grande, e a Amazon oferece uma grande variedade de produtos. Um carvalho também é resistente e forte, valores que Bezos associa à marca. Um carvalho produz milhões de frutos (bolotas) durante sua vida. Cada bolota contém uma semente, e a maioria delas é comida por animais. Mas, todos os anos, algumas bolotas caem no chão, criam raízes e viram carvalhos gigantescos.

— É uma analogia com a qual a maioria das pessoas se identifica[3] — diz Carr. — Isso ajudou muito as pessoas a entenderem a decisão que Bezos estava tomando. Você pode literalmente imaginar isso — plantar sementes, regá-las, nutri-las, vê-las crescer. Você pode até imaginar que uma ou duas dessas sementes se transformarão em um gigantesco carvalho e que você se sentará embaixo dele nos anos seguintes.

Algumas dessas sementes se transformaram em negócios gigantescos que possuem os nomes de Kindle, Amazon Music, Amazon Studios e Alexa.

— Jeff Bezos é um comunicador magistral[4] — Carr me contou. — A analogia é superpoderosa.

Bezos é o mestre da metáfora e o rei das analogias.

Uma analogia, da mesma forma que seu parente próximo, a metáfora, é uma figura de linguagem que compara duas coisas não relacionadas para destacar suas semelhanças. Seu propósito na comunicação é transferir conhecimento de uma pessoa para outra. Embora uma analogia possa conter uma metáfora, ela é uma explicação mais elaborada do que uma simples metáfora.

Gostamos de receber informações em forma de analogia porque pensamos em termos de analogia. "As analogias estão presentes em todo pensamento humano",[5] diz a psicóloga Diane Halpern. "Sempre que nos deparamos com uma situação nova, procuramos entendê-la usando como referência uma situação familiar."

O cérebro está constantemente processando o mundo quando associa o novo ou o desconhecido a algo familiar. Quando somos apresentados a uma nova ideia, o cérebro não pergunta: "o que é isso?" Em vez disso, ele pergunta: *"com que isso se parece?"*.

O MOMENTO EURECA

SERIA QUASE IMPOSSÍVEL ter uma ideia criativa se não pensássemos por analogia. A maioria dos grandes avanços científicos começa com uma analogia. Por exemplo, o evento que nos deu o momento eureca foi resultado do pensamento por analogia.

No século 3 a.C., um matemático chamado Arquimedes tinha um quebra-cabeça para resolver. Um ourives havia feito uma coroa para o rei Hierão, que tinha razão para acreditar que o artesão o havia enganado, fazendo uma coroa de ouro e prata. Arquimedes poderia provar isso? Depois de pensar muito sobre a questão, ele ficou frustrado e foi tomar um banho para relaxar.

Enquanto se abaixava para sentar-se na banheira, um pouco de água transbordou. Ele percebeu que a água deslocada por seu corpo era igual ao peso do corpo. Uma vez que o ouro era mais pesado do que outros metais que o fabricante da coroa poderia ter usado, como a prata, Arquimedes poderia usar a mesma experiência para descobrir se a coroa era feita de ouro puro. Não era. Arquimedes ficou tão empolgado que saiu correndo nu pela rua, gritando:

— Eureca!*

Cientistas cognitivos citam Arquimedes para provar que a analogia é fundamental para a forma como pensamos. O cérebro mapeia a estrutura subjacente de um tópico conhecido (a banheira de Arquimedes), comparando-o com um alvo ou assunto desconhecido (a coroa).

Ao fornecer uma estrutura comum para ver uma ideia sob uma nova luz, as analogias facilitam a troca de informações de uma pessoa com outra. Uma analogia torna concreto o abstrato.

Algumas analogias são melhores que outras. Halpern realizou uma experiência para descobrir quais analogias são mais eficazes.[6] Ela reuniu 193 voluntários com idades entre 17 e 64 anos. Eles leram três trechos de textos científicos e responderam perguntas sobre o material assim que terminaram. Uma semana depois, responderam a um segundo conjunto de perguntas sobre a mesma informação.

As experiências abordaram temas como o sistema linfático e a corrente elétrica. Os participantes foram divididos em três grupos: alguns leram sobre os tópicos em trechos que não continham analogias,

---

* Literalmente, "Encontrei!", em grego antigo. (N.T.)

outros leram trechos com analogias de "domínio próximo", enquanto outros, ainda, leram analogias de "domínio distante".

Uma analogia de domínio próximo vem do mesmo ramo da ciência que o público já conhece. Uma analogia de domínio distante compara um tópico com outro de uma área completamente diferente. Para o sistema linfático, a analogia de domínio distante comparou-o ao escorrer de água através dos buracos de uma esponja. A analogia de domínio próximo comparou o sistema linfático ao movimento do sangue nas veias.

No trecho sobre eletricidade, a analogia de domínio distante a comparava a uma mangueira de água. A tensão é como a pressão que empurra a água pela mangueira. A corrente é como o diâmetro da mangueira (quanto mais larga, mais eletricidade flui por ela), e a resistência é como areia na mangueira, que diminui o fluxo de água. A passagem de domínio próximo descrevia a eletricidade fluindo através de um circuito elétrico.

O objetivo da experiência era testar a capacidade das pessoas de lembrar o que haviam lido. A princípio, a pesquisa não encontrou diferença significativa entre nenhum dos grupos imediatamente após a leitura do material. Mas quando Halpern testou todos novamente, uma semana depois, ela encontrou diferenças significativas. As pessoas que haviam lido trechos com analogias de domínio distante foram capazes de lembrar muito mais daquilo que haviam lido e demonstraram uma melhor compreensão do material. Em termos científicos: "Quando a relação de semelhança é mais obscura, como em uma analogia de domínio distante, os sujeitos são obrigados a buscar relações subjacentes para torná-la significativa". Simplificando, Halpern havia descoberto que ideias muito distantes do assunto deixam uma marca mais profunda na mente de uma pessoa.

O experimento de Halpern não é o único nesse campo. Em estudos educacionais, os alunos que leem material técnico contendo analogias de domínio distante tendem a alcançar uma pontuação mais alta em testes que medem a compreensão do que aqueles que leem o mesmo material sem analogias. As analogias de domínio distante, como "o coração é como um sistema de baldes e bombas" ou "o sistema circulatório é como uma ferrovia", são memoráveis e fáceis de entender.

Se quiser que seu público se lembre, retenha e entenda sua ideia, use uma analogia muito distante da área do tópico. Se me disser que a vida é como um organismo vivo, eu talvez não preste muita atenção. Mas se me disser que a vida é como uma caixa de chocolates, eu ficarei curioso para saber o porquê. Forrest Gump sabia a diferença entre uma analogia ruim e uma boa.

> ### SUGESTÃO PARA TREINAMENTO
>
> O primeiro passo para alavancar o poder da analogia em sua escrita e comunicação é estar ciente de como ela é comum em nossa linguagem cotidiana. Anote quantas analogias encontra em conversas, livros, artigos e vídeos. Preste atenção redobrada a escritores e palestrantes populares que abordam tópicos complexos. Você verá que eles são mais propensos a usar analogias para transferir seu conhecimento.

A ANALOGIA DE PLANTAR BANANEIRA

COMEÇAR, DESENVOLVER E administrar um negócio requer aprendizado e revisão constantes. Jeff Bezos poderia ter dito isso em sua carta de 2017, mas, em vez disso, escolheu uma analogia que está tão longe do domínio do comércio eletrônico quanto se pode imaginar — aprender a plantar bananeira.

"Uma amiga próxima decidiu recentemente aprender a plantar uma bananeira perfeita sem qualquer apoio",[7] escreveu Bezos.

Nada de se apoiar na parede. Nada de fazer por apenas alguns segundos. Qualidade de Instagram. Ela decidiu começar sua jornada fazendo um curso intensivo de como plantar bananeira em seu estúdio de ioga. Mas, depois de praticar por um tempo, não obteve os resultados que desejava. Aí, contratou um treinador especialista em plantar bananeira. Sim, eu sei o que você está pensando, mas evidentemente isso é real, existe. Na primeira aula, o treinador deu-lhe alguns conselhos maravilhosos. A maioria das pessoas, disse ele, acha que, se praticarem bastante, serão capazes de dominar como plantar bananeira em cerca de duas semanas. A realidade é que demora cerca de seis meses de prática diária. Se acha que deve ser capaz de fazer isso em duas semanas, a única coisa que vai acontecer é que vai acabar desistindo.

Administrar um negócio e plantar bananeira são tópicos diferentes em domínios diferentes, mas compartilham semelhanças estruturais. Começar um negócio é mais difícil do que parece. Contratar os melhores trabalhadores é mais difícil do que parece. E escrever um excelente memorando de seis páginas é mais difícil do que você pensa.

Bezos continuou com a analogia de plantar bananeira como um lembrete de que alcançar a excelência em qualquer habilidade, sobretudo na escrita, não acontece da noite para o dia. Leva tempo.

"Aqui está o que descobrimos",[8] escreveu Bezos.

Muitas vezes, quando um memorando não é muito bom, não é devido à incapacidade do autor de *reconhecer* o alto padrão, mas sim uma expectativa errada sobre o *escopo*: ele acredita, erroneamente, que um memorando de seis páginas de alto padrão pode ser escrito em um ou dois dias ou mesmo em algumas horas, quando, na verdade, pode levar uma semana ou mais! Ele tenta melhorar a posição de plantar bananeira em apenas duas semanas, e não o estamos orientando direito. Os grandes memorandos são escritos e reescritos, compartilhados com colegas que são solicitados a melhorar o trabalho, deixados de lado por alguns dias e depois editados novamente com uma mente descansada. Eles simplesmente não podem ser redigidos em um ou dois dias. Um memorando ótimo provavelmente deveria levar uma semana ou mais.

A LÂMPADA FOI O PRIMEIRO "APLICATIVO CAMPEÃO"

EM 2003, BEZOS eletrizou o público do TED com uma analogia que moldou seu pensamento.

A bolha da internet havia atraído hordas de investidores que despejaram trilhões de dólares em empresas deficitárias. O índice que mede a evolução das ações de tecnologia atingiu o ponto mais alto em 10 de março de 2000. Não atingiria esse nível novamente por 15 anos. O mercado de ações despencou 80%, levando investidores e analistas à procura de uma comparação.

Uma analogia famosa que começou a circular foi a da corrida do ouro na Califórnia, uma história apropriada, uma vez que o Vale do Silício foi a origem do boom das pontocom. Bezos reconheceu que, superficialmente, a analogia parecia ser apropriada, porém, embora fosse "tentador" usá-la, ele tinha outra em mente.

— É difícil encontrar a analogia certa para descrever um evento[9] — afirmou Bezos. — Mas a maneira como reagimos aos eventos, as decisões que tomamos hoje e o que esperamos do futuro dependem muito de como categorizamos os eventos.

Primeiro, Bezos demonstrou por que as pessoas recorriam à comparação com a corrida do ouro.

— Por um lado, ambos os eventos foram muito reais. Em 1849, naquela corrida do ouro, eles extraíram mais de 700 milhões de dólares em ouro da Califórnia. Foi muito real. A internet também foi muito real. Ela é uma maneira real de os seres humanos se comunicarem uns com os outros. É uma grande coisa.

Tanto a corrida do ouro da década de 1850 quanto a internet seguiram a mesma trajetória:

— Boom enorme. Boom enorme. Queda enorme. Queda enorme. — Bezos continuou descrevendo as semelhanças. — Muita propaganda exagerada acompanhou os dois eventos. Os anúncios de jornais gritavam: "Ouro! Ouro! Ouro!"

As histórias alimentaram a empolgação das pessoas. Muitos deixaram bons empregos para tentar enriquecer.

— Se você era um advogado ou um banqueiro, largava o que estava fazendo, não importava as habilidades que tivesse, para sair em busca de ouro.

Bezos disse que alguns médicos até abandonaram seus consultórios, e ele mostrou uma foto de jornal de um homem chamado Dr. Toland em uma carroça coberta, a caminho da Califórnia.

— A mesma coisa aconteceu com a internet — acrescentou com um sorriso. — Acabamos ficando com o DrKoop.com.

As sequelas também tiveram suas semelhanças. Elas vieram de repente e deixaram muita carnificina em seu rastro. Bezos mostrou uma foto da White Pass Trail*, uma área infame durante a corrida do ouro do Klondike. Trata-se de um desfiladeiro entre montanhas, na fronteira do Alasca com a Colúmbia Britânica. Chamava-se White Pass Trail até milhares de animais de carga morrerem ao longo de seu caminho acidentado. Hoje, é conhecida como Dead Horse Trail**.

— Bem, é aqui que nossa analogia com a corrida do ouro começa a divergir, e acho que de forma bastante severa — continuou Bezos. — No caso de uma corrida do ouro, quando acaba, acaba.

Em vez de uma corrida do ouro, Bezos escolheu uma comparação mais precisa, "uma analogia melhor que permite que você seja

---

* Trilha do desfiladeiro branco. (N.T.)
** Trilha dos cavalos mortos. (N.T.)

incrivelmente otimista". Ele decidiu substituir a comparação com a corrida do ouro pelo advento da eletricidade.

Mais uma vez, como todas as analogias, ela exigia uma explicação. Lembre-se do Capítulo 5, uma metáfora está dizendo que uma coisa é outra, A é B. Nesse caso, se Bezos tivesse dito "a internet é eletricidade", não faria sentido. Uma analogia quase sempre começa sua vida como uma metáfora, mas precisa de um contador de histórias para dar vida a ela.

Bezos explicou que, em 1849, os garimpeiros haviam revirado quase todas as pedras da Califórnia. Todo o ouro havia desaparecido. A eletricidade é diferente. Uma vez instalada a infraestrutura, as empresas começaram a usar a eletricidade para fabricar todo tipo de eletrodoméstico. As inovações nunca terminaram.

Segundo Bezos, a lâmpada foi o primeiro "aplicativo campeão". Em seguida, vieram ventiladores, ferros elétricos e aspiradores de pó, seguidos por um eletrodoméstico que causava inveja entre os vizinhos: a máquina de lavar roupa.

— Todo mundo queria uma dessas máquinas de lavar roupa elétricas[10] — disse Bezos. Ele exibiu uma foto da máquina de lavar Hurley de 1908, que mais parece uma betoneira do que as elegantes máquinas com abertura na parte superior que você pode comprar hoje. Elas também eram perigosas. — Há descrições horríveis de pessoas que ficavam com os cabelos e as roupas presos nesses aparelhos — lembra Bezos.

— Estamos no estágio da máquina de lavar Hurley de 1908 com a internet — acrescentou Bezos. — É onde estamos. Não ficamos com o cabelo preso, mas esse é o nível de primitivismo em que estamos. Estamos em 1908.

Se você pensar na internet em termos da corrida do ouro, segundo Bezos, "você vai ficar muito deprimido agora porque a última pepita de ouro teria desaparecido. Mas o bom é que, com inovação, não existe uma última pepita. Cada coisa nova cria duas questões novas e duas oportunidades novas".

A ARMA "MAIS PODEROSA" DE UM COMUNICADOR

Escolher uma analogia melhor requer tempo e reflexão. Mas a recompensa pode ser tremenda, porque ela esclarece seu próprio pensamento, bem como o daqueles que trabalham para você. E pode lhe dar a confiança de que está no caminho certo, mesmo quando a maioria das pessoas acredita no contrário. Escolher uma analogia melhor não apenas eletrizou a apresentação de Bezos, mas também lhe deu confiança para lidar com seus críticos. Bezos mostrou uma série de manchetes sobre a Amazon que haviam aparecido na imprensa:

TODOS OS PONTOS NEGATIVOS CONTRIBUEM PARA FAZER A EXPERIÊNCIA ON-LINE NÃO VALER A PENA (1996)
AMAZON.TORRADAQUEIMADA (1998)
AMAZON.BOMBA (1999)

Assim como as pessoas acabariam usando a eletricidade para outros propósitos além da iluminação, argumentou Bezos, elas acabariam usando a internet para fazer mais do que visitar um site ou fazer uma compra.

Bezos concluiu:

— Se você realmente acredita que é o comecinho, se acredita que é a máquina de lavar Hurley de 1908, então está incrivelmente otimista. E eu acho que é onde estamos. E acho que há mais inovação no futuro do que em nosso passado. Estamos em uma etapa muito, muito incipiente.

Bezos estava certo, e sua analogia provou ser certeira. Qualquer um que tivesse investido na Amazon no dia do TED Talk — e mantido suas ações em carteira até Bezos deixar o cargo de CEO — teria visto o valor de seu investimento aumentar em 15.000%. Considere, cuidadosamente, as analogias que você usa para descrever um evento. A escolha certa pode fazer você ficar rico.

Você não precisa mudar a mensagem para alterar a forma como se comunica. O que deve mudar é o método que usa para traduzir sua ideia em uma linguagem que todos entendam. Procure uma analogia quando estiver falando sobre um tópico misterioso, que não é familiar para muitas pessoas na plateia.

Dr. Werner Vogels é o lendário diretor de tecnologia da Amazon e um dos principais arquitetos da AWS, a maior plataforma de computação em nuvem do mundo. Ele disse certa vez que o papel de um diretor de tecnologia é unir o mundo da tecnologia e dos negócios, um papel que requer explicações claras e simples. Afinal, a nuvem seria inútil se as pessoas não soubessem como usá-la, afirma Vogels.

Em 2006, Vogels e sua equipe da AWS anunciaram o lançamento do S3, o "Simple Storage Service"*, que permitia aos clientes armazenar e recuperar dados na internet com facilidade. O serviço deu início à revolução da nuvem, mas estava tão à frente de seu tempo que o comunicado à imprensa original sobre o S3 nem se referia à "computação em nuvem".

Vogels diz que, embora o S3 facilitasse o armazenamento de dados na internet, construí-lo não foi fácil. Os desenvolvedores da Amazon chegaram a um sistema totalmente novo que usava "objetos, baldes e chaves" para criar um serviço capaz de crescer, confiável e acessível. Se você não é um programador de computador, é improvável que esses termos signifiquem alguma coisa para você, então Vogels escolheu algo familiar — uma biblioteca — para explicar como funcionava o sistema.

— Uma analogia para aquilo que a equipe do S3 construiu é a biblioteca clássica[11] — disse Vogels.

> Em nossa biblioteca S3, os livros são objetos. Eles podem ser qualquer forma de dados: uma foto, uma música, um documento, uma conversa em uma central de atendimento. Os objetos são armazenados em baldes. Na analogia com a biblioteca, existem baldes, como a seção de his-

---

* Serviço de Armazenagem Simples. (N.T.)

tória da arte ou de geologia em uma biblioteca. Os baldes são como você classifica e organiza todos os objetos dentro da biblioteca. Eles podem conter um único objeto ou literalmente milhões de objetos ou tópicos. Pense em chaves como o catálogo de fichas da nossa biblioteca. As chaves contêm algumas informações singulares sobre cada um desses objetos em um balde. Cada objeto em um balde tem apenas uma chave. Você usa as chaves para ir ao balde certo e encontrar o objeto certo.

A analogia ajudava a explicar como o sistema de armazenamento foi construído para expandir à medida que a demanda por dados crescesse exponencialmente. No décimo aniversário do serviço, em 2020, Vogels anunciou que cem trilhões de objetos residiam em baldes S3. "Embora isso não facilite a compreensão", acrescentou, "cem trilhões é, aproximadamente, igual ao número de sinapses no cérebro ou células no corpo humano". Vogels está constantemente buscando comparações para fazer uma ponte entre as linguagens da tecnologia e a dos negócios.

A analogia é um dispositivo de comunicação antigo, mas seu poder de instruir é mais importante do que nunca hoje, à medida que as informações do mundo crescem em volume e complexidade. Aprimore sua linguagem com analogias cuidadosamente escolhidas e você eletrificará seu público.

Analogias e metáforas são os blocos de construção das histórias, então não surpreende que os grandes contadores de histórias usem essas figuras de linguagem para fazer conexões entre coisas familiares e desconhecidas. Na Parte 2, exploraremos a arte de criar histórias para instruir, persuadir, motivar e inspirar. Os grandes contadores de histórias conseguem ingressar nas melhores universidades do mundo. Os grandes contadores de histórias são contratados para os melhores empregos. Os grandes contadores de histórias atraem investidores para suas startups. E os grandes contadores de histórias inspiram outros a fazer o impossível.

PARTE II

CONSTRUA A ESTRUTURA DA HISTÓRIA

7
COMO CONTAR UMA HISTÓRIA ÉPICA EM TRÊS ATOS

> Jeff Bezos nunca cresceu a ponto de esquecer seus anos de encantamento juvenil... O interesse de Jeff por narrativas e por contar histórias não vem apenas das raízes da Amazon no negócio de venda de livros; é também uma paixão pessoal.
>
> — WALTER ISAACSON

Imagine a cena de abertura de um filme sobre a vida de Jeff Bezos. O roteiro pode começar com um evento aterrorizante que quase acabou com sua vida:

ABERTURA
CENA EXTERNA. MONTANHA NO SUDOESTE DO TEXAS – 10H

O público ouve o barulho das hélices de um helicóptero sobre o terreno acidentado e irregular do Cathedral Mountain, no sudoeste do Texas.

CORTA PARA: O helicóptero está levantando voo. É um Gazelle vermelho-rubi de cinco assentos. De repente, um vento forte desequilibra a aeronave.

CORTA PARA: Plano fechado do pânico nos rostos de três passageiros enquanto o piloto tenta recuperar o controle. Os passageiros são Jeff, um bilionário, acompanhado por uma advogada, um vaqueiro e um piloto apelidado de "Cheater"*.

Cheater está lutando freneticamente para manter o controle enquanto o helicóptero passa por cima de umas árvores. O helicóptero sacode como um boi de rodeio. Ele toca de leve em um monte de sujeira e tomba de lado. As pás do rotor quebram e se estilhaçam em cacos que chegam perigosamente perto de cortar a fuselagem. A fuselagem rola e cai em um riacho. Ela cai de cabeça para baixo em um riacho parcialmente cheio d'água.

CORTE PARA OUTRA CENA: Uma placa perto do local do acidente diz: "Riacho da calamidade".

Silêncio.

CORTE PARA O ACIDENTE: A água do riacho jorra para dentro da cabine. O vaqueiro, inadvertidamente, engole um bocado de água enquanto tenta se desvencilhar do cinto de segurança que salvou sua vida. A advogada está presa debaixo d'água. Os outros tentam salvá-la. Quando sua cabeça fica acima da água, ela respira fundo para recuperar o fôlego. Ela sente uma dor intensa nas costas, mas está viva.

Os passageiros deixam o helicóptero e se reúnem na margem do riacho. Todos eles têm cortes, hematomas e dores. Olham para o helicóptero tombado de lado no riacho. Eles sabem que têm sorte de estar vivos.

---

* Trapaceiro. (N.T.)

Jeff se vira para o vaqueiro e diz:
— Você estava certo. Deveríamos ter vindo a cavalo.

FADE OUT enquanto o bilionário que enganou a morte solta uma risada do fundo do peito que ressoa pelo desfiladeiro.

Os detalhes dessa história são verdadeiros. O acidente aconteceu às 10h do dia 6 de março de 2003. Os ventos costumam ser fortes e imprevisíveis nas elevações mais altas do sudoeste do Texas durante essa época do ano.

Jeff Bezos estava no helicóptero, junto com sua advogada, Elizabeth Korrell, e o vaqueiro da vida real Ty Holland, um fazendeiro local que conhecia aquele descampado melhor do que ninguém. A experiência de Holland com as tendências de vento na área o deixara nervoso. Mais cedo naquela manhã, Holland sugerira que o grupo evitasse pegar um helicóptero e fosse a cavalo.

Os moradores daquela área conheciam Charles "Cheater" Bella. O papel de Cheater em uma fuga da prisão havia consolidado sua reputação. De acordo com o *El Paso Times*, em 11 de julho de 1997, Bella "participou de uma tentativa fracassada de libertar três detentos da Penitenciária do Novo México, perto de Santa Fé. Ele disse que foi forçado a fazê-lo sob a mira de uma arma".[1] Bella estava voando no mesmo helicóptero que havia pilotado no filme *Rambo III,* com Sylvester Stallone.

Algumas histórias se escrevem sozinhas.

Mais tarde, descobrimos a razão pela qual Bezos estava visitando aquela área remota. Ele procurava locais para sua empresa espacial, a Blue Origin. Ela faria seu primeiro teste de lançamento dois anos após o acidente. Em julho de 2021, Bezos e seu irmão, Mark, se tornaram os primeiros seres humanos que a empresa lançaria no espaço.

Embora Bezos estivesse montando o empreendimento em segredo, seu entusiasmo por contar histórias transparecia nos documentos de fundação da empresa. Bezos comprou terras sob a fachada de entidades empresariais com nomes esquisitos, como a Zefram LLC, cujo nome era uma homenagem a Zefram Cochrane, um personagem de *Jornada nas estrelas* que inventou a tecnologia que permite que os humanos viajem em velocidade de dobra, mais rápido que a luz. Bezos pediu a seu amigo Neal Stephenson, um autor de ficção científica, que fosse o principal assessor do novo empreendimento.

— O interesse de Jeff por narrativas e por contar histórias não vem apenas das raízes da Amazon no negócio de venda de livros; é também uma paixão pessoal[2] — diz o autor Walter Isaacson. — Na infância, ele lia dezenas de romances de ficção científica todo verão em uma biblioteca local, e agora ele organiza um retiro anual para escritores e cineastas... ele combina esse amor pelas ciências humanas e a paixão pela tecnologia com o instinto para os negócios.

A observação de Isaacson se aplica à maioria dos líderes influentes — eles compartilham a paixão por contar histórias. O investidor bilionário e ex-membro do conselho da Amazon, John Doerr, me disse que os empreendedores que fazem mudanças efetivas são líderes que tocam tanto a cabeça quanto o coração. O caminho mais direto para o coração é por meio de histórias. E não uma história qualquer, diz Doerr, mas uma história que tenha um arco, uma estrutura que envolva o ouvinte.

Neste capítulo, vou revelar um modelo comprovado e testado pelo tempo; modelo que embasa as grandes histórias ao longo de milhares de anos, em vários países e culturas. Você aprenderá a aplicar a mesma estrutura narrativa usada para fazer sucessos de bilheteria em Hollywood e para criar apresentações empresariais fascinantes. E verá como Bezos e outros contadores de histórias sobre empresas seguem este modelo para elaborar discursos e apresentações públicas. Depois de aprender as etapas simples do modelo, você poderá adaptá-lo para que também consiga impressionar seu público.

Vamos começar explorando a estrutura que torna contar uma história algo tão simples quanto contar até três.

A ESTRUTURA EM TRÊS ATOS

HÁ MAIS DE dois mil anos, Aristóteles, o pai da persuasão, identificou as três partes de uma história. Uma história, disse ele, deve ter começo, meio e fim. A observação de Aristóteles faz sentido para nós porque reflete a jornada de nossas vidas. Nascemos. Vivemos. Morremos.

Está bem, é justo. Acho que todos podemos aceitar o esboço básico de Aristóteles de que uma história tem começo, meio e fim. Mas isso não é muito útil a menos e até que aprendamos exatamente como criar conteúdo para encaixar nessas partes.

Você provavelmente está se perguntando: se a maioria das histórias tem as mesmas três partes, por que elas não são todas iguais? A resposta está em sua estrutura comum. Uma história tem três partes, mas aquilo que está dentro das três partes faz toda a diferença. A chave é aprender o quanto você pode se divertir *dentro* dessa estrutura.

A estrutura não restringe a criatividade; a estrutura a desbloqueia.

Aristóteles é o pai da persuasão, mas Syd Field é o padrinho do roteiro. Segundo o *The Hollywood Reporter*, Field era o professor de roteiro mais procurado do mundo. Ele não inventou a estrutura de três atos que serve de base para quase todos os seus filmes favoritos; ele a identificou como a base de todas as histórias *boas*.

Ato 1 é o contexto. Como o próprio nome indica, o primeiro ato de um roteiro prepara a história: apresenta e define os personagens, lança a premissa central da história, ilustra o mundo em que os personagens vivem e cria relações entre o protagonista e outros que habitam seu mundo. Os primeiros minutos do ato 1 são cruciais, não apenas nos filmes, mas também nas apresentações empresariais. A cena de abertura deve arrebatar seu público, seduzindo-o a prestar atenção ao restante da história.

Ato 2 é o desafio. No meio da história, o herói é testado, encontra vilões, obstáculos e conflitos que dificultam a realização de seu sonho. A superação desses obstáculos leva a história adiante e mantém o público envolvido e engajado. O roteirista Aaron Sorkin diz que reza no altar da intenção e do obstáculo: alguém quer algo, e alguém fica em seu caminho. Syd Field colocou melhor: "Sem conflito, não há ação; sem ação, não há personagem; sem personagem, não há história; e sem história, não há roteiro".[3]

Ato 3 é a resolução. No terceiro e último ato, o herói encontra uma solução para seu problema, realiza seu sonho e — isso é fundamental — *melhora* a si mesmo ou ao mundo. Eles retornam de sua aventura com um tesouro, muitas vezes na forma de um novo saber.

Não confunda a estrutura de três atos com uma fórmula. A estrutura é um modelo que revela a construção de uma história boa em qualquer formato — filmes, romances e apresentações empresariais. Uma fórmula implica que o produto é sempre igual. Uma fórmula remove a criatividade do conteúdo; uma estrutura liberta a criatividade.

***Guerra nas estrelas*: uma história clássica em três atos.** Embora eu pudesse escolher quase qualquer filme de sucesso para demonstrar a estrutura em três atos, vou me ater à franquia de filmes que a maioria das pessoas conhece. A criação original de George Lucas, de 1977, *Guerra nas estrelas: uma nova esperança*, é um exemplo clássico de uma narrativa em três atos.

COMO CONTAR UMA HISTÓRIA ÉPICA EM TRÊS ATOS

Ato 1: Aprendemos sobre o menino do interior Luke Skywalker. Vemos onde ele mora e como é sua vida antes do começo da aventura. Fazemos um investimento emocional no personagem à medida que aprendemos sobre seus sonhos, esperanças e frustrações — as qualidades que o tornam parecido conosco, apesar de ele viver em uma galáxia muito, muito distante.

Conhecemos também a maioria dos personagens principais que acompanham Luke em sua aventura ou o atrapalham: Darth Vader, Leia, Obi-Wan Kenobi, R2-D2 e C-3PO. Han Solo e Chewy são apresentados no início do segundo ato.

A premissa da história é revelada nos primeiros dez minutos do ato 1. As forças rebeldes precisam derrotar o Império maligno para trazer a paz à galáxia. Darth Vader captura a princesa Leia, que habilmente esconde os planos técnicos para destruir a Estrela da Morte nos bancos de memória de R2-D2.

Ato 2: Luke enfrenta uma série de obstáculos e vilões ameaçadores que o estão impedindo de alcançar seu objetivo de resgatar a princesa e colocar os planos nas mãos dos mocinhos. Em seu caminho estão Vader, os soldados do Império e um encontro quase fatal com uma criatura hedionda que vive no lixo.

Ato 3: O duelo final entre Luke (o protagonista) e Darth Vader (o antagonista). Luke destrói a Estrela da Morte e restaura a paz na galáxia. Luke e seus amigos recebem medalhas por haver ajudado a Aliança Rebelde, e todos vivem felizes para sempre — até o próximo episódio.

Você constatará que a estrutura de três atos é seguida à risca em quase todos os filmes ou programas exibidos na Netflix, YouTube, Amazon Prime, Disney+ ou em seu serviço de streaming favorito. Até o diretor James Cameron, que gosta de se desviar desse modelo de vez em quando (O *exterminador do futuro* tem cinco atos com epílogo), diz que começa a escrever com a estrutura de três atos em mente. É bom conhecer as regras antes de quebrá-las, diz Cameron.

A Figura 7 é uma demonstração visual de como a estrutura de três atos se presta a criar uma jornada do começo ao fim.

FIGURA 7 – Estrutura de três atos

Aqui está a chave para usar esse modelo ao construir uma apresentação: a maioria das histórias segue a estrutura de três atos, mas nem todas as histórias que seguem essa estrutura são boas. A diferença entre uma história e uma grande história está nas cenas, ou nas "pausas".

Cenas essenciais, ou "pausas". As pausas são eventos que levam uma história adiante. Elas criam o suspense, a tensão e a emoção que o público adora. Ao incorporar as quatro pausas a seguir em suas propostas e apresentações, seu público ficará preso a cada palavra que você disser.

Catalisador: na escrita de roteiros, o catalisador é, muitas vezes, chamado de "incidente incitante", um evento que desestabiliza o status quo, inicia a aventura e leva a história adiante. Escritores de comédias românticas são especialistas em elaborar esse tipo de cena. Em *Um lugar chamado Notting Hill,* Anna (Julia Roberts) e William (Hugh Grant) se esbarram em uma esquina. William derrama suco de laranja na blusa de Anna, mas, convenientemente, seu apartamento fica bem perto. Um fica atraído pelo outro e a aventura começa.

Sempre considere o catalisador ao criar uma apresentação. O que acendeu sua paixão pela ideia? Pode ter sido um evento que você vivenciou, um problema que encontrou, um mentor que o inspirou, um livro que leu ou uma viagem que fez. Howard Schultz visitou um café em Milão, o que o inspirou a fundar a Starbucks. Algo aconteceu que levou você a pensar da maneira que pensa. Compartilhe o catalisador com seu público.

Debate: até mesmo os heróis têm suas dúvidas. Eles precisam fazer um exame de consciência ou conversar com outros personagens antes de optar por embarcar em sua jornada. A mudança assusta. Como a maioria das pessoas prefere o status quo, podemos entender que outras pessoas desejam que as coisas permaneçam inalteradas. Mas adoramos ver aquelas pessoas diferentes que encontram coragem para seguir seus sonhos e buscar uma vida de aventura. O exemplo clássico dessa pausa ocorre aos 35 minutos em *Guerra nas estrelas*. Mesmo após ver um holograma impressionante da Princesa Leia pedindo ajuda, Luke Skywalker não tem nenhuma intenção de se juntar a Obi-Wan Kenobi na aventura. No entanto, quando ele vê a dimensão do mal do Império Galáctico, ele muda de ideia. Quer aprender os caminhos da Força e se tornar um cavaleiro Jedi como seu pai. Não há como retroceder.

Antes de decidir embarcar em sua aventura, houve um momento de dúvida? E o mais importante: o que lhe deu confiança para alcançar seu objetivo? Como você superou os críticos e opositores que diziam que você nunca realizaria o que se propôs a fazer?

O cofundador da Netflix, Marc Randolph, me disse que a reação mais comum que ele recebeu quando contou às pessoas sobre sua ideia foi: "isso nunca vai funcionar". Ele começou a pensar que talvez eles estivessem certos. Mas sua paixão por resolver problemas reais, confrontá-los e testar soluções o manteve motivado. Pode ser que você já tenha vivido uma situação semelhante, um momento em sua vida em que alguém lhe disse: "Isso nunca vai funcionar". Como você superou essas dúvidas ou críticas internas é uma cena crucial para incluir em sua história.

Diversão e jogos: esta é a parte divertida de um roteiro ou apresentação de negócios. Essas pausas são fáceis de detectar e necessárias para quebrar a tensão. Nem sempre queremos ver o protagonista enfrentando dificuldades. Ansiamos por momentos mais leves. Essas cenas são escapadas peculiares, surpreendentes ou engraçadas. Diversão e jogos aparecem em todos os filmes de *Harry Potter*. Por exemplo, quando chega a Hogwarts, Harry é escolhido para ser membro da Grifinória, onde explora o castelo e joga no time de quadribol da casa.

A maioria das pessoas fica rapidamente entediada durante as apresentações empresariais porque há pouco ou nenhum entretenimento. Encontre a diversão. Sara Blakely acredita que sua capacidade de encontrar humor em qualquer situação foi fundamental para o sucesso do lançamento do SPANX. Sem experiência em moda, sem experiência em escola de administração e com economias de apenas 5 mil dólares, Blakely não estava se sentindo muito otimista com relação às suas perspectivas. No entanto, quando não conseguiu encontrar uma roupa de baixo adequada para usar em uma festa, ela cortou os pés de uma meia-calça e se sentiu muito bem com a maneira como a peça deixou sua silhueta. Blakely conta essa história e muitas outras anedotas engraçadas sobre o financiamento e a construção de sua empresa. Não surpreende que Blakely tenha feito do humor um dos valores centrais da SPANX.

Tudo está perdido: essa é a minha cena favorita em um filme e, também, em uma apresentação empresarial. Em um filme, é a cena em que dois amantes mal-afortunados perdem toda a esperança de que um dia ficarão juntos, ou em que os heróis de *Guerra nas estrelas* estão prestes a serem esmagados no compactador. O protagonista está o mais longe possível de alcançar seus sonhos — ou assim parece. Mas a maneira como ele escapa da "noite escura da alma" é o que dá à história seu poder de inspiração.

James Dyson conta, com frequência, a história de "fracassar" 5.126 vezes antes de encontrar uma maneira bem-sucedida de construir o primeiro aspirador de pó sem saco, um produto que o tornaria bilionário. As probabilidades não lhe eram favoráveis. Ele estava ficando sem tempo e sem dinheiro. Mas, com cada fracasso, Dyson aprendeu algo que o deixou mais perto de seu objetivo. A lição que aprendeu é que o fracasso deve ser bem-vindo, não temido.

> **SUGESTÃO PARA TREINAMENTO**
>
> Reflita sobre sua apresentação. Identifique cenas essenciais ou "pausas" que você pode incorporar à narrativa. Essas cenas mantêm a ação fluindo e o público envolvido. Encontre eventos em sua vida ou em sua empresa que se encaixam em uma destas categorias:
> Catalisador: _____
> Debate: _____
> Diversão e jogos: _____
> Tudo está perdido: _____

AINDA É O DIA UM

ABORDAMOS A ESTRUTURA de três atos e as pausas que transformam uma história boa em uma ótima. Agora vamos examinar como Jeff Bezos aplica essa estrutura à história da Amazon.

A pandemia de COVID-19 impediu Jeff Bezos de comparecer, em pessoa, a uma audiência no Congresso em 29 de julho de 2020. Mas, embora Bezos tenha feito o discurso remotamente em seu escritório em Seattle a 4.700 quilômetros de distância, ele dominou a sala com um discurso que o *The Wall Street Journal* chamou de "inspirador, poderoso e convincente". O jornal tomou a decisão inusitada de citar 350 palavras diretamente do depoimento. Embora

Bezos tenha incluído muitos dados sobre a Amazon em seu discurso, o jornal optou por extrair apenas os trechos em que Bezos compartilhava histórias. "É difícil não ficar de pé e aplaudir", segundo o artigo. Após o discurso, um âncora da CNBC disse:

— Uau. Isso foi inspirador. Que história magnífica.

Seu público não vai se lembrar de todo o conteúdo de sua apresentação. Eles não reterão todas as informações e dados que você apresentou. Mas vão se lembrar das histórias que você conta.

O discurso de Bezos na Câmara dos Deputados dos Estados Unidos oferece um exemplo excelente da estrutura de três atos em ação, juntamente com pausas de cena. Todo o texto a seguir foi retirado de um discurso, o que demonstra o quanto Bezos adere à estrutura de narrativa.

> **Tópico frasal.** Sou Jeff Bezos. Fundei a Amazon há 26 anos com a missão de longo prazo de torná-la a empresa mais centrada no cliente da Terra.[4]
>
> ATO 1
>
> Quando nasci, minha mãe, Jackie, era uma estudante de ensino médio de 17 anos em Albuquerque, Novo México. Ficar grávida no ensino médio não era comum em Albuquerque em 1964. Foi difícil para ela. Quando tentaram expulsá-la da escola, meu avô decidiu defendê--la. Depois de alguma negociação, o diretor disse: "Tudo bem, ela pode ficar e terminar o ensino médio, mas não pode fazer nenhuma atividade extracurricular e não pode ter um armário". Meu avô aceitou o acordo e minha mãe terminou o ensino médio, embora não tenha tido permissão para subir no palco com seus colegas de classe para receber seu diploma. Determinada a continuar estudando, ela se matriculou na escola noturna, escolhendo aulas ministradas por professores que a deixavam levar um bebê para a sala de aula. Ela aparecia com duas mochilas — uma cheia de livros e outra cheia de fraldas,

mamadeiras e qualquer coisa que me mantivesse interessado e quieto por alguns minutos.

O nome do meu pai é Miguel. Ele me adotou quando eu tinha quatro anos. Ele tinha 16 anos quando veio de Cuba para os Estados Unidos como parte da Operação Pedro Pan, logo após Castro tomar o poder. Meu pai chegou aos Estados Unidos sozinho. Seus pais achavam que ele estaria mais seguro aqui. Sua mãe imaginou que, neste país, fazia frio, então ela fez uma jaqueta para ele costurada inteiramente com panos de limpeza, o único material que eles tinham à mão. Ainda temos essa jaqueta; está pendurada na sala de jantar dos meus pais. Meu pai passou duas semanas em Camp Matecumbe, um centro de refugiados na Flórida, antes de ser transferido para uma missão católica em Wilmington, Delaware. Teve a sorte de chegar à missão, mas mesmo assim não falava inglês e não teve um caminho fácil. O que ele tinha era muita garra e determinação. Recebeu uma bolsa de estudos para a faculdade em Albuquerque, onde conheceu minha mãe. Você recebe presentes diferentes na vida, e um dos meus grandes presentes é minha mãe e meu pai. Eles foram modelos incríveis para mim e meus irmãos durante toda a nossa vida.

Com seus avós você aprende coisas diferentes das que aprende com seus pais, e eu tive a oportunidade de passar meus verões, dos quatro aos 16 anos, na fazenda dos meus avós no Texas. Meu avô era funcionário público e fazendeiro — nos anos 1950 e 1960, ele trabalhou em tecnologia espacial e em sistemas de defesa antimísseis para a Comissão de Energia Atômica — e tinha determinação e era engenhoso. Quando você está no meio do nada, não pega o telefone e liga para alguém quando algo quebra. Você mesmo conserta. Quando criança, eu o vi resolver sozinho muitos problemas aparentemente insolúveis, desde o conserto de uma escavadeira Caterpillar quebrada ao trabalho veterinário. Ele me ensinou que você é capaz de enfrentar problemas difíceis. Quando acontece um revés, a gente se levanta e tenta novamente. Você pode inventar seu próprio caminho para chegar a um lugar melhor.

Debate

Na época, eu trabalhava em uma firma de investimentos em Nova York. Quando disse ao meu chefe que iria sair, ele me levou para uma longa caminhada no Central Park. Depois de muito ouvir, ele finalmente disse: "Sabe de uma coisa, Jeff, acho que essa é uma ideia boa, mas seria uma ideia melhor para alguém que ainda não tivesse um emprego bom". Ele me convenceu a pensar sobre isso por dois dias antes de tomar uma decisão final. Foi uma decisão que tomei com o coração e não com a cabeça. Quando eu tiver oitenta anos e refletir sobre o passado, quero ter minimizado o número de arrependimentos que tenho na vida. E a maioria de nossos arrependimentos são atos de omissão — as coisas que não tentamos, os caminhos não percorridos.

Diversão e jogos

Levei essas lições a sério na adolescência e me tornei um inventor de garagem. Inventei um trinco automático para o portão feito de pneus cheios de cimento; um fogão solar feito de um guarda-chuva e papel alumínio; e alarmes feitos de assadeiras para prender meus irmãos.

ATO 2

O capital inicial da Amazon.com veio principalmente de meus pais, que investiram uma parcela grande de suas economias em algo que não entendiam. Eles não estavam apostando na Amazon ou no conceito de uma livraria na internet. Eles estavam fazendo uma aposta em seu filho. Eu disse a eles que achava que havia 70% de chance de eles perderem seu investimento, mas eles fizeram aquilo de qualquer maneira. Foram necessárias mais de 50 reuniões para eu levantar 1 milhão de dólares com investidores e, ao longo de todas essas reuniões, a pergunta mais comum era: "O que é a internet?".

Ao contrário de muitos outros países ao redor do mundo, esta grande nação em que vivemos apoia e não estigmatiza a tomada de risco empresarial. Deixei um emprego fixo e mudei para uma garagem em

Seattle para fundar minha startup, entendendo perfeitamente que talvez não funcionasse. Parece que foi ontem a época em que eu mesmo levava os pacotes para os correios, sonhando que um dia poderíamos ter dinheiro suficiente para comprar uma empilhadeira.

O sucesso da Amazon foi tudo menos predeterminado. Investir na Amazon no começo era uma aposta muito arriscada. Desde a nossa fundação até o final de 2001, o negócio acumulou prejuízos de quase 3 bilhões de dólares, e não tivemos um trimestre lucrativo até o quarto trimestre daquele ano.[5]

Tudo está perdido

Analistas inteligentes previram que a Barnes & Noble nos esmagaria e nos rotularam de "Amazon.torradaqueimada". Em 1999, depois de estarmos no mercado por quase cinco anos, Barron intitulou uma história sobre nosso fim iminente de "Amazon.bomba". Em 2000, minha carta anual aos acionistas começou com uma frase de uma única palavra: "Ai". No auge da bolha da internet, o preço de nossas ações atingiu o pico de 116 dólares e, depois que a bolha estourou, elas caíram para 6 dólares. Especialistas e analistas conceituados pensavam que íamos quebrar. Foram necessárias muitas pessoas inteligentes dispostas a assumir riscos junto comigo e a manter nossas convicções para que a Amazon sobrevivesse e, finalmente, tivesse sucesso.

ATO 3

Felizmente nossa abordagem está funcionando. Oitenta por cento dos estadunidenses têm uma impressão favorável da Amazon em geral, de acordo com as principais pesquisas de opinião pública independentes. Em quem os estadunidenses confiam mais do que na Amazon "para fazer a coisa certa"? Apenas em seus médicos e nos militares, de acordo com uma pesquisa da Morning Consult de janeiro de 2020. Na lista de 2020 da *Fortune* das Empresas Mais Admiradas do Mundo, ficamos em segundo lugar (a Apple ficou em primeiro lugar). Agradecemos aos clientes por perceberem o trabalho árduo que fazemos em seu nome e por nos recompensarem com sua confiança. Trabalhar para ganhar e manter essa confiança é o maior elemento motivador da cultura do Dia Um da Amazon.

A empresa que a maioria de vocês conhece como Amazon é aquela que envia seus pedidos on-line nas caixas marrons com um sorriso na lateral. Foi aí que começamos, e o varejo continua sendo, de longe, nosso maior negócio, o qual responde por mais de 80% de nossa receita total. Quando os clientes compram na Amazon, eles estão ajudando a criar empregos em suas comunidades locais. Como resultado, a Amazon emprega diretamente um milhão de pessoas, muitas delas iniciantes e pagas por hora. Não empregamos apenas cientistas da computação e MBAs altamente qualificados em Seattle e no Vale do Silício. Contratamos e treinamos centenas de milhares de pessoas em estados como West Virginia, Tennessee, Kansas e Idaho. Esses funcionários são arrumadores de embalagens, mecânicos e gerentes de fábrica. Para muitos, é o primeiro emprego. Para alguns, esses empregos são um trampolim para outras carreiras, e estamos orgulhosos de ajudá-los com isso. Estamos gastando mais de 700 milhões de dólares para dar, a mais de 100 mil funcionários da Amazon, acesso a programas de treinamento em áreas como saúde, transporte, automação e computação em nuvem. Esse programa é chamado de Career Choice e pagamos 95% das mensalidades e taxas para eles obterem um certificado ou diploma em áreas de alta demanda e bem-remuneradas, independentemente de esse aprendizado ser relevante para uma carreira na Amazon.

Na cena de encerramento do discurso, Bezos usa a história da origem da Amazon como metáfora para o empreendedorismo nos Estados Unidos: "Não é por acaso que a Amazon nasceu neste país. Mais do que em qualquer outro lugar da Terra, aqui é onde empresas novas podem começar, crescer e prosperar", disse Bezos. "Nosso país abraça a desenvoltura e a autoconfiança, e abraça os construtores que

COMO CONTAR UMA HISTÓRIA ÉPICA EM TRÊS ATOS

começam do zero. E mesmo diante dos desafios estarrecedores de hoje, nunca estive tão otimista a respeito de nosso futuro."

Esse discurso tem um contexto, um desafio e uma resolução. Bezos apresentou o mundo convencional em que vivia antes do início da aventura. Os valores que aprendeu nesse mundo lhe serviriam bem no segundo ato, quando enfrentou testes, provações, obstáculos e desafios. Ele superou esses desafios no terceiro ato para transformar o mundo.

> Jeff Bezos sente um enorme prazer na seção de diversão e jogos da história da Amazon. Ele tem uma série de anedotas para contar, dependendo do público. Aqui estão dois exemplos:
>
>> Concebi o conceito da Amazon em 1994. Deparei-me com esta estatística surpreendente de que o uso da internet estava crescendo em 2.300% ao ano. Decidi que tentaria encontrar um plano de negócios que fizesse sentido no contexto desse crescimento e escolhi os livros como o primeiro e melhor produto para vender on-line. Liguei para um amigo e ele me recomendou seu advogado. Este disse: "Preciso saber que nome você quer que a empresa tenha na papelada de incorporação". Eu respondi — isso tudo por telefone —: "Cadabra. Como *abracadabra*". Ele disse: "Cadáver?". E eu fiquei, tipo, OK, isso não vai funcionar. Então eu disse: "Vai em frente com o Cadabra por enquanto, mas vou mudá-lo". Três meses depois, mudei para Amazon, inspirado no maior rio da Terra, a maior variedade da Terra.[6]
>>
>> Eu passei o primeiro mês de joelhos no chão de cimento duro empacotando caixas, com outra pessoa ajoelhada ao meu lado. Eu disse: "Sabe do que precisamos? Joelheiras. Isso está acabando com meus joelhos". O cara que empacotava ao meu lado respondeu: "Precisamos de mesas para embalar". Eu fiquei, tipo, "essa é a ideia mais brilhante que já ouvi". No dia seguinte, comprei mesas de empacotamento e isso dobrou nossa produtividade.[7]
>
> O humor quebra barreiras. O humor é encantador. O humor aumenta a conexão e a confiança. Encontre anedotas que tragam um sorriso ao seu rosto, e é provável que seu público também goste delas.

TORNE-SE UM ESTUDANTE DE HISTÓRIAS

BEZOS É UM contador de histórias eficaz porque estuda narrativa. Assim como outros empreendedores famosos, Bezos tem dito que uma tecnologia superior e um modelo de negócios sólido não têm sentido sem uma história para vendê-los. E Bezos sabe o que é uma boa história.

Durante uma reunião tensa sobre os rumos do Amazon Studios em 2017, Bezos expressou frustração com a qualidade da programação original produzida pela divisão:

— Os programas icônicos têm algumas coisas básicas em comum[8] — disse Bezos.

Segundo pessoas que participaram da reunião, o que aconteceu em seguida prova que Bezos possui um profundo conhecimento dos ingredientes que compõem uma história épica. Bezos forneceu a seguinte lista de elementos de uma narrativa sem consultar notas ou documentos. Ele os conhecia de cor:

- um protagonista heroico que cresce e passa por mudanças;
- um antagonista cativante;
- realização de desejos (o protagonista tem habilidades ocultas, como superpoderes ou magia);
- escolhas morais;
- ambientes diversos (paisagens geográficas diferentes);
- urgência para assistir o próximo episódio (suspense);
- riscos civilizacionais significativos (uma ameaça global à humanidade, como uma invasão de alienígenas ou uma pandemia devastadora);
- humor;
- traição;
- emoções positivas (amor, alegria, esperança);
- emoções negativas (perda, tristeza); e
- violência.

Após a reunião, Bezos exigiu que os executivos do estúdio lhe enviassem, periodicamente, relatórios sobre os projetos em desenvolvimento. Os relatórios teriam que "incluir planilhas que descrevessem como cada programa tinha cada um desses elementos narrativos; e se um elemento estivesse faltando, eles precisariam explicar a razão".[9]

As histórias por trás dos programas originais da Amazon começaram a melhorar em qualidade, e o Amazon Studios passou a produzir grandes sucessos globais, como *Tom Clancy's Jack Ryan*, um *thriller* de espionagem estrelado por John Krasinski. Esse foi o sucesso internacional que Bezos tanto almejava.

O Amazon Prime Video está disponível em mais de duzentos países. Programas como *Jack Ryan* apresentam narrativas cuidadosamente calibradas para envolver um público global. Em cada episódio, você encontrará cada um dos 12 ingredientes que Bezos identificou. Jack Ryan é um herói desconhecido, um analista que se sente como uma engrenagem na máquina e que está lidando com seus próprios traumas. Os criadores do programa evitaram, propositadamente, tornar o protagonista sobre-humano — mantê-lo humilde torna o personagem mais humano. Em vez disso, eles concentraram sua atenção, ainda mais, nos vilões que Ryan encontrava. "Quando você conta qualquer história, seu herói é apenas tão bom quanto o antagonista que ele está enfrentando. Dedicamos muito tempo e energia à criação de um antagonista complexo e multifacetado."[10]

Se quiser ver a rapidez com que uma estrutura de história eficaz pode envolver você, assista ao episódio piloto da primeira temporada de *Jack Ryan*. Embora, normalmente, os dramas de televisão com duração de uma hora tenham cinco partes, essas partes ainda se enquadram na antiga estrutura de três atos.

O episódio piloto começa com uma isca, uma cena chocante ou surpreendente que prende o espectador. Escolhi o acidente de helicóptero como a isca no roteiro falso de Bezos que abriu este capítulo.

Após a isca, o público conhece os personagens principais do programa. No episódio piloto de *Jack Ryan*, conhecemos a maioria dos personagens principais que aparecem no restante da série de oito episódios. Há até uma cena em que o novo chefe de Ryan na CIA entra em uma sala de conferências e diz:

— Vamos passar por cada um ao redor da mesa. Apresente-se e me diga o que você faz.

Também aprendemos mais sobre os valores de nosso herói. Em uma cena, Ryan coloca seus princípios acima do dinheiro, recusando-se a participar em um esquema de negociação de ativos com informações privilegiadas.

Vários confrontos ocorrem no segundo ato do programa, desde discussões verbais acaloradas até ataques surpresa e batalhas aterrorizantes.

No ato 3, Ryan resolve vários conflitos (seu relacionamento com o chefe e uma experiência quase fatal em um posto de interrogação de terroristas).

E quando você acha que acabou, cada episódio termina com uma cena de suspense cujo desfecho fica pendente.

Embora toda história épica siga uma estrutura, as histórias contidas nessa estrutura são tão diversas quanto o número de humanos que viveram antes de nós e que virão depois de nós. Todo mundo tem uma história. *Você* tem uma história e ela merece ser ouvida.

No próximo capítulo, você ouvirá sobre quatro empreendedores que começaram com nada além de uma ideia, mas cujas empresas são, hoje, avaliadas em 320 bilhões de dólares no total. Você verá como cada um deles aprendeu a criar uma história de origem que segue a estrutura de três atos. Todo empreendedor e líder deve aprender a contar uma história convincente. Seu público está predisposto a ouvir histórias. Ele anseia por histórias. E espera que você conte uma que irá incendiar a imaginação dele.

8 HISTÓRIAS DE ORIGEM

> Contar histórias impressionantes não é fácil. No entanto, quando dá certo, dá ao Sapiens um imenso poder, porque permite que milhões de estranhos cooperem e trabalhem para atingir um objetivo comum.
>
> — YUVAL NOAH HARARI

Contar histórias é a habilidade de ganhar confiança que desempenhou um papel importante no desenvolvimento de nossa espécie.

De acordo com Yuval Noah Harari em *Sapiens*, "o comércio não pode existir sem confiança, e é muito difícil confiar em estranhos".[1] As histórias são a cola que nos une em famílias e grupos, afirma Harari, "dando aos *Sapiens* a capacidade sem precedentes de cooperar, com flexibilidade, em grande número. É por isso que os Sapiens dominam o mundo".

Os antropólogos dizem que quando nossos ancestrais se reuniam em volta de fogueiras após um longo dia de caça e coleta, eles passavam 80% do tempo compartilhando histórias. Aqueles homens e mulheres que dominavam a arte de contar histórias eram muito admirados pelos membros da tribo e, muitas vezes, considerados líderes do grupo. Os contadores de histórias usavam essa habilidade para ganhar confiança, influenciar o comportamento, incentivar a cooperação e construir uma cultura forte baseada em valores compartilhados.

É impressionante como quase todos os contos épicos — desde as primeiras histórias conhecidas de Gilgamesh até os mitos de fundação por trás das marcas mais admiradas do mundo — seguem as etapas descritas em *A jornada do herói*, de Joseph Campbell. Campbell, um professor de mitologia, descobriu que, ao longo do tempo e em todas as culturas, os contos heroicos seguem um ciclo semelhante. Ele chamou a jornada compartilhada de *monomito*, um modelo padrão para histórias heroicas. Os heróis dos textos antigos seguiram essa jornada, assim como os heróis de filmes modernos, de Jack Ryan a Harry Potter, de Katniss Everdeen a Luke Skywalker.

Campbell não inventou essa fórmula; ele a identificou.

A jornada do herói combina perfeitamente com a maioria das histórias de sucesso empresarial: um herói ou heroína vive em um mundo convencional e recebe um chamado para viver uma aventura (resolver um problema, superar um desafio ou difundir uma ideia). Ele enfrenta céticos e as próprias dúvidas. Ele também conhece mentores que o preparam para enfrentar o desconhecido. O herói finalmente cruza o limiar quando a viagem começa e as rodas do vagão começam a girar. Ele deixa o conforto e a segurança da casa em que vive para buscar a aventura. Ao longo da jornada, encontra testes, obstáculos, aliados e inimigos. Sua provação fica pior. Enfrenta uma experiência de quase morte, cai em um abismo e atinge o fundo do poço. Mas, como disse Campbell, é quando tropeçam que os heróis encontram o verdadeiro tesouro, o segredo para realizar seus sonhos. Após escapar do perigo, o herói emerge triunfante e é transformado pela experiência. E o mais importante, ele retorna de sua aventura com um "elixir", uma lição ou um tesouro que beneficiará os outros.

Se ouvir atentamente os discursos e as apresentações de comunicadores habilidosos como Jeff Bezos, você reconhecerá quase todas as etapas da jornada do herói.

HISTÓRIAS DE ORIGEM

Bezos nasceu no mundo bastante convencional de Albuquerque, Novo México, quando sua mãe era uma jovem que ainda cursava o ensino médio. Mais velho, Bezos conheceu um mentor, seu avô, que lhe ensinou os valores de que o garoto ambicioso precisaria para ter sucesso em sua busca. Bezos recebeu um chamado para uma aventura quando descobriu que a internet crescia 2.300% ao ano. Ele enfrentou dúvidas na forma de um chefe que lhe disse para desistir de seu sonho. Bezos cruzou um limiar, literalmente, quando entrou em um carro com a esposa, McKenzie, e embarcou em uma viagem para Seattle. Ele sobreviveu a uma experiência de quase morte quando a quebra das pontocom acabou com grande parte do valor da Amazon. Mas, durante essa provação, ele surge com ideias que desencadeiam o crescimento da empresa (aluguel de serviços em nuvem e abertura da plataforma para vendedores terceirizados). Ele até retornou com um "elixir". Nas frases finais do discurso de Bezos a um comitê do Congresso dos EUA, ele disse:

— O resto do mundo adoraria até mesmo um gole mínimo do elixir que temos aqui nos Estados Unidos. Imigrantes como meu pai enxergam o tesouro que é este país.

Contar histórias não é algo que fazemos. Contadores de histórias é o que somos.

Empreendedores que são craques em contar histórias entendem a jornada do herói, mas não se sentem obrigados a realizar cada uma de suas etapas. Campbell identificou 17 etapas na jornada do herói. Mais tarde, na década de 1990, Christopher Vogler, roteirista da Disney, condensou a fórmula de Campbell em 12 etapas, um modelo mais fácil para os cineastas de Hollywood seguirem.

Embora a jornada do herói inspire tudo, desde o roteiro até a produção de videogames, qualquer contador de histórias pode adaptar a estrutura mítica para atender às suas próprias necessidades. Ele pode pular etapas ou reorganizá-las. Se o seu objetivo é contar histórias do mundo dos negócios, é fundamental lembrar que, independentemente das etapas da jornada do herói, a narrativa abrangente continua sendo apresentada em três atos. A jornada do herói *sobrepõe* um arco intrincado de personagens à estrutura de três atos.

Se quiser roubar cenas da jornada do herói para ajudar a acelerar sua história, tudo bem. O mais importante a lembrar é que seu público anseia por histórias, e a estrutura de três atos é o modelo que ele adora.

No restante deste capítulo, darei exemplos de jornadas do herói e da heroína contadas, em público, por empreendedores bem-sucedidos para instruir os clientes, arrecadar dinheiro, lançar ideias, criar confiança e impressionar seu público. Você verá que, embora as histórias mudem, suas estruturas permanecem iguais.

GOLIAS, ESTE É DAVID

Ato 1: Marc e Reed dividiam uma carona para o trabalho. Marc, um empreendedor em série, costumava apresentar ideias a Reed durante essas viagens: comida de cachorro personalizada, xampu personalizado e pranchas de surf personalizadas. Reed sempre as rejeitava. Com exceção de uma.

Em janeiro de 1997, Reed ficou irritado porque a Blockbuster havia cobrado dele uma multa de quarenta dólares pelo atraso na devolução de um exemplar em VHS de *Apollo 13*.

— E se não houvesse multa por atraso?[2] — ele se perguntou em voz alta.

Com essa pergunta, nasceu a ideia da Netflix. Mas os empreendedores enfrentariam obstáculos formidáveis e teriam experiências de quase morte ao embarcarem nessa aventura.

Ato 2: Marc Randolph e Reed Hastings logo descobriram que enviar filmes em VHS pelo correio sairia caro demais. Felizmente, uma

HISTÓRIAS DE ORIGEM

nova invenção, chamada DVD, reduziu os custos postais. Em maio de 1998, Marc e Reed lançaram a Netflix, a primeira locadora de DVDs on-line do mundo.

Dois anos mais tarde, a crise bateu na porta. Com apenas trezentos mil assinantes, a Netflix estava perdendo dinheiro. Somente em 2000, a empresa perdera 57 milhões de dólares. Fontes adicionais de financiamento estavam minguando como resultado da quebra das pontocom. Assim, os dois empresários deixaram de lado o orgulho e marcaram um encontro com a Blockbuster.

A Blockbuster era mil vezes maior que a Netflix, Reed lembrou a Marc quando eles entraram na sala de reuniões cavernosa em que enfrentariam o CEO da Blockbuster, John Antioco.

Reed fez a proposta: a Blockbuster poderia comprar a Netflix por 50 milhões de dólares, e esta administraria a divisão on-line da empresa resultante da fusão.

Ficou claro para Marc que Antioco estava se esforçando para não cair na gargalhada. A reunião rapidamente degringolou depois disso. Taciturnos e abalados, Marc e Reed embarcaram em um avião de volta para a Califórnia. Antes de se separarem, Marc virou-se para Reed e disse:

— A Blockbuster não nos quer. Então é óbvio o que precisamos fazer agora. Vamos ter que ganhar deles.

Golias, este é Davi.

Ato 3: Os dois empresários triunfam sobre a Blockbuster, que havia se tornado complacente. A cultura da Blockbuster não valorizava a inovação e, portanto, não conseguiu se adaptar ao novo método de consumo de entretenimento — o streaming. Por outro lado, a Netflix passou de um negócio de DVDs pelo correio para um serviço de streaming pela internet com duzentos milhões de assinantes em 190 países. A Netflix também se tornou uma das maiores produtoras de programas de TV e filmes em todo o mundo.

A história em três atos da Netflix demora cerca de três minutos para ser contada. Mas não é toda a história. Muito longe disso. Ela não cobre as horas que Randolph passou pesquisando ideias que nunca deram certo. Não cobre os meses de análise, as centenas de horas de discussões e as maratonas de reuniões antes do lançamento da empresa.

— A história completa é complicada, mas os olhos das pessoas ficam vidrados se você a contar por inteiro[3] — disse Randolph quando o visitei em Santa Cruz, Califórnia. — O Vale do Silício adora uma boa história de origem. Investidores, membros da diretoria, repórteres e o público gostam de ouvi-las. Ter essas histórias que provocam nossas emoções é uma grande vantagem. Quando você está tentando derrubar um gigante, a história da fundação de sua empresa não pode ser um livro de trezentas páginas. Precisa caber em três ou quatro parágrafos curtos. A história de origem de Reed, que ele repete com frequência, é um dos melhores exemplos de como construir uma marca.

A história de origem da Netflix é simples, clara e memorável. Ela captura a essência da perspectiva, da inovação e da resiliência da empresa. A história deu a Reed e a Marc uma narrativa que eles usaram durante anos para persuadir clientes, investidores e parceiros a apoiarem a ideia deles.

EMPREENDEDORA ACUMULA CEM REJEIÇÕES E CONSTRÓI UMA MARCA DE 40 BILHÕES DE DÓLARES

Ato 1: Enquanto cursava a faculdade em Perth, Austrália, Melanie Perkins ensinava Adobe Photoshop para complementar sua renda. Os alunos tinham dificuldade em aprender as funções básicas. O software era caro e complicado. Em 2007, Melanie teve uma ideia: criar um serviço baseado na internet que tornasse o design ridiculamente simples para qualquer pessoa. Nesse momento nascia a ideia do Canva.

Ato 2: O Canva ficava a milhares de quilômetros do Vale do Silício. Era difícil chegar aos investidores, eles não tinham interesse. Melanie apresentou a ideia a cem deles e ouviu *não* cem vezes. Mas ela se recusou a aceitar um "não" como resposta.

Em um evento memorável, Melanie aprendeu a fazer kitesurf para conhecer financiadores em potencial que praticavam esse esporte. Em maio de 2013, ela foi convidada a apresentar sua ideia em uma competição patrocinada por Richard Branson em sua ilha particular nas Ilhas Virgens Britânicas, onde muitos dos investidores também praticavam o esporte. Ela se juntou a eles certa manhã, mas saiu da rota e ficou encalhada quando sua vela de dez metros murchou. Enquanto Perkins esperava durante horas para ser resgatada, com dor, por ter colidido com um recife de coral, ela dizia a si mesma que o risco tinha valido a pena — um investimento alimentaria o crescimento da empresa que ela havia iniciado seis anos antes.

A história sobre o kitesurf que Perkins frequentemente compartilha reflete seus valores fundamentais de coragem e persistência, nos ensinando algo sobre o que a motiva (a heroína da história). Ela também injeta "diversão e jogos" no meio da narrativa.

Ato 3: Perkins encontra uma resolução para sua luta no terceiro ato, quando descobre que os investidores relutavam em financiar a startup porque não entendiam o motivo de ela existir. A proposta de Perkins havia sido rejeitada mais de 100 vezes porque ela passava tempo demais se concentrando em *como* o Canva funcionava em vez de explicar *por que* ela teve a ideia. Ela não tinha o primeiro ato. Assim que Perkins começou a compartilhar a origem de sua ideia — a frustração que os criadores tinham com as ferramentas de design existentes —, ela disse que tudo mudou.

— Muitas pessoas se identificam com o fato de ficarem completamente sobrecarregadas com o Photoshop ou outras ferramentas de design[4] — Perkins me disse. —Era importante contar essa parte da história, sobretudo para os investidores, porque se eles não entendessem o problema, não entenderiam por que os clientes precisariam da nossa solução. A história foi transformadora.

Motivada por sua missão de democratizar o design e por uma proposta de venda reimaginada, Melanie convenceu os investidores a apoiarem sua ideia. Os atores Woody Harrelson e Owen Wilson tornaram-se apoiadores fervorosos, assim como o ex-promotor da Apple Guy Kawasaki. Em 2019, um investimento de 85 milhões de dólares valorizou o Canva em 3,2 bilhões de dólares. E isso foi apenas o começo. Um investimento gigantesco de 200 milhões de dólares, em 2021, fez do Canva uma empresa de 40 bilhões de dólares. Hoje, Perkins é proprietária da startup fundada e liderada por uma mulher mais valiosa do mundo. E com mais de cinquenta milhões de usuários ativos em 190 países, Perkins está cumprindo sua missão de capacitar o mundo a fazer design.

REVOLUCIONANDO AS VIAGENS

Ato 1: Brian e Joe, dois amigos de escola de design, estavam procurando maneiras de cobrir o custo de seu apartamento extremamente caro em São Francisco. Em 2007, eles vislumbraram uma oportunidade. Uma conferência internacional de design estava chegando à cidade, e já não havia mais quartos disponíveis nos hotéis. Rapidamente, eles criaram um site na esperança de alugar para os participantes colchões infláveis em seu apartamento. Três designers aceitaram a oferta.

Quando Brian e Joe contaram às pessoas o que estavam fazendo, elas acharam que a ideia era maluca. "Estranhos nunca vão se hospedar nas casas uns dos outros", eles disseram. Mas algo inesperado aconteceu naquele primeiro fim de semana. Brian e Joe trataram seus convidados como se fossem velhos amigos de fora da cidade, conectando-os a uma parte exclusiva de São Francisco que eles nunca poderiam ter conhecido sozinhos. Os participantes vieram para a cidade como forasteiros, mas saíram se sentindo moradores locais.

A experiência levou Brian e Joe a sentir algo especial também. Nascia a ideia do Airbnb.

Ato 2: Nate Blecharczyk, engenheiro de software, juntou-se a Brian Chesky e Joe Gebbia para projetar uma plataforma. Mas os três fundadores enfrentaram um problema de projeto maior: como fazer com que estranhos se sentissem confortáveis o suficiente para se hospedarem nas casas uns dos outros? A confiança era crucial. A solução que eles projetaram combinava perfis de anfitriões e convidados, envio integrado de mensagens, avaliações dos dois lados e pagamentos seguros instalados em uma plataforma de tecnologia que promovia a confiança. Suas ideias acabaram levando a hospedagem a uma escala global inimaginável na época.

Ato 3: Hoje, a ideia de dividir casas e apartamentos não parece tão louca, afinal. Mais de quatro milhões de anfitriões agora oferecem tudo, desde um quarto privado em sua casa até casas de campo luxuosas; desde uma única noite a vários meses de cada vez. Em mais de 220 países e regiões em todo o mundo, os anfitriões do Airbnb receberam mais de 825 milhões de hóspedes e ganharam um total de 110 bilhões de dólares.

O Airbnb permitiu o compartilhamento de lares em escala global e criou uma nova categoria de viagem. Em vez de viajar como turistas e se sentirem forasteiros, os hóspedes do Airbnb podem ficar em bairros onde moram residentes, ter experiências autênticas, viver como eles e passar tempo com eles em cerca de cem mil cidades ao redor do mundo.

O Airbnb transformou o mundo de anfitriões e hóspedes — e a vida de seus fundadores. Brian, Joe e Nate agora valem, juntos, 30 bilhões de dólares.

O cofundador e CEO do Airbnb, Brian Chesky, é um contador de histórias habilidoso. Lembro-me de quando palestrei em um evento sobre capital de risco, em um resort exclusivo ao norte de São Francisco. Chesky também era palestrante. Ele falou sobre a jornada do herói e sobre como o Airbnb facilitava experiências para que as pessoas pudessem escrever a própria história. Jeff Jordan, sócio da empresa de capital de risco Andreessen Horowitz, lembra de achar que o Airbnb era "uma ideia totalmente idiota" quando a ouviu pela primeira vez. Mas isso foi antes de conhecer Chesky, que cativou Jordan com a história de origem do Airbnb, e também com uma analogia memorável: o Airbnb era o mercado para comercializar espaço, assim como o eBay era o mercado para comercializar coisas, segundo Chesky.

— Passei de cético total a crente total em 29 minutos — diz Jordan. — Todo grande fundador tem a capacidade de realmente contar uma grande história.

Jordan ficou "deslumbrado" com a proposta de Chesky em forma de narrativa. Chesky tinha a habilidade de tecer uma história de startup com um arco dramático com começo, meio e fim. Sua história também teve altos e baixos, tensão e alívio, e uma ideia visionária convincente que unia tudo isso. A história que Chesky criou deu frutos quando o Airbnb abriu seu capital em dezembro de 2020. O Airbnb agora está presente em mais de duzentos países e, com um patrimônio líquido de cerca de 15 bilhões de dólares, Chesky não está mais preocupado em pagar o aluguel mensal.

UMA HISTÓRIA DE ORIGEM EM CEM PALAVRAS

AS HISTÓRIAS DE origem devem seguir uma estrutura de três atos, mas não precisam ser longas. Por exemplo, a Warby Parker foi fundada em 2010 por um grupo de empreendedores que tinha a ideia visionária de revolucionar a indústria tradicional de óculos. Encomende óculos da empresa e encontrará um pano para limpeza no estojo. Ele

HISTÓRIAS DE ORIGEM

não carrega o logotipo da empresa; em vez disso, ele carrega uma história. A história cabe no pano porque tem menos de cem palavras:

> Era uma vez um jovem que esqueceu seus óculos em um avião. Ele tentou comprar óculos novos. Mas óculos novos eram caros. "Por que é tão difícil comprar óculos estilosos sem gastar uma fortuna?", ele se perguntou. Na escola, ele contou aos seus amigos. "Deveríamos abrir uma empresa para vender óculos incríveis por preços razoáveis", sugeriu um deles. "Devemos tornar as compras de óculos divertidas", disse outro. "Devemos distribuir um par de óculos para alguém necessitado por cada par vendido", disse um terceiro. Eureca! A Warby Parker havia nascido.[5]

Ato 1 é o contexto. Nosso herói esquece seus óculos em um avião.

Ato 2 é o conflito, o problema. Nosso herói descobre que óculos novos são caros. Então ele busca resolver o problema e atrair outras pessoas para se juntarem à aventura.

Ato 3 é a resolução. O herói e seus aliados fundam uma empresa que torna a compra de óculos divertida e barata, e o mundo um lugar melhor.

Toda a história da Warby Parker pode ser lida "em menos tempo do que demora para lavar um prato, limpar uma mancha de seus óculos ou consumir seis cenouras em um ritmo de mastigação responsável".[6]

Se você visitar o site da Warby Parker, encontrará uma versão estendida da história com detalhes e explicações adicionais. Por exemplo, o fundador que perdeu seus óculos, Neil Blumenthal, passou o primeiro semestre de seu curso de pós-graduação sem eles, "apertando os olhos para enxergar e reclamando". Os outros cofundadores tiveram experiências semelhantes e ficaram chocados ao ver como era difícil encontrar um ótimo par de armações sem gastar muito. A história continua explicando por que os preços na indústria de óculos são tão altos. Ela também inclui informações sobre o programa "Compre-um-par, doe-um-par", que distribui óculos gratuitamente para quem precisa. Esses detalhes são interessantes, mas não são necessários para todo o público. Para a maioria dos clientes, uma história de cem palavras basta para criar confiança.

> **SUGESTÃO PARA TREINAMENTO**
>
> Crie sua história de origem. Toda *startup* tem uma. Toda empresa tem uma. Qual é a sua? Que pessoa, coisa ou evento deu início à sua grande ideia? Conte a história em três atos: no ato 1, conte-nos sobre sua vida antes de embarcar em sua aventura. Qual foi o problema ou evento que catalisou suas ideias? No ato 2, fale sobre os desafios que você enfrentou. Que obstáculos o impediram de buscar o tesouro que você almejava encontrar? Aumente a tensão lembrando ao seu público como você esteve perto do fracasso. No ato 3, revele a resolução. Como você superou esses obstáculos e como transformou a adversidade em sucesso? Que lições aprendeu e como a experiência tornou você, a empresa e o mundo melhores?
>
> Seu público quer uma história de origem bem embalada. E você tem uma para compartilhar.

Você tem uma história para contar, uma história que é única para você e reflete seus valores. Compartilhe sua história sempre que puder. Não espere que seus clientes, investidores, funcionários ou parceiros conheçam a história da sua empresa. Você pode se cansar de contar, mas outros querem ouvir.

Contar histórias está profundamente enraizado na cultura da Amazon. No próximo capítulo, você aprenderá como Bezos transformou a narrativa em uma vantagem competitiva para a Amazon, desencadeando o período mais inovador da história da empresa.

9 O MULTIPLICADOR DE INFORMAÇÕES EM FORMA DE NARRATIVAS

Esta é a cultura de reuniões mais estranha que você encontrará.

— JEFF BEZOS

Todo executivo graduado que trabalhava na Amazon na quarta-feira, 9 de junho de 2004, se recorda do e-mail que apareceu em sua caixa de entrada às 18h02.

Muitos amazonians estavam aproveitando o dia de verão mais quente que a média. Fazia 25 graus e "a montanha dava o ar de sua graça", como dizem os habitantes de Seattle quando o pico majestoso do monte Rainier está visível. Os verões de Seattle são curtos e os moradores aguardam com grande expectativa os dias em que o sol só se põe às 21h.

E então o e-mail chegou.

A mensagem era "simples, direta e impressionante", segundo Colin Bryar, o executivo que a enviou em nome de seu chefe. A linha de assunto dizia:

**Nada de apresentações em PowerPoint
de hoje em diante na S-Team.**

Uma frente fria súbita acabava de entrar, arruinando a noite quente de verão dos executivos que haviam passado semanas finalizando seus slides de PowerPoint para a reunião da terça-feira seguinte. Bryar recebeu uma enxurrada de telefonemas e e-mails.

— Você está de brincadeira? — os executivos perguntaram. Não, ele não estava.

Bezos tinha banido o PowerPoint das reuniões dos executivos seniores da Amazon. Os membros das equipes que planejavam apresentar suas ideias na próxima reunião ainda poderiam fazê-lo. Eles teriam apenas que fazer uma mudança: substituir os slides do PowerPoint por um pequeno memorando narrativo.

Não era brincadeira.

A SOMBRA DE JEFF

BRYAR ERA CONHECIDO como "a sombra de Jeff", a segunda pessoa a ocupar o cargo depois de Andy Jassy, que se tornaria o CEO da Amazon 17 anos mais tarde. Oficialmente, a "sombra de Jeff" era um assessor técnico, um cargo semelhante ao de chefe de gabinete de um presidente da república. Se você assistiu *Nos bastidores do poder*, sabe que ninguém fala com o presidente sem passar pelo chefe de gabinete. Uma equipe que quisesse ter um tempo com Bezos teria que agendar a reunião com Bryar, que então os prepararia para a conversa com o chefe.

Quando Bezos pediu que Bryar se tornasse seu assistente técnico, Bryar disse que precisaria do fim de semana para pensar a respeito. Desafios passaram por sua cabeça:

Meu tempo não será mais meu.
Terei que me reunir com cinco a sete equipes todo dia.

O MULTIPLICADOR DE INFORMAÇÕES EM FORMA DE NARRATIVAS

Vou passar dez horas por dia com meu chefe.
Jeff vai querer que eu contribua com ideias imediatamente.

As demandas do cargo seriam enormes, assim como os benefícios. Bezos estava dando a Bryar uma oportunidade de aprender mais do que ele jamais poderia imaginar. Bryar teria um assento na primeira fila para assistir à ação de um dos líderes empresariais mais visionários da história. Em um único dia, ele veria Bezos tomar decisões mais monumentais do que um profissional médio tomaria em toda a sua carreira.

Bryar aceitou e acompanhou Jeff pelos dois anos seguintes.

Durante o tempo de Bryar no cargo, memorandos narrativos deram vida ao Amazon Prime, Amazon Web Services, Kindle, Fulfillment by Amazon e a muitos outros recursos, produtos e serviços que influenciam sua vida todos os dias.

A narrativa está para a Amazon assim como o motor está para uma Ferrari. Esse carro é instantaneamente reconhecível, é claro, mas o que o torna especial é aquilo que está sob o capô. A escrita narrativa não é a única responsável pelo sucesso da Amazon, mas ela é o combustível do motor da inovação.

O ENSAIO QUE MUDOU TUDO

POR QUE BEZOS sentiu a necessidade urgente de dispensar o PowerPoint, a ferramenta de comunicação que havia se tornado onipresente em toda a organização? Bezos foi inspirado por um ensaio de trinta páginas que ele havia levado para ler em um voo de negócios. Bryar estava sentado ao lado de Bezos, lendo o mesmo ensaio. Ambos estavam procurando uma maneira de melhorar a tomada de decisões em reuniões com executivos seniores. Eles encontraram a resposta nos trabalhos de E.T., não o personagem do filme, mas um professor de Yale que apresentou um argumento do outro mundo.

Em *The Cognitive Style of PowerPoint,* Edward Tufte, um pioneiro no campo da visualização de dados, afirma que o estilo tradicional de apresentação de slides com marcadores "costuma enfraquecer o raciocínio verbal e espacial e quase sempre corrompe a análise estatística".[1] A crítica de Tufte aparece no primeiro parágrafo e fica mais contundente ao longo do ensaio.

Tufte escreve: "Na prática do dia a dia, os slides padrão do PowerPoint podem melhorar 10 ou 20% de todas as apresentações ao organizar oradores ineptos e extremamente desorganizados, ao custo de um dano intelectual detectável de 80%. Com relação a dados estatísticos, os níveis de danos se aproximam da demência". De acordo com Tufte, "o PowerPoint permite que os palestrantes finjam que estão dando uma palestra real e que o público finja que está ouvindo".

Tufte desafia o leitor a imaginar uma droga cara e amplamente usada que promete torná-lo bonito. "Em vez disso, a droga tem efeitos colaterais graves e frequentes: nos emburrece, degrada a qualidade e a credibilidade de nossa comunicação, nos torna chatos e desperdiça o tempo de nossos colegas. Esses efeitos colaterais, e a relação custo/benefício insatisfatória resultante, deveriam levar, com razão, a um recall mundial do produto."

Tufte tem um ódio *imenso* do PowerPoint. Ou não?

Estudei, com cuidado, o mesmo ensaio que Bezos e Bryar leram no avião em 2004, aquele que desencadeou uma grande mudança na Amazon e em muitas outras empresas que adotaram a estratégia narrativa da Amazon. Como muitos ex-amazonians admitem ter plagiado descaradamente o modelo do memorando de seis páginas e o utilizado em suas próprias startups, vale a pena explorar a análise de Tufte do PowerPoint e as limitações que ele identificou no programa.

Tufte dirigiu sua crítica à típica apresentação em PowerPoint, que substitui frases e parágrafos — discussão verbal — por fragmentos de palavras e listas com marcadores. De acordo com Tufte, "ao omitir a narrativa entre as bolinhas pretas, o marcador ignora

O MULTIPLICADOR DE INFORMAÇÕES EM FORMA DE NARRATIVAS

e oculta as premissas causais e a estrutura analítica do raciocínio". Uma lista de marcadores é a forma como o apresentador compacta a linguagem em frases curtas. Os marcadores "podem ser úteis de vez em quando", escreve Tufte, "mas frases com sujeitos e verbos costumam ser melhores".

Tufte acredita que, nas mãos erradas, os marcadores podem matar, literalmente. Ele sustenta sua afirmação com o relatório final sobre o desastre do ônibus espacial *Columbia* em 2003. A nave se desintegrou ao reentrar na atmosfera da Terra a 18 vezes a velocidade do som. Todos os sete astronautas morreram.

Quando o *Columbia* decolou duas semanas antes, um pedaço de espuma usado para isolar o tanque de combustível externo rompeu e atingiu a borda de ataque da asa esquerda. O buraco feito na asa permaneceu despercebido, deixando a nave incapaz de suportar o calor intenso que ocorre na reentrada.

Oitenta e dois segundos após o lançamento do *Columbia*, funcionários da NASA conseguiram ver em um quadro de vídeo os pequenos detritos de espuma se soltarem. Eles solicitaram uma avaliação dos danos aos engenheiros da Boeing, a empresa que havia projetado e construído o ônibus espacial. Os engenheiros rapidamente prepararam três relatórios em PowerPoint com um total de 28 slides.

Tufte analisou um slide que chamou de "um festival de hiper-racionalismo burocrático em PowerPoint". Ele tinha seis níveis diferentes de marcadores hierárquicos, cada um contendo instruções curtas ordenadas em cascata (veja a Figura 9).

O título do slide apresentava uma imagem otimista para os funcionários da NASA que teriam que determinar a ação a ser tomada. Os marcadores de nível inferior em fonte minúscula ocultavam o dano real ao ônibus espacial. Os engenheiros haviam escrito, nos marcadores, pequenos fragmentos de frases para encaixar o material nos slides. Na ausência de frases completas, os fragmentos com marcadores obscureceram o significado real da informação.

O MODELO JEFF BEZOS DE COMUNICAÇÃO

FIGURA 9 – Aparência de um slide do "Festival de hiper-racionalismo burocrático em PowerPoint"

"Satisfeitos porque os relatórios indicavam que o Columbia não corria perigo real, os funcionários não fizeram mais qualquer tentativa de avaliar as ameaças", escreve Tufte.

Os engenheiros da Boeing tentaram contar a história do que havia acontecido, mas o PowerPoint não é uma ferramenta para contar histórias.

Em seu relatório final, a Junta de Investigação do Acidente com o *Columbia* chegou à seguinte conclusão: "O uso endêmico do PowerPoint ilustra os métodos problemáticos de comunicação técnica... à medida que as informações são repassadas e sobem pela hierarquia da organização, as explicações principais e as informações complementares são filtradas. Nesse contexto, é fácil entender como um gerente sênior pode ler esse slide do PowerPoint e não perceber que se trata de uma situação de risco fatal à vida".

A investigação convenceu Tufte de que as listas de marcadores com frases fragmentadas para caber em um modelo causam danos reais à tomada de decisões.

— O PowerPoint não serve para apresentações sérias — diz Tufte. — Problemas sérios exigem ferramentas sérias.

Jeff Bezos devorou cada página do ensaio de Tufte. Ele percebeu que o autor havia encontrado uma alternativa melhor, uma maneira

O MULTIPLICADOR DE INFORMAÇÕES EM FORMA DE NARRATIVAS

"nova" de compartilhar ideias que remonta a cinco mil anos — expressar uma ideia em frases e parágrafos completos. "Substitua os slides do PowerPoint por folhetos em papel mostrando palavras, números, dados, gráficos e imagens juntos", aconselhava Tufte.

Bezos explicou o motivo da mudança: "A razão pela qual escrever um memorando bom de 4 páginas é mais difícil do que 'escrever' um PowerPoint de 20 páginas é porque a estrutura narrativa de um memorando bom força um pensamento melhor e uma compreensão melhor do que é mais importante e de como as coisas estão relacionadas. As apresentações no estilo PowerPoint de alguma forma incentivam análises superficiais, diminuem qualquer sensação de importância relativa e ignoram a interconexão das ideias".[2]

AS BOAS INTENÇÕES NUNCA FUNCIONAM, OS BONS MECANISMOS FUNCIONAM

UM DOS JEFFISMOS expressivos que se tornaram parte do léxico da Amazon é: "As boas intenções nunca funcionam, você precisa de bons mecanismos para fazer qualquer coisa acontecer."

Esse dito — que se tornou popular na Amazon — é uma versão abreviada de uma explicação um pouco mais longa que Bezos ofereceu em uma reunião geral em fevereiro de 2008.

— Com frequência, quando encontramos um problema recorrente, algo que acontece diversas vezes, reunimos a equipe, pedimos a eles que se esforcem mais, façam melhor; em essência, pedimos boas intenções. Isso raramente funciona[3] — disse Bezos. — Quando você está pedindo boas intenções, não está pedindo uma mudança, uma vez que as pessoas já tinham boas intenções. Mas se as boas intenções não funcionam, o que funciona? Os mecanismos funcionam.

Um mecanismo é um processo replicável, uma ferramenta que alinha ações e decisões aos Princípios de Liderança da Amazon. Para funcionar corretamente, um mecanismo é introduzido, adotado e "auditado" para assegurar que funcione conforme projetado. Por exemplo, as "equipes de duas pizzas" e os "líderes single-threaded", que discutimos anteriormente, são exemplos de mecanismos. Outro mecanismo da Amazon, nascido da frustração, é agora considerado a fonte de muitas das maiores inovações da empresa. Esse mecanismo é a *narrativa*.

Uma narrativa é simplesmente um documento escrito que exige clareza de pensamento. As narrativas assumem formas diferentes. As duas formas principais que Bezos popularizou na Amazon são os temas deste capítulo e do próximo, formas que qualquer pessoa pode adotar para elevar a qualidade de sua comunicação: o memorando de seis páginas e o comunicado à imprensa/perguntas frequentes (CI/PF).

O processo de escrever narrativas permite refinar, esclarecer e articular suas ideias. O melhor de tudo é que qualquer um é capaz de fazer isso.

As primeiras tentativas da Amazon de escrever narrativas foram "risivelmente pífias", lembra Bryar. Executivos que não acreditavam que poderiam explicar suas ideias em quatro páginas ignoravam a diretriz e enviavam quarenta páginas de prosa. Quando eram instruídos a respeitarem o limite, encontravam maneiras inteligentes de contornar as regras, como espaçamento simples entre as linhas de texto, estreitamento das margens e diminuição do tamanho da letra. Inteligentes, mas não eficazes. Bezos percebeu logo.

Ele e seus líderes seniores acabaram decidindo que memorandos com, no máximo, seis páginas atenderiam às suas necessidades. Detalhes complementares poderiam ser anexados na forma de um apêndice, mas o memorando em si não poderia exceder seis páginas. Isso levanta um ponto crucial. Um memorando estruturado de forma narrativa deve ser longo o suficiente para expor a ideia — e nem uma frase a mais. Se duas páginas bastam para transmitir uma ideia, então limite-se a duas.

Duas páginas ou seis páginas servem ao mesmo propósito — forçar os apresentadores a pensar com clareza. O ato de escrever memorandos narrativos, com títulos, subtítulos, frases, verbos, substantivos e parágrafos é mais difícil do que preencher slides com marcadores. As narrativas forçam "o escritor a pensar e sintetizar com mais profundidade do que faria ao elaborar uma apresentação em PowerPoint",[4] afirma Bryar. "A ideia no papel será mais bem pensada, sobretudo depois que toda a equipe do autor a revisar e oferecer comentários. É uma tarefa assustadora reunir todos os fatos e argumentos relevantes em um documento coerente e compreensível — e assim deveria ser."

Não existe um modelo formal para escrever uma narrativa que impressione Bezos, mas existem estratégias comprovadas para criar uma narrativa impressionante.

Adote e adapte as estratégias a seguir. Lembre-se, o processo narrativo está por trás de todas as grandes inovações da Amazon desde 2004 — todos os sucessos que impulsionaram o crescimento da Amazon e fizeram de Bezos uma das pessoas mais ricas do mundo. Funcionou para ele. E funcionará para você.

CINCO ESTRATÉGIAS PARA ESCREVER GRANDES NARRATIVAS

1. Concentre-se na narrativa, não nas "seis páginas". A chave para adotar e se beneficiar dos memorandos de seis páginas da Amazon é manter o foco no lugar dele: a narrativa. Um memorando estruturado de forma narrativa requer "frases temáticas, verbos e substantivos, não apenas marcadores", afirma Bezos.

O "memorando de seis páginas" refere-se a um formato exclusivo que atende às necessidades do processo de tomada de decisão da Amazon em reuniões de liderança sênior. Não existe qualquer regra, mesmo na Amazon, de que um memorando narrativo deva ter seis páginas. Qualquer comunicação escrita, seja um e-mail ou um memorando interno, não deve ser mais longa do que o necessário. Em muitos casos, um memorando de uma página basta. Vejamos um exemplo da Procter & Gamble.

Você talvez não reconheça o nome *Richard Deupree*, mas conhece o formato televisivo que ele inventou: a novela.

Como CEO da Procter & Gamble na década de 1930, Deupree ignorou os pedidos para reduzir o marketing durante a Grande Depressão. Em vez disso, redobrou sua aposta em um meio de comunicação novo — o rádio. As vendas de velas da empresa haviam começado a cair após a invenção da lâmpada elétrica, então ela se concentrou em aumentar as vendas de outro produto popular — o sabonete. Deupree patrocinava dramas em série transmitidos durante as tardes, que proporcionavam entretenimento escapista para milhões de estadunidenses desempregados. A Procter & Gamble (P&G) usou a plataforma para impulsionar as vendas do sabonete Ivory — e assim nasceu a "novela".*

Deupree também introduziu o "memorando de uma página" para as equipes de liderança da P&G. De acordo com o especialista em administração Tom Peters, "Deupree não gostava de qualquer memorando com mais de uma página datilografada. Muitas vezes, ele devolvia um memorando longo com uma ordem: 'Reduza a algo que eu possa entender.' Se o memorando envolvesse uma situação complexa, ele às vezes acrescentava: 'Não entendo problemas complicados. Só entendo os simples.' Certa vez, quando um entrevistador o questionou sobre isso, ele explicou: 'Parte do meu trabalho é treinar pessoas para dividir uma questão complexa em uma série de questões simples. Assim, todos nós podemos agir de forma inteligente'".[5]

E é verdade — a capacidade de simplificar tem o poder de transformar tudo. Então, como a P&G treinou seus funcionários para atender aos padrões exigentes de seu chefe? O processo de escrever um memorando de uma página evoluiu na P&G e passou a incluir cinco elementos. Esse formato fácil de seguir da Tabela 9 explica cada um deles:

---

* Em inglês, *soap opera* significa, literalmente, "ópera de sabão". (N.T.)

O MULTIPLICADOR DE INFORMAÇÕES EM FORMA DE NARRATIVAS

TABELA 9 – Elementos do memorando de uma página da P&G[6]

ELEMENTO	DESCRIÇÃO	EXEMPLOS
Resumo da ideia	Em uma frase, o que você está propondo? Veja tópico frasal, no Capítulo 4, para obter dicas sobre como expressar sua ideia principal em uma frase.	"O P&G Good Everyday é um novo programa de recompensas ao consumidor, com destaque para nossas marcas confiáveis, que ajuda a transformar ações cotidianas em atos de bondade para você, sua família, a comunidade e o mundo."
Perspectiva	Um resumo da situação que apresenta fatos, tendências, questões.	"A P&G trabalha para causar um impacto positivo há mais de 180 anos. Nossa família de marcas domésticas tem um compromisso de longa data em fazer o que é certo: causar um impacto positivo na comunidade, apoiar a igualdade de gênero, promover a diversidade e a inclusão, e promover a sustentabilidade ambiental no mundo."
Como funciona	Explique os detalhes da sua proposta. Como, o quê, quem, quando e onde?	"O P&G Good Everyday é um programa de recompensas para pessoas que desejam causar impacto."
Principais benefícios	Deupree desafiou os apresentadores a expressarem três benefícios de sua ideia; idealmente, benefícios que provassem ter valor estratégico e lucrativo para a empresa. Veja a regra de três no Capítulo 16 para obter uma explicação dessa estratégia de comunicação poderosa.	"Quando você participa do programa de recompensas P&G Good Everyday e realiza ações simples no site, a P&G faz uma doação para sua causa preferida para que você também possa ajudar a fazer a diferença. Envolva-se através de questionários, pesquisas ou recibos digitalizados, ganhe recompensas, e a P&G doará, automaticamente, para as causas com as quais você se importa, sem nenhum custo para você."
Próximas etapas	Que ações precisam ser tomadas, por quem e quando?	"Podemos fazer mais quando trabalhamos juntos. Com o P&G Good Everyday, você pode combinar seu desejo de fazer o bem com os esforços contínuos da P&G para ajudar a resolver desafios em todo o mundo. Para se inscrever, visite o site do P&G Good Everyday."

A cultura de escrever uma só página está tão arraigada na P&G que continua sendo um modelo para e-mails, memorandos, campanhas de vendas e marketing, e até mesmo para os anúncios de televisão da empresa.

2. Limite-se a títulos e subtítulos. Voltando ao ensaio de Edward Tufte, ele diz que "cientistas e engenheiros — e todos os outros

— conseguiram se comunicar sobre assuntos complexos por séculos sem marcadores hierárquicos".

Tufte nos lembra que o físico renomado Richard Feynman escreveu um livro de seiscentas páginas cobrindo tópicos complexos como a termodinâmica e o comportamento quântico, e o fez com apenas dois níveis de palavras: títulos e subtítulos.

— Richard Feynman era um cientista incrível, porém o mais importante: era um professor incrível — diz Bill Gates. — Ele conseguia explicar as coisas de uma maneira divertida e interessante para qualquer um. Ele foi o único a realmente conseguir explicar a física quântica de forma clara. Pegar algo que é um pouco misterioso para a maioria das pessoas e usar conceitos bem simples para explicar como funciona, isso é Feynman clássico.[7]

Feynman havia experimentado um confronto pessoal com os marcadores ao trabalhar na comissão que investigou a explosão do ônibus espacial *Challenger* em 1986. Feynman escreveu: "Então aprendemos sobre 'marcadores' — pequenas bolinhas pretas antes de frases que deveriam resumir as coisas. Havia uma após a outra desses malditos marcadores em nossos livros de instruções e em slides".[8]

Feynman fez sua agora famosa demonstração sobre o que causou a explosão do ônibus espacial *Challenger* em 1986. Ele não precisou de slides ou marcadores para construir um argumento persuasivo. Um copo de água gelada deu uma lavada no PowerPoint.

No que ficou conhecido como a "demonstração da água gelada e do anel de borracha", o físico ganhador do Prêmio Nobel provou sua teoria de que as temperaturas baixas na noite do lançamento haviam reduzido a resiliência dos anéis de vedação de borracha nos propulsores de foguete sólidos. A falha levou à explosão do ônibus espacial 73 segundos após a decolagem.

Durante uma audiência, na presença de muitos representantes dos meios de comunicação, Feynman, o físico e artista, trouxe amostras de material do anel de borracha e as jogou em um copo de água gelada. A borracha ficou rígida, demonstrando sua incapacidade de vedar adequadamente em baixas temperaturas, assim como o anel não conseguira vedar adequadamente na manhã do lançamento.

Feynman admitiu que, na noite anterior ao seu depoimento, questionou a conveniência de fazer essa demonstração. "Não, isso seria constrangedor",[9] pensou. Mas Feynman se lembrou de físicos que ele admirava por sua "coragem e senso de humor". Seus heróis comunicavam informações de forma simples quando todos tentavam mantê-las complicadas. Os outros palestrantes convidados a oferecer suas explicações sobre o desastre do *Challenger* trouxeram pastas com manuais de instruções, com gráficos, slides e marcadores minúsculos. A simples demonstração de Feynman "alarmou a comissão", segundo as manchetes dos jornais.

Feynman foi um gênio, um cientista cujo nome é celebrado ao lado dos de Einstein, Galileu e Newton. Ele ganhou a reputação de "o grande explicador" porque traduzia tópicos complexos em linguagem simples e clara. Feynman popularizou uma técnica para aprender coisas novas: escreva o conceito em uma folha de papel com suas próprias palavras, as que você usaria para explicar o assunto para outra pessoa. Escreva a explicação em frases completas com substantivos e verbos — não com marcadores. Feynman disse uma vez: "Você reconhece a verdade por sua beleza e simplicidade".

3. Não se apresse. Como você deve se lembrar do Capítulo 6 sobre analogias, certa vez Bezos comparou escrever a aprender a plantar bananeira. Parece fácil, mas requer semanas, até meses, de prática. A mesma dica se aplica a memorandos estruturados de forma narrativa. Uma boa escrita demanda tempo. Não espere se tornar um especialista da noite para o dia e reserve bastante tempo (se possível) para refinar o que cria.

Você não pode apressar as narrativas porque uma escrita clara reflete um pensamento claro. O maior erro cometido pelos escritores de narrativas é não dedicar tempo suficiente ao processo de escrita em si.

De acordo com Bezos, se você dedicar tempo para torná-la ótima, sua ideia será brilhante, ponderada e terá "a clareza do canto dos anjos". Não existe elogio maior.

4. Colabore para comunicar. A tradição na Amazon é enviar memorandos de seis páginas sem identificação do autor. Isso sinaliza que a boa redação é um esforço coletivo e que nenhum autor é o único responsável por escrever um documento.

A diferença entre um memorando ótimo e um medíocre é "difícil de definir", escreveu Bezos em sua carta de 2017. "Seria extremamente difícil escrever os requisitos detalhados que compõem um memorando ótimo. No entanto, acho que, na maioria das vezes, os leitores reagem a grandes memorandos de maneira muito semelhante. Eles os reconhecem quando os veem. O padrão existe e é real, mesmo que não seja fácil de descrever."[10]

Embora seja difícil descrever uma ótima escrita, Bezos diz que não há dúvida de que o trabalho em equipe eleva a qualidade de um documento. Você precisa ser um escritor extremamente habilidoso para escrever um memorando extraordinário?

— Na minha opinião, nem tanto — diz Bezos. Desde que você trabalhe em equipe, ele acrescenta. — Um técnico de futebol não precisa ser capaz de dar dribles desconcertantes, e um diretor de cinema não precisa ser capaz de interpretar um personagem. Mas ambos precisam reconhecer o alto desempenho nesses quesitos e ensinar expectativas realistas sobre o escopo do trabalho. Mesmo no exemplo de escrever um memorando de seis páginas, isso é trabalho em equipe. *Alguém* na equipe precisa ter essa habilidade, mas não precisa ser você. — O que não foi dito é que, se o melhor escritor da equipe *for* você, você se tornará a pessoa que todos querem em sua equipe.

— Escrever uma boa narrativa de seis páginas baseada em evidências é um trabalho árduo[11] — afirma Brad Porter, que trabalhou na Amazon por 13 anos. Como um dos poucos "engenheiros ilustres",

O MULTIPLICADOR DE INFORMAÇÕES EM FORMA DE NARRATIVAS

o trabalho de Porter era acelerar o desenvolvimento de projetos ambiciosos como o Prime Now, o serviço de entrega extremamente rápido da Amazon que leva um produto à porta do cliente apenas uma hora depois de ele fazer a encomenda.

— A precisão é importante — diz Porter. — Pode ser difícil resumir um negócio complexo em seis páginas, então as equipes trabalham horas preparando o documento para essas avaliações. Mas essa preparação faz duas coisas. Primeiro, exige que a equipe que escreve o documento entenda de fato e com profundidade seu próprio espaço, colete dados, entenda os princípios operacionais e seja capaz de comunicá-los com clareza. A segunda coisa que um documento ótimo faz é permitir que nossos executivos seniores internalizem um espaço totalmente novo, com o qual podem não estar familiarizados, em apenas trinta minutos de leitura.

5. Realize uma sessão de estudos. Na Amazon, todos recebem uma cópia impressa do documento quando entram na reunião, e nem um momento antes. Em seguida, os participantes leem o material em silêncio. Se estiverem conectados remotamente, é claro, poderão ler o documento em um computador, mas o ideal é lê-lo juntos, na mesma sala. Bezos se refere ao tempo gasto em leitura silenciosa como a "sessão de estudos".

Na Microsoft, que adotou a ideia narrativa da Amazon, os documentos são carregados em uma plataforma colaborativa como o SharePoint, onde os leitores fazem seus comentários em tempo real. Com esse método, todos podem ver os comentários uns dos outros. Quando alguém apoia um ponto, escreve "+1", que significa "concordo". Você logo aprenderá por que e como a narrativa da Amazon chegou à Microsoft.

Independentemente do formato — cópias impressas ou documentos on-line — quem não trabalhou no memorando não deve ser autorizado a lê-lo com antecedência.

Durante anos, os recém-contratados da Amazon ficaram surpresos com o "silêncio assustador" nos primeiros vinte minutos de uma reunião. Após a troca de cumprimentos, a sala fica em silêncio enquanto todos leem o memorando preparado. Em um ritmo médio de leitura de três minutos por página, um memorando de seis páginas deve levar cerca de 18 a 20 minutos até que todos terminem. Isso deixa os quarenta minutos restantes para a discussão, presumindo que seja uma reunião típica de uma hora.

Os amazonians adaptam o tamanho do memorando e a duração da discussão ao tipo de reunião que estão realizando. Digamos que você participe de uma reunião marcada para durar trinta minutos. Depois de trocar gentilezas e de conversar com seus colegas durante alguns minutos, você se senta e lê silenciosamente um memorando de duas páginas. Depois de mais ou menos seis minutos, todos levantam os olhos do documento que terminaram de ler, deixando vinte minutos para discutir a ideia, questionar os argumentos, discutir as táticas, fornecer comentários, fazer perguntas e determinar os próximos passos.

Para sua informação, se estiver em uma reunião com Bezos, existe uma boa chance de que ele seja o último a terminar a leitura. Bezos tem uma capacidade incrível de ter ideias que ninguém na sala imaginou.

— Ele pressupõe que cada frase está errada até que se possa provar o contrário[12] — afirma Bryar. — Ele questiona o conteúdo da frase, não a motivação do escritor.

Se parece estressante, é porque é estressante, de acordo com os amazonians que vivenciaram a experiência narrativa. Jesse Freeman, um desenvolvedor de programas que passou cinco anos na empresa, disse que preparar o memorando narrativo era a parte mais desafiadora e intensa de seu trabalho. "Era como escrever uma tese de mestrado",[13] lembra. E, no entanto, Freeman continuou a usar o método depois que deixou a empresa. Escrever narrativas é simplesmente "uma das maneiras mais poderosas de organizar seus pensamentos para compartilhá-los com os outros".

O MULTIPLICADOR DE INFORMAÇÕES EM FORMA DE NARRATIVAS

> **SUGESTÃO PARA TREINAMENTO**
>
> Escreva narrativas antes de criar slides. Embora o PowerPoint seja proibido nas reuniões de nível sênior da Amazon, os executivos o usam com clientes, parceiros e públicos externos. Mas o PowerPoint não é uma ferramenta de contar histórias, e os marcadores não são histórias. Primeiro, construa a história em forma de narrativas escritas para experimentar. A estrutura narrativa requer um tema, títulos e subtítulos, além de frases totalmente formadas com substantivos, verbos e objetos. Tente escrever a história que deseja transmitir *antes de* começar a criar slides. Os slides do PowerPoint não contam a história; os slides *complementam* a história.

A NARRATIVA É BOA DEMAIS PARA SER IGNORADA

OS MEMORANDOS DE seis páginas da Amazon são "o início de uma conversa frutífera", afirma John Mackey, cofundador e CEO da Whole Foods. A Amazon comprou a cadeia de supermercados de alimentos naturais por 13 bilhões de dólares em 2017. Mackey me disse que "abraçou" os memorandos de seis páginas quando aprendeu sobre aquilo na Amazon e os levou para a Whole Foods.

— É parte do motivo pelo qual a fusão foi tão positiva[14] — diz Mackey. — Na Whole Foods, tendíamos a seguir nossos instintos, e a Amazon tende a seguir os dados. Acredito que nos beneficiamos muito do rigor desse processo. A Amazon não impôs uma cultura diferente na Whole Foods, mas nos beneficiamos do uso de alguns de seus processos para melhorar nosso negócio de fornecer alimentos naturais de alta qualidade. Nesse sentido, tem sido um casamento fantástico.

Mackey não está sozinho. Ex-amazonians e líderes de empresas parceiras da Amazon adotaram o processo narrativo.

Já ouvimos de Adam Selipsky que "uma das coisas que roubei flagrantemente da Amazon foi a narrativa".[15] Selipsky começou a trabalhar na Amazon em 2005 e, durante os 11 anos seguintes, participou na preparação de memorandos de seis páginas para as reuniões do S-Team. Um dos memorandos lançou a divisão de nuvem da Amazon, a AWS. Em 2021, cinco anos após Selipsky ter deixado a empresa, ele voltou a administrar a AWS, que fatura 50 bilhões de dólares por ano e comanda 47% do mercado de computação em nuvem.

Selipsky admitiu que a ferramenta narrativa parecia "esquisita" no início, mas seu benefício era grande demais para ser ignorado.

— Experimente — sugere o ex-diretor da Amazon Ronny Kohavi.

Você provavelmente não conhece Kohavi, mas o trabalho dele conhece você. As ferramentas que ele desenvolveu para a Amazon, a Microsoft e o Airbnb podem até conhecer seus hábitos melhor do que você mesmo.

Kohavi está entre os estudiosos mais influentes no campo da inteligência artificial e do aprendizado de máquina. Dos 140 mil funcionários da Microsoft, Kohavi era um dos apenas quarenta técnicos ilustres, uma designação informalmente conhecida como os "grandes cérebros" da empresa.

Antes de ingressar na Microsoft, Kohavi foi chefe de mineração e personalização de dados na Amazon. Suas ideias se transformaram em recursos com um valor de centenas de milhões de dólares em receita anual. Kohavi explicou a mineração de dados para mim como "o processo de descobrir padrões novos em dados por meio do uso de ferramentas como o aprendizado de máquina. Ao minerar os dados, nós [especialistas em mineração de dados] ajudamos as empresas a fazer previsões melhores e a personalizar a experiência de cada cliente".[16]

Ao visitar a página inicial da Amazon, você é recebido pelo nome e recebe recomendações sobre o que comprar, o que assistir ou o que fazer. Isso é personalização. Quando está com vontade de comer pizza e digita sua localização no Google ou no Bing, ele apresenta as pizzarias próximas à sua localização. Isso é personalização.

O MULTIPLICADOR DE INFORMAÇÕES EM FORMA DE NARRATIVAS

Quando você entra em sua conta da Netflix, ela recomenda filmes para você. Isso é personalização. Suponha que seus amigos ou familiares visitem seus próprios perfis. Nesse caso, a Netflix fornecerá recomendações diferentes com base no que *eles* assistiram no passado, no que pesquisaram, por quanto tempo assistiram a um programa e em muitas outras métricas individuais. Se sente que a empresa realmente conhece você, é porque é verdade. É por isso que o campo ficou conhecido como personalização "um para um".

Pense da seguinte forma: quando você entra em uma loja de varejo de tijolo e argamassa, os corredores não se organizam com base em suas preferências e histórico de compras. Entre pela porta digital de um varejista on-line e os corredores se reorganizam instantaneamente. O site ou aplicativo móvel prevê o que você está procurando e o convida a conhecer opções que nunca considerou.

Especialistas como Kohavi estão por trás de cada uma dessas experiências digitais personalizadas. Ele simplesmente é um dos melhores nisso.

Kohavi tinha um código secreto na placa de seu carro em Washington que comunicava seu *status* a outros cientistas da computação. Dizia: DM P13N. É um numerônimo, uma palavra baseada em números. DM significa *data mining* [mineração de dados], e o número *13* representa o número de letras entre *P* e *N* que soletram *personalization* [personalização].

Em 2004, Kohavi estava na lista de recebedores do e-mail que anunciou a proibição do PowerPoint nas reuniões do S-Team. Foi a primeira vez em que Kohavi, que tem um doutorado em aprendizado de máquina, foi exposto ao processo narrativo. Não demorou muito para ele reconhecer o valor desse processo como uma "função forçante", a qual desafia o escritor a pensar com clareza sobre como expressar sua ideia. Kohavi não gostava apenas de escrever narrativas; ele se tornou um promotor delas, apresentando-as às equipes de sua próxima empresa, a Microsoft.

— Experimente. Essa é minha mensagem principal — diz Kohavi. — Quando cheguei à Microsoft, os documentos narrativos nunca haviam sido usados. Comecei a usá-los com minha equipe. As pessoas de outros grupos que participavam de nossas reuniões ficavam surpresas com o silêncio enquanto todos liam o documento, mas depois que explicamos o processo, eles não apenas participaram dele, mas o levaram para seus grupos.

Kohavi diz que a introdução de uma nova maneira de apresentar ideias é muito parecida com a introdução dos testes A/B em uma organização. Na Microsoft, Kohavi liderou uma equipe de 110 cientistas de dados e desenvolvedores que iniciaram experimentos controlados (testes A/B). A pesquisa deles ajudou a Microsoft a fazer a transição de uma empresa que só pensava em termos de software para uma empresa de nuvem.[17]

O teste A/B é um método baseado em dados para testar rapidamente o potencial de uma ideia. Hoje, empresas — da Amazon ao Walmart e da Microsoft ao LinkedIn — usam testes A/B para identificar recursos geradores de receita ou melhorar a satisfação do cliente (o que, por sua vez, aumenta a "receita vitalícia do cliente", uma medida crucial do sucesso de uma empresa).

Bezos elogiou o valor da experimentação em sua carta de 2013. "Temos nossa própria plataforma interna de experimentação chamada Weblab, que usamos para avaliar melhorias em nossos sites e produtos. Em 2013, executamos 1.976 Weblabs em todo o mundo, em comparação com 546 em 2011",[18] escreveu ele. "Um sucesso recente é nosso novo recurso chamado 'Pergunte a um proprietário'... na página de um produto, os clientes podem fazer qualquer pergunta relacionada a ele. *O produto é compatível com minha televisão/sistema de som/computador pessoal? É fácil de montar? Quanto tempo dura a bateria?* Em seguida, encaminhamos essas perguntas para os *proprietários* do produto. Da mesma forma que as avaliações, os clientes ficam felizes em compartilhar seus conhecimentos para ajudar outros clientes diretamente."

O MULTIPLICADOR DE INFORMAÇÕES EM FORMA DE NARRATIVAS

Kohavi diz que mudanças aparentemente pequenas podem aumentar as receitas em dezenas de milhões de dólares. Em um teste que Kohavi realizou na Microsoft, os dados mostraram que melhorar a velocidade de carregamento de um site em cem milissegundos resultaria em uma receita adicional de 18 milhões de dólares. "Os experimentos da Amazon, por exemplo, revelaram que levar as ofertas de cartões de crédito de sua página inicial para a página do carrinho de compras aumentou os lucros em dezenas de milhões de dólares anualmente. Fica claro que investimentos pequenos podem gerar retornos grandes."

Kohavi diz que a maioria das empresas não reconheceu o valor de tais testes até serem apresentadas ao método.

— Quando as equipes são expostas a esse método científico de execução de testes A/B, elas adoram e o levam para outros trabalhos — afirma ele. — Quando comecei na Microsoft, nenhum teste A/B estava sendo feito. Quando saí da Microsoft, estávamos iniciando cem novos experimentos controlados todos os dias na plataforma da minha equipe. A empresa passou de zero a vinte mil experimentos ao ano. A abordagem é aceita e se espalha.

A equipe adotará as narrativas se reconhecer seu valor.

Kohavi oferece o seguinte conselho para profissionais de negócios em qualquer campo, mas sobretudo para aqueles que trabalham em áreas técnicas: "Contar histórias faz parte do seu trabalho. As habilidades de escrita e apresentação são cruciais. É importante aprender matemática, mas muitas pessoas não percebem que, no mundo real, em qualquer organização, seu trabalho é convencer os outros a agir com base em algum padrão que você descobriu nos dados. A capacidade de traduzir descobertas técnicas em uma narrativa convincente que seja acessível a quem não é tão técnico é uma habilidade superimportante".

Kohavi diz que Bezos é um tradutor brilhante. "Ele pode ser técnico, mas pode dar um passo atrás e escrever um texto incrível e perspicaz. A capacidade de pegar uma ideia e transformá-la em algo memorável é uma das coisas que Jeff fez incrivelmente bem."

O MODELO JEFF BEZOS DE COMUNICAÇÃO

O ex-amazonian Brad Porter, o engenheiro ilustre que passou 13 anos na empresa, diz que a narrativa é um elemento crucial do sucesso da Amazon. "A Amazon funciona melhor, toma decisões melhores e cresce mais por causa dessa inovação específica",[19] de acordo com Porter. "Imagine, por um momento, que você entra em uma reunião e todos os presentes têm um contexto muito amplo com relação ao tópico que será discutido. Eles conhecem os dados cruciais para o seu negócio. Imagine se todos entendessem os princípios básicos pelos quais você opera e internalizassem como você os aplica às suas decisões. É assim que são as reuniões na Amazon, e é mágico."

> **SUGESTÃO PARA TREINAMENTO**
>
> Jeff Bezos escreveu 24 anos de cartas anuais aos acionistas da Amazon. Muitas delas assumem a forma de narrativas bem escritas. Cada carta tem um tema, uma sequência clara e lógica, e histórias e dados que apoiam a narrativa. Visite o site AboutAmazon.com e pesquise "cartas aos acionistas". As dos anos a seguir são um bom ponto de partida: 1997, 2006, 2013, 2014, 2017 e 2020. Elas são bem estruturadas, têm temas abrangentes e claros, e usam linguagem metafórica para explicar ideias complexas.

A magia não termina com as seis páginas. O memorando narrativo é apenas um tipo de documento narrativo que os líderes da Amazon usam para tomar decisões importantes. No próximo capítulo, você conhecerá outra ferramenta que mudará a maneira como tenta vender suas ideias e aumentará sua influência em qualquer organização. Prepare-se para avançar trabalhando para trás.

10

TRABALHANDO PARA TRÁS PARA IR ALÉM

> Temos todo um processo que começa
> com o cliente e trabalha para trás.
>
> — JEFF BEZOS

Bill Carr entrou em uma reunião com Jeff Bezos armado com as ferramentas que ele havia afiado desde a escola de negócios. Carr era o guerreiro das planilhas; PowerPoint e Excel eram suas armas preferidas.

Apenas algumas semanas antes, Carr temera ter sido rebaixado. Depois de quatro anos galgando os degraus da hierarquia da Amazon, ele estava exercendo o cargo de diretor da enorme unidade de livros, música e vídeo da empresa nos Estados Unidos — uma divisão que representava 77% da receita global da Amazon. É por isso que Carr não conseguia entender a decisão de seu chefe de colocá-lo no comando do menor empreendimento da Amazon, um novo negócio de "mídia digital". Não demorou muito para ele aceitar o cargo. Assim que soube que Bezos havia dado sua bênção pessoal, Carr se convenceu. Bezos era o empresário mais extraordinário que ele já conhecera, um visionário que enxergava longe. Ele queria desempenhar um papel em qualquer coisa em que Bezos estivesse de olho.

Embora Carr tivesse um cargo novo (vice-presidente) e uma função nova, ele contava com as mesmas ferramentas que sempre usara para montar uma proposta comercial: uma análise FOFA (forças, oportunidades, fraquezas e ameaças), previsões financeiras e planilhas detalhadas que calculavam margens operacionais e tamanho do mercado.

— Eu era um MBA. Era isso que eu fazia[1] — Carr me disse.

Bezos sentou-se à mesa e estudou, com muito cuidado, as projeções de Carr. Ele não parecia estar convencido. Por fim, olhou para cima e perguntou:

— Onde estão as simulações?

Na Amazon, as simulações eram criadas para mostrar toda a experiência do cliente em um site, desde a aparência da página até como os clientes navegam nele. As simulações exigiam tempo e dinheiro. Carr não tinha uma simulação. Ele queria apenas obter a aprovação de uma verba para montar uma equipe de mídia digital.

Bezos não aprovou o pedido de orçamento de Carr e o mandou voltar à estaca zero. Ele retornou algumas semanas depois e apresentou as simulações que Bezos havia solicitado.

Bezos fez perguntas difíceis:

- Qual a diferença entre o serviço de música e o iTunes?
- Quanto custariam os livros eletrônicos?
- Os leitores preferem ler livros eletrônicos em um *tablet*, no celular ou em um computador?
- Como, exatamente, as ofertas digitais da Amazon seriam melhores para os clientes do que qualquer coisa atualmente disponível?

As respostas de Carr não satisfizeram Bezos.

— Para Jeff, uma simulação incompleta demonstrava pensamento incompleto — lembra Carr.

Após várias reuniões frustrantes, Bezos sugeriu uma abordagem diferente.

— Esqueça as planilhas e os slides — ordenou ele. Em vez disso, para a reunião seguinte, todos os dez executivos foram obrigados a escrever uma narrativa, um memorando no qual colocariam suas melhores ideias para o negócio de mídia digital.

A reunião seguinte foi mais produtiva e despertou ideias criativas. Um executivo propôs um leitor de livros eletrônicos com tecnologia de tela nova. Outros ofereceram novas versões de MP3 players. Bezos propôs uma ideia que chamou de "Amazon Puck"*, um dispositivo que fica no balcão e responde ao comando de voz. Dez anos depois, a Amazon lançou o Echo Dot, um alto-falante inteligente em forma de um disco de hóquei. Colocar suas ideias por escrito "liberou os executivos das demandas quantitativas do Excel e da sedução visual do PowerPoint".[2]

Bezos, vendo o sucesso do processo narrativo, deu um passo adiante:

— Vamos escrever o comunicado à imprensa (CI) primeiro — ordenou ele.

Quando uma empresa lança um produto e um serviço, ela costuma distribuir um comunicado à imprensa para anunciar a nova oferta. Na maioria das organizações, essa é uma função delegada ao marketing e às relações públicas. Bezos inverteu a sequência costumeira, desafiando seus executivos a trabalhar para trás, partindo da perspectiva do cliente e se perguntando *por que* seus clientes vão adorar o produto ou o serviço.

Começar a elaboração de uma proposta pelo comunicado à imprensa concentra a atenção da equipe no desenvolvimento de

---

* O *puck* é o disco de metal (equivalente à bola no futebol) usado no hóquei no gelo. (N.T.)

recursos e serviços que irão realmente encantar os clientes. O comunicado responde à pergunta *E daí?*. Quando um cliente ouve falar de um produto ou de um serviço pela primeira vez, ele pensa: *e daí? O que isso tem a ver comigo?*

Quando a Amazon começou a usar o sistema de comunicado à imprensa futuro — mais um desses "mecanismos" da Amazon — logo ficou claro que outro processo narrativo seria necessário para lidar com os desafios internos e as questões técnicas que surgem durante o processo de desenvolvimento. A solução foi acrescentar várias páginas de perguntas frequentes (PFs). As PFs dão aos desenvolvedores e tomadores de decisão uma ideia clara dos obstáculos que precisarão superar para transformar suas ideias em realidade.

O documento de trabalho para trás da Amazon ficou conhecido como *CI/PF*. Como não existe uma exigência de incluir PFs como parte do processo, o restante deste capítulo se concentrará no comunicado à imprensa, um memorando que qualquer pessoa pode escrever para apresentar e avaliar ideias, e alinhar equipes em torno de uma ideia comum para novos produtos, serviços e negócios.

O método de trabalhar para trás, partindo do cliente, é tão central para o modelo da Amazon que Carr intitulou o livro que ele coescreveu com o ex-amazonian Bill Bryar *Working Backwards* [Trabalhando para trás]. Seus 27 anos de experiência, no total, na Amazon, geram ideias, liderança e estratégias de gerenciamento para qualquer pessoa em qualquer nível de negócio.

Minhas conversas com Carr e Bryar me convenceram de que o comunicado à imprensa simulado é uma das técnicas de redação mais poderosas que você pode adotar para lançar uma empresa ou iniciar o desenvolvimento de um novo produto ou serviço. Funciona porque obriga você e sua equipe a colocar o cliente no centro da conversa.

Os CI/PFs transformam ideias em produtos, serviços e empresas que afetam sua vida todos os dias, mesmo que não compre produtos na Amazon. Aqui está uma breve lista de ideias que começaram como CI/PFs:

- Amazon Prime
- Amazon Prime Video
- Amazon Studios
- Amazon Music
- Amazon Smile
- Amazon Marketplace
- Amazon Echo e Alexa
- Fulfillment by Amazon

Esses são apenas alguns exemplos da Amazon. Startups e empresas em todos os principais ramos empresariais adotaram o sistema CI/PF, do qual a Amazon foi pioneira. Conversei com muitos fundadores de startups e profissionais de carreira que são ensinados a seguir o sistema do comunicado à imprensa simulado para elaborar novas ideias ou lançar novos projetos — e alguns deles nem sabiam que Bezos estava por trás disso. Após experimentá-lo, eles ficam desejando terem descoberto o sistema mais cedo.

Simplificando, trabalhar para trás é a melhor maneira de construir o futuro.

A "COISA FAVORITA" FAVORITA DE OPRAH

OS CI/PFS SÃO fruto da frustração. A equipe de liderança da Amazon encontrou dificuldades para identificar o tipo de produto que os clientes desejariam adquirir da recém-formada divisão de mídia digital.

Um dos primeiros produtos que iniciou sua jornada de desenvolvimento em forma de CI/PFs acabou revolucionando a indústria editorial e mudando os hábitos de leitura de milhões de pessoas. O produto foi chamado de Kindle.

O MODELO JEFF BEZOS DE COMUNICAÇÃO

A Amazon lançou o e-reader Kindle em 19 de novembro de 2007. O primeiro lote esgotou em seis horas. As vendas explodiram no ano seguinte, quando Oprah, rainha do clube do livro, conferiu ao Kindle seu selo de aprovação.

— É certamente a minha coisa favorita, favorita no mundo[3] — Oprah elogiou. — Na verdade, não sou uma pessoa que gosta de engenhocas, mas me apaixonei por essa belezinha.

Se o comunicado à imprensa não tivesse sido o primeiro passo no desenvolvimento do Kindle, Oprah teria muito menos motivos para se apaixonar. Ela adorou o produto por causa de uma de suas características mais importantes: ela conseguia pensar em um livro e comprá-lo em sessenta segundos.

Trabalhar para trás, a partir de CI/PFs, deu aos desenvolvedores do Kindle a ideia de que os clientes ficariam genuinamente fascinados em baixar livros de qualquer lugar, sem a necessidade de se conectar a um computador pessoal ou adquirir um contrato de wi-fi específico para esse fim.

— Se você é como eu e acha que o computador é um desafio, não tenha medo do Kindle (não tenha medo) porque você nem precisa ter um computador para ele funcionar — acrescentou Oprah. — Essa é a funcionalidade mais brilhante dessa máquina.

Oprah não é uma personagem inexpressiva na evolução dos CI/PFs da Amazon. Ela é uma das principais referências. Os amazonians são treinados para escrever comunicados à imprensa simulados em "linguagem Oprah". Imagine-se sentado no sofá diante de Oprah. Como você descreveria o produto para ela e para milhões de espectadores que representam uma ampla gama de interesses diferentes? *Falar em linguagem técnica* é bom para as conversas internas com seus colegas, mas *falar como Oprah* é usar a linguagem das massas.

Seis elementos compõem a fórmula do comunicado à imprensa da Amazon. Tenha em mente que um comunicado à imprensa "futuro" é um documento que é escrito, debatido, reescrito e debatido.

Os primeiros rascunhos são confusos e imperfeitos. O documento final traz clareza e alinha a equipe em torno de uma ideia comum. Uma vez que o comunicado à imprensa oficial do Kindle se assemelha muito à ideia original da equipe, vou usá-lo como modelo para explicar as seis partes do comunicado à imprensa da Amazon.

1. MANCHETE

Conheça o Amazon Kindle.[4]

A manchete é uma trombeta que anuncia a chegada do produto. Em uma ou duas linhas, esclarece *quem* está fazendo o anúncio e *o que* está anunciando. O cabeçalho inclui o nome do produto quando apropriado, mas não é reservado para anúncios de produtos. Em 2 de fevereiro de 2021, o departamento de imprensa da Amazon divulgou um comunicado com a seguinte manchete: "Amazon.com anuncia a transição de CEOs". Ele informa *quem* está fazendo o anúncio e *o que* está anunciando.

2. SUBTÍTULO

Leitor portátil revolucionário, para o cliente baixar livros, jornais, revistas e blogues, sem fio, em menos de um minuto. Sem necessidade de computador pessoal e de wi-fi.

O subtítulo é a primeira frase abaixo do título que descreve o diferencial ou o benefício ou uma diferença mais atraente de um produto para o cliente. O subtítulo é o gancho que dá aos leitores uma razão para prestar atenção. Deve ser redigido em linguagem concisa e cotidiana, que destaque o benefício mais atraente que irá encantar o cliente.

O subtítulo é crucial. Ele funciona como o tópico frasal que você aprendeu no Capítulo 4. Você deve se lembrar de que um tópico frasal é um pré-requisito para as reuniões de apresentação de Hollywood. Ele responde à pergunta fundamental: *sobre o que é o filme?* Um tópico frasal ideal não deve exceder trinta palavras. O subtítulo do comunicado à imprensa do Kindle tem 27 palavras.

3. PARÁGRAFO DE RESUMO

Seattle — 19 de novembro de 2007 — A Amazon.com apresentou hoje o Amazon Kindle, um leitor portátil revolucionário que baixa livros, blogues, revistas e jornais, sem necessidade de uma conexão de internet, para uma tela de papel eletrônico nítida e de alta resolução que se parece e é lida como se fosse papel de verdade, mesmo sob a luz solar brilhante. Mais de 90 mil livros já estão disponíveis na Kindle Store, incluindo 101 dos 112 best-sellers e lançamentos na lista do New York Times, e custam 9.99 dólares, salvo indicação em contrário. O Kindle está disponível, a partir de hoje, por 399 dólares.

O primeiro parágrafo introdutório de um comunicado à imprensa é conhecido como *parágrafo de resumo*. Começa com um local e uma data. É importante adicionar uma data mesmo em um comunicado à imprensa "futuro" porque força uma discussão sobre a viabilidade do projeto. A introdução apresenta um resumo conciso do produto e de seus benefícios. Coloque 80% de sua energia criativa no título, subtítulo e parágrafo de resumo, uma vez que 80% de seus leitores pararão de ler nesse momento.

4. PARÁGRAFO DO PROBLEMA

"Estamos trabalhando no Kindle há mais de três anos. Nosso principal objetivo de design era que ele desaparecesse em suas mãos — não

atrapalhasse — para que você possa aproveitar sua leitura", disse Jeff Bezos, fundador e CEO da Amazon.com. "Também queríamos ir além do livro físico. O Kindle não requer uma conexão de internet, portanto, esteja deitado na cama ou andando de trem, você pode pensar em um livro e tê-lo em menos de 60 segundos. Nenhum computador é necessário — você faz suas compras diretamente no dispositivo. Estamos empolgados em lançar o Kindle hoje."

O segundo parágrafo explica o problema que seu produto ou serviço pretende resolver. Não é necessário que citações estejam presentes no parágrafo do problema, mas, no comunicado à imprensa do Kindle, foi tomada a decisão criativa de deixar Bezos falar. O ponto crucial a ser lembrado sobre o segundo parágrafo é que ele deve levantar um problema que o produto resolve — caso contrário, não há razão para a solução.

5. PARÁGRAFOS DA SOLUÇÃO E DOS BENEFÍCIOS (TRÊS A SEIS)

Baixa conteúdo sem fio, sem necessidade de um computador pessoal, sem busca por pontos de acesso a wi-fi.

O sistema de entrega sem fio do Kindle, o Amazon Whispernet, usa a mesma rede nacional de dados de alta velocidade (EVDO) dos telefones celulares avançados. Os clientes do Kindle podem fazer compras sem fio na Kindle Store, baixar ou receber novos conteúdos, tudo sem um computador pessoal, um ponto de acesso a wi-fi ou sincronização.

O terceiro parágrafo de um comunicado à imprensa começa a aprofundar os detalhes do produto, do serviço ou da ideia. Os problemas dos clientes são resolvidos de forma simples e prazerosa. Os parágrafos de solução incluem uma explicação de como o produto ou o serviço funciona e como é fácil começar a usá-lo. Mantenha esses parágrafos curtos, não mais do que três ou quatro frases.

No comunicado à imprensa sobre o Kindle, subtítulos em negrito destacam os benefícios do produto. Alguns pequenos detalhes seguem cada marcador. Por exemplo, "Baixar conteúdo sem fio" foi o principal benefício. Outros incluíram:

- nada de faturas ou compromissos mensais de acesso a rede sem fio;
- leitura como se fosse em papel;
- livros, blogues, revistas e jornais;
- retém centenas de livros em 29 gramas;
- dicionário e Wikipedia integrados; e
- bateria de longa duração.

Escolha criteriosamente os benefícios que você for destacar. Todo o comunicado à imprensa deve caber em uma página. Se você escreveu uma página e meia, é longo demais.

6. DESTAQUES DE PARCERIAS, CITAÇÕES DE EXECUTIVOS OU DEPOIMENTOS DE CLIENTES

Os clientes Kindle podem escolher entre os jornais estadunidenses mais conhecidos, bem como revistas e jornais populares, como The New York Times, Wall Street Journal, Washington Post, Atlantic Monthly, TIME *e* Fortune. *A Kindle Store também inclui os principais jornais internacionais da França, Alemanha e Irlanda, incluindo* Le Monde, Frankfurter Allgemeine *e* The Irish Times.

Citações ou depoimentos cativantes de porta-vozes da empresa, parceiros e clientes compõem o sexto elemento de um comunicado à imprensa ideal. No caso que estamos analisando, uma citação de

Bezos foi apresentada anteriormente, portanto, esse parágrafo destaca as parcerias. Mesmo se você estiver escrevendo um futuro comunicado à imprensa para um produto que nada mais é do que um brilho em seus olhos, você ainda assim deve se esforçar para incluir citações de clientes hipotéticos que expressem a alegria deles ou que destaquem seus parceiros ideais. Essa é a sua chance de esclarecer exatamente por que os clientes vão adorar sua ideia.

— Antes de escrevermos uma linha de código, começamos com o comunicado à imprensa — diz Andy Jassy, CEO da Amazon. — O comunicado à imprensa foi projetado para destacar todos os benefícios do produto e assegurar que você realmente esteja resolvendo o problema do cliente.[5]

A "CANETA VERMELHA" DE BEZOS

ENQUANTO A EQUIPE de Carr estava trabalhando no Kindle em 2004, Jassy também estava experimentando a técnica do comunicado à imprensa para lançar sua ideia para um negócio de armazenamento de computação, uma ideia que se tornou a Amazon Web Services.

— Ao contrário de como outras empresas pensam sobre desenvolvimento, Andy e a equipe da AWS passaram seus primeiros 18 meses trabalhando apenas com Jeff Bezos, escrevendo e aprimorando documentos de CI/PFs[6] — lembra Carr.

Os engenheiros que integravam aquela equipe reclamaram com o assistente técnico de Jeff. Eles diziam:

— Jeff não entende que somos engenheiros pagos para criar códigos, não documentos de Word? — Mas Jeff e Andy estavam comprometidos com o processo. Eles passaram um ano e meio escrevendo narrativas e comunicados à imprensa antes de começarem a criar código para o negócio que se tornou a AWS, uma divisão que acabou sendo o negócio mais rápido da história a atingir 10 bilhões de dólares em vendas. O segredo do sucesso da AWS é que eles passaram todo esse tempo na frente: planejando, escrevendo e documentando o que deveriam fazer antes de começar a fazê-lo.

— Se eu fosse o reitor de uma escola de negócios — acrescenta Carr — insistiria no treinamento formal para escrever um memorando ou documento empresarial convincente.[7]

No primeiro trimestre de 2021, a Amazon registrou suas maiores vendas trimestrais de todos os tempos, 108 bilhões de dólares. A empresa creditou um aumento de 36% ao Amazon Prime e a outras receitas de assinatura por incrementar suas vendas. Bezos anunciou que a Amazon havia ultrapassado duzentos milhões de membros Prime ao redor do mundo. Hoje, quase 60% das famílias estadunidenses têm uma assinatura Prime, que oferece frete grátis, entrega rápida e outras vantagens em troca de uma taxa anual.

A Amazon anunciou o lançamento do Prime em fevereiro de 2005. Os clientes receberam um e-mail sobre o novo programa na forma de uma carta assinada por Jeff Bezos. A carta começava: "Prezados clientes, estou muito animado em anunciar o Amazon Prime, nosso primeiro programa de associação, que oferece frete expresso sem restrições, como se você estivesse em um bufê livre do tipo 'coma tudo que quiser'".[8]

Em pouco mais de duzentas palavras, Bezos descreveu o serviço e seus benefícios em linguagem clara e direta. Ele ainda destacou a simplicidade do programa.

"É simples", escreveu ele. "Por uma taxa de associação anual fixa, você tem frete ilimitado com entrega em dois dias, gratuitamente, de mais de um milhão de itens em estoque." A ideia funcionou e o número de itens disponíveis para compra diretamente da Amazon explodiu para mais de doze milhões hoje (sem incluir as centenas de milhões de produtos vendidos por vendedores terceirizados).

"O Amazon Prime elimina o esforço de fazer encomendas: sem compra mínima e sem consolidação de encomendas", continuou Bezos. "O envio de dois dias se torna uma experiência cotidiana, em vez de uma comodidade ocasional." O restante da carta explicava a taxa e alguns outros benefícios que os clientes achariam atraentes. Bezos encerrou a carta com um chamado à ação — um link para se inscrever tão fácil quanto "1-clique".

O que os clientes não sabiam era que Bezos havia elaborado a carta alguns meses antes, durante o processo de desenvolvimento do Prime. A carta oficial de lançamento se assemelhava a versões anteriores do comunicado. A analogia do bufê livre foi o resultado de um processo colaborativo, enquanto o nome, Prime, era todo Bezos.

O Amazon Prime é agora o programa de associação mais bem-sucedido da internet e cria um poderoso mecanismo de receita recorrente para a empresa. A maioria das famílias estadunidenses são agora membros Prime e gastam uma média de 3 mil dólares por ano na Amazon. O Prime Day, um evento popular de 48 horas para membros, gera mais vendas do que todos os varejistas *combinados* na Black Friday, historicamente o maior dia de compras de varejo do ano nos Estados Unidos.

A analogia ao "bufê livre" foi apoiada por unanimidade pelos líderes seniores da Amazon. Como Bezos brincou mais tarde:

— O que acontece quando você oferece um bufê livre? Quem aparece primeiro? Os comilões! É assustador. É tipo "Ah meu Deus, eu disse mesmo que você pode comer quantos camarões quiser?" Foi o que aconteceu. Mas vimos as linhas de tendência e que tipo de clientes estávamos atraindo.[9]

"Bezos passa uma caneta vermelha nos comunicados à imprensa, descrições de produtos, discursos e cartas aos acionistas; risca qualquer coisa que não se comunique de forma simples e positiva com os clientes",[10] escreve Brad Stone em *A loja de tudo*. "Bezos não acreditava que alguém pudesse tomar uma decisão boa sobre um recurso ou produto sem saber exatamente como ela seria comunicada ao mundo — e o que o cliente todo-poderoso faria com isso."

Bezos mantém padrões altos durante o processo de escrita narrativa. De acordo com Stone, não é incomum que Bezos sugira uma manchete mais forte ou diga "Já estou entediado" depois de ler algumas frases de um memorando. "Ele queria que as pessoas pensassem com profundidade e aproveitassem o tempo para expressar seus pensamentos de maneira convincente."

Stone entendeu a dica. Ao solicitar acesso direto a Bezos para escrever seu livro, fez o pedido em forma de narrativa, imaginando o que diria o comunicado à imprensa do livro após a publicação.

ESCRITA QUE OBRIGA A PENSAR COM CLAREZA E PRECISÃO

ESCREVER UM COMUNICADO à imprensa simulado precisa ser difícil. Ele força você a explicar suas ideias com precisão, mais do que você conseguiria fazer com marcadores em um slide. São necessárias explicações claras para as seguintes perguntas:

- Como os clientes irão interagir com o produto?
- Como ele é diferente de tudo o que existe hoje?
- Quais recursos os clientes acharão mais atraentes?
- Por que os clientes vão adorar o produto ou o serviço?

Essas perguntas estavam na mente de Jennifer Cast em 2015, quando ela escreveu CI/PFs para ganhar apoio interno para uma nova ideia que, à primeira vista, parecia contraintuitiva para uma empresa que havia feito sua fortuna on-line. Cast havia sido escolhida para chefiar a primeira incursão da Amazon em locais físicos.

Como vice-presidente da Amazon Books, Cast estava empolgada por oferecer aos consumidores outro canal para encontrar os livros que eles adoram. Cast foi a vigésima quinta funcionária contratada pela Amazon, vivia e respirava o mantra da obsessão pelo cliente. Ela não estava interessada em criar mais uma livraria física;

ela estava obcecada em dar aos clientes algo completamente diferente. As pesquisas de Cast haviam revelado uma descoberta fundamental: se a empresa que abriu a maior livraria do mundo quisesse reimaginar a experiência do cliente na loja, teria que pensar menor do que as lojas tradicionais. Ao construir lojas menores que cabiam em áreas de maior tráfego e ofereciam uma variedade menor de livros, a Amazon poderia proporcionar algo diferente a seus clientes. Cast estava animada para compartilhar suas ideias, mas primeiro ela precisava colocá-las no papel.

— A primeira coisa a saber é que escrever CI/PFs é um compromisso enorme que demanda tempo e tenacidade[11] — diz Cast. — Nas seis semanas em que escrevi os CI/PFs da Amazon Books, passei pelo menos 120 horas escrevendo pelo menos 12 rascunhos. — O trabalho de Cast valeu a pena. Sua reunião "trabalhando para trás" durou noventa minutos e terminou com Bezos e os gerentes seniores (os chamados S-Team) dando sinal verde para o desenvolvimento das primeiras lojas físicas da Amazon.

A Tabela 10 mostra os elementos do comunicado à imprensa simulado de Cast que deu vida à Amazon Books.

TABELA 10 – Comunicado à imprensa simulado para Amazon Books[12]

MANCHETE	Amazon abre livrarias off-line com recursos e benefícios on-line
SUBTÍTULO	As lojas incluem a linha completa de dispositivos da Amazon e oferecem aos clientes os mesmos preços baixos da Amazon.com.
PRIMEIRO PARÁGRAFO	Neste parágrafo, Cast anunciou que a Amazon havia inaugurado sua primeira loja física. Ela especificou sua localização e os vários benefícios para o cliente.
SEGUNDO PARÁGRAFO	Cast fez uma escolha criativa neste parágrafo. Ela optou por evitar mencionar um "problema", uma vez que não havia qualquer problema real com livrarias físicas. Em vez disso, optou por escrever uma citação hipotética de Jeff Bezos, destacando algumas das diferenças que tornariam a Amazon Books uma experiência melhor para os clientes da empresa.
PARÁGRAFOS 3 A 6	Cast forneceu detalhes que orientariam os designers na criação da experiência na loja.

O MODELO JEFF BEZOS DE COMUNICAÇÃO

CITAÇÕES DA EMPRESA/ DEPOIMENTOS DE CLIENTES	Ela incluiu citações de clientes — de novo, hipotéticas. Os clientes expressavam seu entusiasmo em ver livros à sua frente, ler avaliações e resenhas da Amazon, comparar tablets da Amazon, descobrir itens novos, como o Fire TV Stick, e usar o aplicativo de celular para fazer pedidos ou encontrar mais informações. Cast diz que os depoimentos dos clientes são uma parte fundamental do processo do comunicado à imprensa porque ajudam os tomadores de decisão a avaliar a força da ideia. Se as citações forem fracas, é provável que a ideia não forneça valor substancial a uma base de clientes grande o suficiente para que o projeto valha a pena.

A Amazon abriu sua primeira livraria física no shopping University Village em Seattle em 3 de novembro de 2015. Jennifer Cast reconhece a importância dos CI/PFs por fornecer uma direção clara e manter a equipe obcecada com a experiência do cliente. Ela ressalta que o primeiro Princípio de Liderança da Amazon não diz "atendimento" ao cliente ou "foco" no cliente. Ele diz: "Obsessão pelo cliente: os líderes começam com o cliente e trabalham para trás". O comunicado à imprensa obriga todos os integrantes da equipe a colocar o cliente no centro da experiência.

SUGESTÃO PARA TREINAMENTO

Use a tabela abaixo para elaborar um comunicado à imprensa simulado para sua ideia: uma *startup*, um produto, um serviço, uma empresa ou um plano.

TEMA	(Produto, iniciativa, serviço ou empresa.)
MANCHETE	(Informa quem está fazendo o anúncio e *o que* está anunciando.)
SUBTÍTULO	(O subtítulo é o gancho que dá ao leitor uma razão para prestar atenção. Deve ser conciso. Limite-o a, no máximo, trinta palavras.)
PRIMEIRO PARÁGRAFO (RESUMO)	(Este primeiro parágrafo é uma introdução que oferece um resumo conciso do produto, iniciativa, serviço ou empresa e seus benefícios.)

SEGUNDO PARÁGRAFO (PROBLEMA)	(O segundo parágrafo explica o problema que seu produto, iniciativa, serviço ou empresa pretende resolver.)
PARÁGRAFOS 3 A 6	(Do terceiro ao sexto parágrafos, os detalhes de seu produto, iniciativa, serviço ou empresa e de como ele/ela resolve o problema são aprofundados.)
CITAÇÕES DA EMPRESA/ DEPOIMENTOS DE CLIENTES	(Use citações atraentes de porta-vozes, parceiros e clientes da empresa, mesmo que ainda não existam.)

TRABALHAR PARA TRÁS ACELERA CARREIRAS

QUALQUER PESSOA PODE usar o modelo de comunicado à imprensa para orientar o desenvolvimento de produtos, alinhar equipes, esclarecer propostas ou apresentar propostas para novos negócios, produtos e serviços.

John, presidente de divisão de uma empresa internacional de aparelhos médicos, me contou sobre sua experiência com o comunicado à imprensa da Amazon. John havia voado para Seattle com alguns membros de sua equipe para discutir uma possível parceria com a Amazon. Foi a primeira vez que ele foi exposto à tarefa de escrever comunicados à imprensa da Amazon.

Embora apreciasse o compromisso da Amazon com os CI/PFs, John duvidava do valor desse exercício para sua empresa. Ele admite que só aceitou realizá-lo porque a Amazon, gentilmente, havia convidado sua equipe para uma reunião de brainstorming.

— Sim, estávamos céticos. Passaríamos pelo processo deles, mas, francamente, achamos que seria uma perda de tempo — ele me disse. Mas, ao fazer o exercício, John descobriu que aquilo o obrigava a explicar sua ideia de maneira clara e simples para que qualquer um reconhecesse de imediato seu valor. — Quando saímos da reunião, estávamos convencidos — acrescentou John. — Nós amamos aquilo.

Tornamo-nos entusiastas do comunicado à imprensa. Não estou exagerando. Mudou tudo para a nossa equipe.

John não está exagerando. Ao voltar para casa, ele e sua equipe começaram a preparar uma proposta para o CEO da empresa. A equipe pediria aprovação para fazer parceria com a Amazon e financiamento para concluir o projeto. Eles tinham sessenta minutos para apresentar sua proposta. A empresa está presente em 150 países e o tempo do CEO é precioso. Eles ficaram gratos por ter uma hora inteira.

Então John tomou uma decisão ousada. Convenceu a equipe a criar uma apresentação de vinte minutos, devolvendo ao CEO quarenta minutos de seu tempo. Se o executivo-chefe tivesse mais perguntas, eles iriam armados com as respostas. Contudo, a apresentação em si não ultrapassaria vinte minutos. John é estudante de comunicação e reconheceu que as apresentações longas são, muitas vezes, complicadas, desconexas, desconcertantes e muito chatas. As apresentações curtas são quase sempre mais persuasivas do que as longas.

A equipe de John colocou a mão na massa. Ela criou uma apresentação de vinte minutos para resumir a reunião que tiveram com a Amazon, definir a parceria em potencial, pintar um quadro de como a ideia beneficiaria os pacientes e persuadir o CEO a aprovar uma verba significativa.

John não se esqueceu do modelo de comunicado à imprensa futuro que aprendera na Amazon. Mas, em vez de escrever um memorando, ele levou o conceito um passo adiante.

— Se vamos trabalhar para trás, a partir da perspectiva do paciente, vamos começar com o anúncio de TV, o qual só iria ao ar depois que o produto fosse lançado — sugeriu John. — O vídeo demonstrará como é fácil para um paciente solicitar a terapia e usá-la no conforto de sua casa. Ele também mostrará como fazemos parceria com a tecnologia de nuvem da Amazon para enviar ao médico os resultados dos exames de um paciente de maneira rápida e fácil.

A equipe de John criou um vídeo de dois minutos com atores fazendo o papel de futuros pacientes. Eles inseriram o vídeo na apresentação. John ficou observando o CEO enquanto o vídeo era exibido.

— Os olhos dele brilhavam — lembra John.

O vídeo terminou e John voltou aos slides.

— Agora que você viu a ideia, deixe-me mostrar como chegaremos lá: precisamos de investimento em pessoas, talentos e recursos.

A reunião, à princípio marcada para durar uma hora, durou cerca de trinta minutos. O CEO aprovou, com entusiasmo, o pedido de verba de John. Espera-se que a terapia inicie ensaios clínicos em 2022, seguida de submissão para aprovação regulatória em 2023. Ela promete alavancar a tecnologia médica de ponta e o poder de computação em nuvem da Amazon para detectar certos tipos de câncer muito cedo, evitando milhões de mortes.

Trabalhar para trás, a partir do comunicado à imprensa, de fato mudou a vida de John. Ele ganhou uma promoção para chefiar o projeto inovador. Foi nomeado um dos apenas vinte presidentes de divisão em uma empresa global com mais de cem mil funcionários.

— Eu não estaria nesta posição se não fosse pelas minhas habilidades de comunicação — John me disse. — A capacidade de transmitir ideias convincentes de maneira clara e concisa é uma habilidade crucial. Se você quer crescer em uma grande empresa, ou arrecadar dinheiro para uma startup, precisa convencer um chefe, CEO ou investidor. Eu sou um exemplo de como as habilidades de apresentação podem construir uma carreira.

ALINHANDO TODOS

"ALINHAMENTO" É UM tema comum que surge em minhas conversas com profissionais de negócios que adotam o sistema de trabalho para trás.

Zane, um ambicioso gerente de produto de uma empresa de alta tecnologia, me disse que sua empresa usa CI/PFs para manter as partes interessadas alinhadas em torno de iniciativas estratégicas. A equipe executiva de Zane impõe um limite rígido de uma página ao comunicado à imprensa, que ele escreve, pelo menos, uma vez por trimestre para propor novas ideias.

— Se você não é capaz de explicar em uma frase ou duas o problema que sua ideia resolve, é provável que você não entenda o problema suficientemente bem — diz Zane. — Se não consegue mostrar os benefícios que o cliente terá em poucas frases e mostrar, com citações, por que eles vão adorar o produto, você não conhece bem o seu cliente. Se você não puder explicar (de novo, em uma frase ou duas) como seu produto é diferente do da concorrência ou como ele facilitará a vida de seu cliente, será quase impossível conseguir o apoio de que precisa internamente.

Zane é um gerente de 31 anos que sonha grande e anseia ser o CEO de uma grande empresa. Durante a pandemia de COVID-19, sua empresa permitiu que todos os funcionários trabalhassem remotamente. Da mesma forma que muitas outras empresas, a dele descobriu que gerenciar uma "força de trabalho distribuída" não era apenas possível — muitos funcionários preferiam esse formato.

— Agora, com todos da minha equipe trabalhando remotamente e em fusos horários diferentes, escrever é mais importante do que nunca — diz Zane. — Preciso destilar meus pensamentos em um formato conciso e que todos entendam. Preciso garantir que as partes interessadas das áreas de finanças, vendas, tecnologia e no sucesso do cliente estejam todas alinhadas.

Os gerentes de produto são conhecidos como "mini CEOs" por causa de seu papel multifuncional.

— Estou lidando com quatro ou cinco públicos diferentes — diz Zane. — Preciso falar com jargão de engenharia com os desenvolvedores que estão construindo o produto. Preciso falar com o diretor financeiro e explicar, de forma clara, o impacto do nosso produto na lucratividade da empresa. Preciso convencer nossos vendedores de que os clientes vão adorar o produto e gastar mais dinheiro conosco. Tudo o que comunico deve ser específico para um determinado público. Se não conseguir adaptar minha mensagem para diferentes públicos, serei ineficiente e menos bem-sucedido.

Trabalhar para trás é um passo fundamental para quem propõe novas ideias.

O cientista de foguetes Ozan Varol diz que a NASA tem sua própria versão de comunicado à imprensa da Amazon, que é conhecido como *backcasting*. Varol e a equipe de cientistas por trás das expedições do rover (veículo explorador robótico) de Marte escreveram futuros comunicados à imprensa para fazer o projeto progredir. "Em vez de deixar que nossos recursos influenciem nossa perspectiva, o backcasting permite que nossa perspectiva influencie os recursos."[13]

Varol diz que o backcasting habilita o pensamento dos foguetes lunares, o que leva a NASA a realizar o impossível. Por exemplo, a tecnologia de foguete, necessária para enviar seres humanos à Lua e trazê-los com segurança de volta à Terra, simplesmente não existia no início dos anos 1960.

— A NASA começou com o resultado do pouso de seres humanos na Lua e trabalhou para trás, para determinar os passos necessários para chegar lá[14] — diz Varol. — Primeiro, tire um foguete do solo; coloque uma pessoa em órbita ao redor da Terra; faça uma caminhada espacial; promova um encontro e se atraque a um veículo-alvo que orbita a Terra; e, em seguida, envie uma espaçonave tripulada à Lua para circular em torno dela e voltar. Somente após essas etapas sucessivas do roteiro terem sido concluídas é que a NASA tentou um pouso na Lua.

— A comunicação, oral e escrita, é uma das habilidades mais importantes que um cientista ou outro profissional pode desenvolver[15] — afirma Varol. — Ser capaz de destilar o que você está fazendo, sobretudo quando se trata de um assunto complicado, em uma linguagem que qualquer um possa entender é uma habilidade rara, porém valiosa. As pessoas que dominam essa habilidade realmente tendem a se destacar.

Bons escritores se destacam.

No último capítulo desta seção, você aprenderá como grandes oradores encontram maneiras criativas de explicar suas ideias e por que nunca esgotam seu estoque de histórias. Esse é outro aspecto subestimado do crescimento da Amazon — qualquer empresa que valoriza a escrita também valoriza o poder da leitura para se tornar um escritor melhor.

11 LÍDERES SÃO LEITORES

Bons líderes devem ser bons comunicadores, e o trabalho árduo de escrever é mais bem afiado na pedra de amolar da leitura.

— ALMIRANTE JAMES STAVRIDIS,
Marinha dos Estados Unidos (reformado)

Três décadas antes de lançar a maior livraria do mundo, Jeff Bezos descobriu uma pequena coleção de romances que o inspiraram a sonhar grande.

Bezos passou os verões de sua infância e adolescência, entre as idades de 4 e 16 anos, vivendo e trabalhando na fazenda de gado de seu avô em Cotulla, Texas. Os fazendeiros que trabalham na terra, no oeste do Texas, têm orgulho de chamar Cotulla de lar, embora encontrem dificuldades em descrever onde fica essa cidade. "Fica a meio caminho entre San Antonio e Laredo", informa Bezos.

A doação de alguns livros de ficção científica para a biblioteca da cidade por um benfeitor local instigou Bezos a explorar viagens interestelares, uma ideia que ele nunca abandonaria. Bezos, um estudante precoce, devorou as obras de Júlio Verne, Isaac Asimov e Robert Heinlein. No sexto ano, ele já conseguia articular os valores que havia aprendido com *O Hobbit*, de J. R. R. Tolkien. O futuro aventureiro se identificou fortemente com o tema do livro, o de que heróis extraordinários podem surgir de circunstâncias banais.

Os livros acenderam o fogo competitivo no jovem Bezos. Aos 12 anos, ele leu tantos deles que acabou ganhando um certificado de leitor especial. Revelando um instinto competitivo precoce, ele estava determinado a ler mais do que os outros alunos. Bezos chegou a "comparar-se desfavoravelmente com outra colega de classe que alegou, de forma improvável, que lia uma dúzia de livros por semana".

Bezos se cerca de livros. Centenas de volumes estão em exibição em sua casa à beira do lago em Seattle, inclusive as obras do futurista Arthur C. Clarke, que Bezos cita em suas cartas aos acionistas. De acordo com o biógrafo Brad Stone, "enquanto outros liam esses clássicos e só sonhavam com realidades alternativas, Bezos parecia considerar os livros como modelos para um futuro emocionante".[1]

O clássico de Júlio Verne *Da Terra à Lua* marcou Bezos profundamente. Seu amigo Danny Hillis comentou certa vez que "Jeff considera a Blue Origin e a si mesmo como parte de uma história maior. É o próximo capítulo daquilo que Júlio Verne escrevia e que as missões Apollo realizaram".[2]

No átrio da sede da Blue Origin, cerca de 25 quilômetros ao sul de Seattle, os visitantes encontram um modelo de foguete de dois andares inspirado no romance clássico de Verne. De acordo com Stone, a maquete é "um modelo steampunk em escala real de uma nave espacial da era vitoriana, como poderia ter sido descrito na ficção de Júlio Verne, completo com uma cabine de pilotagem, controles de latão e mobiliário do século 19. Os visitantes podem explorar seu interior, sentar nos assentos forrados de veludo e imaginar que são os exploradores intrépidos da época do capitão Nemo e de Phileas Fogg".[3]

A Amazon não foi o primeiro empreendimento empresarial que Bezos imaginou. Enquanto frequentava a Palmetto Senior High School, ele teve a ideia de um acampamento de verão para estudantes do ensino médio — o DREAM Institute*. Os alunos teriam de ler uma variedade de livros por ele escolhidos: *David Copperfield, Um estranho numa terra estranha, As viagens de Gulliver, Beleza negra, O único e eterno rei, O Senhor dos Anéis, A ilha do tesouro* e *A longa jornada*.

Embora o empreendimento não tenha decolado, Bezos nunca perdeu sua paixão por compartilhar livros com aqueles ao seu redor.

Ele acredita que o papel do líder é compartilhar o conhecimento adquirido por meio dos livros. Durante o verão de 2013, Bezos promoveu três clubes do livro de um dia inteiro cada um para os executivos seniores da Amazon.

— Lemos livros de negócios juntos e conversamos sobre a estratégia, a ideia e o contexto[4] — Bezos contou a um repórter da CNBC. — Esses livros realmente se tornaram referências que usamos para falar sobre negócios. Isso nos dá a oportunidade de nos conhecermos melhor.

Bezos não é o único bilionário a enfatizar a leitura de livros. De Richard Branson a Warren Buffett, de Sara Blakely à Oprah Winfrey, de Ray Dalio a Elon Musk, os bilionários leem muito mais livros do que a média das pessoas.

Uma pesquisa abrangente sobre os hábitos de leitura dos americanos descobriu que cerca de um quarto dos adultos americanos (27%) nunca lê livro algum. Apenas uma em cada cinco pessoas pesquisadas disse ler doze ou mais livros ao ano.[5] Para colocar isso em perspectiva, se você simplesmente ler um livro por mês e metade de outro, você se juntará a um grupo de elite de leitores ávidos e super realizadores.

O almirante reformado da Marinha dos Estados Unidos, James Stavridis, é um leitor descomunal. Ele lê, pelo menos, cem livros ao ano, quase dez vezes o número de livros que o típico adulto estadunidense consome por ano.

---

* Instituto dos sonhos. (N.T.)

— Posso lhe dizer por conhecimento de causa que, quando alguém chega ao posto de quatro estrelas como general ou almirante, essa pessoa é um leitor extremamente proficiente[6] — Stavridis me disse.

Stavridis não espera que outros líderes leiam de dois a três livros por semana ou igualem sua biblioteca de quatro mil livros. Mas ele exorta aqueles que aspiram a ser líderes em qualquer profissão a lerem muito mais livros — de ficção e de não ficção — do que os outros em sua área de atuação.

QUATRO RAZÕES PARA LER MAIS LIVROS DO QUE VOCÊ LÊ

1. Os livros estimulam a mente.

"A leitura é o único meio pelo qual entramos, involuntariamente, muitas vezes impotentes, na pele de outra pessoa, na voz de outra pessoa, na alma de outra pessoa",[7] afirma a romancista Joyce Carol Oates.

Ao permitir que você entre na alma de outra pessoa, os livros agem como simuladores para a mente. De acordo com neurocientistas, o cérebro humano não distingue entre ler sobre uma experiência e vivenciar um evento na vida real. Quando você se coloca nas circunstâncias que os personagens do livro enfrentam, pode se perguntar: *o que eu teria feito naquela situação?*

Há pouco mais de duas décadas, Stavridis se preparou para comandar um contratorpedeiro da marinha lendo os romances de história marítima clássicos de Patrick O'Brian, começando com *Mestre dos mares*. Ele também encontrou inspiração no romance épico *Portões de fogo*, de Steven Pressfield, sobre os espartanos que assumem o compromisso definitivo de lutar e morrer na batalha das Termópilas. "Ao ler esse livro, você pode se colocar no lugar deles, entender suas motivações e se perguntar: eu teria a coragem, o compromisso e a honradez de assumir essa missão?"[8]

2. Os livros oferecem perspectiva.

"Os livros oferecem a oportunidade de vivenciar uma enorme variedade de experiências de vida sem sair de casa ou da escola",[9] diz Stavridis. "De que outra forma um jovem aspirante a líder pode aprender como Ernest Shackleton conseguiu salvar toda a sua tripulação depois que seu navio, o *Endurance*, foi esmagado pelo gelo e destruído na Antártida em 1915? Ao recordar minha vida de leitura, vejo que conheci muitas das pessoas que admiro mais profundamente apenas por meio de livros — escritos por eles ou sobre eles."

Em geral, os empreendedores encontram inspiração lendo relatos em primeira pessoa daqueles que superaram dificuldades avassaladoras para transformar suas ideias em realidade. Por exemplo, em uma entrevista para a *Newsweek* de 2009, Bezos disse: "Se você ler *Os vestígios do dia*, que é um dos meus livros favoritos, é impossível deixar de pensar: acabei de passar dez horas vivendo uma vida alternativa e aprendendo algo sobre a vida e o arrependimento. Não é possível fazer isso em uma postagem de blogue".[10]

3. Os livros são uma forma valiosa de conhecimento condensado.

Mesmo os investidores que clamam por uma participação na próxima startup promissora não podem igualar o retorno pelo investimento com o retorno que um bom livro de negócios oferece.

Este livro tem pouco menos de noventa mil palavras. Se você o ler em um ritmo médio, deve conseguir acabá-lo em pouco mais de quatro horas. Em troca do comprometimento dessas quatro horas, você recebe 23 anos de ideias de uma das pessoas mais ricas do mundo, um empresário que transformou uma ideia em um colosso de 1,7 trilhão de dólares. Além disso, você aprende estratégias de comunicação com ex-executivos da Amazon e líderes empresariais de sucesso que seguiram o modelo de Bezos para lançar suas próprias empresas.

Um livro é a ferramenta mais valiosa para aumentar suas habilidades de liderança.

4. Leitores são melhores oradores.
De acordo com o almirante Stavridis, "a essência da liderança é a capacidade de comunicar e inspirar. E, para isso, é preciso ser um bom orador e um bom escritor. Ao ler boa literatura, tanto de ficção quanto de não ficção, você pode aprimorar suas habilidades escritas e verbais".

Com base em minha própria experiência, quase todo executivo-chefe que me convida para palestrar em sua organização leu um ou mais de meus livros. E, embora eu leia, pelo menos, cinquenta livros ao ano, esses CEOs e empreendedores quase sempre me ensinam sobre livros que ainda não conheço. A maioria desses líderes são comunicadores acima da média que desejam que suas equipes também aprimorem as habilidades orais e escritas. Líderes que valorizam a palavra escrita também valorizam a leitura para ajudá-los a se tornarem melhores escritores.

Simplificando, leitores vorazes são oradores mais proficientes. As pessoas que leem uma grande variedade de livros nas categorias de ficção e de não ficção têm uma gama ampla e interessante de histórias nas quais se inspirar. Elas têm mais balas na cartucheira: histórias, ideias, exemplos e sabedoria. Oferecem maneiras novas, surpreendentes e únicas de enxergar o mundo e explicar o que veem. Uma vez que os humanos são exploradores naturais que adoram aprender coisas novas, somos atraídos por leitores porque eles agem como guardiões da cultura; informam, iluminam e inspiram. Bezos disse certa vez que o segredo para criar conteúdo atraente — livros, filmes, memorandos — é ser interessante. Você precisa ser "fascinante", disse ele.

Uma das personalidades mais fascinantes do esporte hoje em dia é o analista do Golf Channel, Brandel Chamblee. Chamo Chamblee de o da Vinci dos comentaristas esportivos porque ele extrai ideias das áreas da matemática, ciência, física, arte e literatura.

Conversei com Chamblee durante a semana do US Open de 2021. Nossa conversa abrangeu escritores e contadores de histórias, de Friedrich Nietzsche a Neil deGrasse Tyson, de Aristóteles a Aaron Sorkin e de William Shakespeare a Nora Ephron.

Chamblee me disse que sempre carrega livros em suas viagens frequentes para cobrir torneios de golfe. Ele adquiriu o hábito da leitura durante sua carreira de 15 anos de cobertura dos campeonatos da PGA[*], quando desfrutava da companhia de escritores enquanto relaxava no fim do dia, após uma rodada de golfe. Certa vez, Chamblee perguntou a um famoso escritor de golfe como ele mantinha seus artigos interessantes, sempre encontrando metáforas e analogias inusitadas para envolver seus leitores.

— Você não soa como nenhum outro escritor de golfe[11] — disse Chamblee.

— Isso é porque não costumo ler os outros escritores de golfe — respondeu o colunista.

Segundo Chamblee, "se você ler apenas assuntos relacionados ao seu jogo ou esporte, soará como todos os outros. Você precisa ler os gêneros mais variados possível".

Nem todos os leitores são fascinantes, mas todos os líderes fascinantes são leitores.

TRÊS MANEIRAS DE LER COM OBJETIVIDADE

1. Siga os líderes nas categorias relevantes.

Vivemos na era de ouro da leitura. Milhões de títulos estão disponíveis em uma variedade de formatos, de capa dura a brochura e de audiolivros a livros eletrônicos. O conhecimento condensado está ao nosso alcance. Mas, como você sabe, um excesso de escolhas causa paralisia de decisão. Aqui está uma estatística surpreendente: a

---

[*] Professional Golfers' Association, organizador de campeonatos profissionais de golfe na América do Norte. (N.T.)

Amazon acrescenta um novo livro à sua seleção a cada cinco minutos. Hoje existem mais de trinta milhões de títulos disponíveis para envio, para baixar e ler ou ouvir. Como você deve escolher sua próxima leitura?

Tirar o máximo de proveito dos livros que você lê significa ler os livros dos quais você vai tirar o máximo de proveito.

Vamos supor que você seja um eterno aprendiz e decida ler um livro por mês a partir do momento em que se forma na faculdade, aos 23 anos, até os 90 anos. São 804 livros, o que parece ser um número enorme até você considerar que isso representa apenas 0,002% dos títulos atualmente disponíveis.

Os líderes bem-sucedidos sabem que não podem ler tudo, então tentam ler tudo que outros líderes bem-sucedidos leem.

"Para ler cem livros significativos por ano, é preciso ter um sistema",[12] segundo o filantropo bilionário David Rubenstein. Ele foi cofundador do Carlyle Group, uma das maiores empresas especializadas em *private equity* (empresas privadas não listadas em bolsa), que gere 230 bilhões de dólares. Rubenstein apresenta um programa de televisão em que entrevista os principais líderes políticos e empresariais do mundo. Ele lê livros escritos pelos líderes que entrevista e também se baseia em resenhas e recomendações de livros. Você pode criar o hábito de perguntar a outras pessoas de sucesso quais livros elas consideram especialmente valiosos.

Embora Rubenstein leia muito mais livros do que o estadunidense médio, ele sabe que é ineficiente ler livros que ele encontra aleatoriamente. Sim, ele deixa espaço para descobertas fortuitas encontradas em suas visitas a livrarias. Ainda assim, o filantropo se concentra, sobretudo, em categorias relevantes: filantropia, negócios, política, liderança e história (ele doa centenas de milhões de dólares para preservar monumentos e sítios históricos e pagou 24 milhões de dólares por um dos quatro únicos exemplares originais sobreviventes da Magna Carta, escrita há oitocentos anos).

"Os líderes precisam expandir seus conhecimentos todos os dias — para exercitar o músculo mais especial, o cérebro",[13] escreve Rubenstein. "Deixar de fazer isso dificulta acompanhar um mundo em rápida mudança. Tenho tentado continuar a aprender por meio da leitura um tanto obsessiva. Nada deixa a mente mais focada do que um livro bem escrito."

Embora Rubenstein tenha acumulado um patrimônio líquido superior a 4 bilhões de dólares, ele continua aprimorando suas habilidades de escrita e fala, o que reforça o papel importante que a comunicação desempenha em nossa sociedade. De acordo com o bilionário, "é impossível liderar se ninguém está seguindo. Um líder pode persuadir os outros a segui-lo por meio de um dos três meios básicos de comunicação: escrever algo que inspire os leitores; dizer algo que motive os ouvintes; ou fazer algo que seja um exemplo para os outros seguirem".[14]

Rubenstein afirma que os grandes líderes compartilham qualidades semelhantes, além de excelentes habilidades de comunicação. Os livros que escreveram fornecem conhecimentos proveitosos e atalhos para o sucesso. O primeiro passo é identificar as categorias mais relevantes para sua carreira, seus negócios e seus interesses. O segundo passo é identificar líderes e empreendedores que você admira. O terceiro passo é ler os livros, blogues, entrevistas e artigos dessas pessoas. Os livros provavelmente abriram um mundo novo para esses líderes, e eles estão ansiosos para compartilhar suas recomendações. Então, imite-os.

2. Faça anotações.
Seja um leitor ativo. O Kindle e outros dispositivos móveis ajudam a destacar trechos ou fazer anotações em livros. Se estiver lendo um livro de capa dura, as margens são criadas com um objetivo: dar espaço para seus polegares enquanto você o segura. A margem externa de meia polegada também abre espaço para anotações, a menos, é

claro, que o livro pertença a uma biblioteca local — nesse caso, uma etiqueta adesiva do tipo Post-it resolve.

Quando toma notas, você dá ao cérebro mais canais para codificar as informações. Em outras palavras, você se lembrará mais do que leu.

3. Compartilhe e fale sobre seus livros favoritos.
— Quando eu estava me preparando para capitanear um navio pela primeira vez, com trinta e poucos anos, passei muito tempo lendo livros sobre capitães de mar — me disse Stavridis. — Ler esses livros foi útil, mas a verdadeira recompensa foi discuti-los com oficiais mais graduados que já haviam passado pelas agruras de ser comandante.

Em 2003, Jeff Bezos atribuiu a seu assistente técnico, Colin Bryar, a tarefa de selecionar livros para a equipe de liderança sênior da Amazon.

— Eles eram empresários inteligentes, mas precisavam de mais conhecimento técnico sobre como construir um software que fosse ampliável e robusto[15] — diz Bryar. — Um dos Princípios de Liderança da Amazon é *Aprender e ser curioso*. Então, embora tivessem cargos muito exigentes, nosso S-Team abraçou a ideia de um clube do livro. Jeff designava um livro e o lia junto com todos os outros. Depois, nós nos reuníamos em grupo para discuti-lo. Fizemos isso a cada quatro a seis semanas.

Bryar e Bezos selecionaram *O mítico homem-mês*, de Fred Brooks, um livro que inspirou as agora famosas "equipes de duas pizzas" da Amazon. O S-Team também leu *Empresas feitas para vencer*, o qual inspirou a estratégia do flywheel, que impulsionou o crescimento da Amazon. *Built to Last* e *Creation* inspiraram o Amazon Web Services, *O dilema da inovação* inspirou a criação do Kindle, e *Made in America*, de Sam Walton, inspirou os 16 Princípios de Liderança da Amazon.

Outro livro, *Zingerman's Guide to Giving Great Service*, ofereceu ideias sobre como deixar os clientes maravilhados e encantá-los, enquanto *A meta* ensinou os executivos da Amazon a administrar gargalos, logística e outros desafios operacionais em seu negócio de comércio eletrônico que crescia rapidamente. E, de onde Bezos tirou a ideia de anexar a carta aos acionistas original de 1997 a todas as cartas que escreveu nas duas décadas seguintes? *Memos from the Chairman*, de Alan Greenberg.

— A maior parte do conhecimento do mundo está codificada em livros, portanto, se você não é um leitor voraz, está desperdiçando uma oportunidade[16] — diz Bryar. — Bezos é uma pessoa muito culta. Ele conhecia muitos tópicos diferentes e procurava conhecimentos que pudesse trazer para a organização.

Quando a notícia sobre o clube do livro do S-Team se espalhou, funcionários passaram a enviar e-mails para Bryar para descobrir o que os executivos estavam lendo todos os meses. Bezos começou a compartilhar e escrever resenhas dos livros que estava lendo para que todos estivessem na mesma página, literalmente.

Os líderes eficazes leem mais livros do que as outras pessoas na organização e compartilham seus conhecimentos novos com todos os outros. Barbara Tuchman, a historiadora vencedora do Prêmio Pulitzer, disse certa vez:

— Os livros são os transmissores da civilização. Sem livros, a história é silenciosa, a literatura é muda, a ciência é aleijada, o pensamento e a especulação ficam paralisados. Sem livros, o desenvolvimento da civilização teria sido impossível. São motores de mudança (como dizia o poeta), janelas sobre o mundo e faróis sobre o mar do tempo. Eles são companheiros, professores, magos, banqueiros dos tesouros da mente. Os livros são a humanidade impressa.[17]

A melhor maneira de aprender a liderar é pelo poder da leitura. Aqui está a melhor parte: nunca na história da palavra impressa a pessoa média teve acesso tão fácil à sabedoria acumulada por aqueles que construíram o mundo em que vivemos. Carregue esses autores ao longo da jornada de sua vida. Eles são ótimos companheiros.

PARTE III
EXECUTE O PLANO

12 AMPLIFIQUE SUAS APRESENTAÇÕES PARA INSPIRAR SEU PÚBLICO

> Onde você vai gastar seu tempo e sua energia é uma das decisões mais importantes que pode tomar na vida.
>
> — JEFF BEZOS

Minha filha tinha pavor de aranhas. Ela se recusava a sair de casa se achasse que uma aranha estava do outro lado da porta. Com o tempo, ela aprendeu a controlar sua ansiedade, graças a um terapeuta que nos ensinou uma estratégia inteligente. Prendemos várias fotos de aranhas pela casa. Ao fim de cada semana, mudávamos as fotos e as colocávamos em locais diferentes. Com o passar do tempo, nossa filha perdeu o medo das criaturas de oito pernas.

O terapeuta havia nos apresentado a uma ferramenta chamada *terapia de exposição*, um tratamento popular para ajudar as pessoas a enfrentarem seus medos para que possam manter um funcionamento saudável em suas rotinas diárias. Evitar o medo em um dado momento traz alívio e conforto instantâneos. Mas, com o passar do tempo, evitar as coisas que você teme dá poder a elas, aos lugares ou aos eventos que desencadeiam a ansiedade. Por fim, você não controla seu medo; seu medo controla você.

Como você deve saber, falar em público é considerado um dos principais medos que as pessoas experimentam. De acordo com o Instituto Nacional de Saúde Mental, o medo de falar em público (também conhecido como glossofobia) afeta cerca de 73% da população. A ansiedade de falar em público está instalada em nosso cérebro primitivo e é por isso que é tão prevalente. Estamos condicionados a ansiar por aceitação e tendemos a dar muita importância a como *percebemos* o julgamento dos outros.

Infelizmente, evitar falar em público não é uma opção para os profissionais de negócios que desejam subir na carreira. De acordo com os resultados de uma pesquisa realizada pela iCIMS, uma empresa de software de recrutamento de pessoal, 65% dos recrutadores e gerentes de contratação dizem que dão mais peso à escrita forte e às habilidades verbais do que à área de estudos de um candidato.[1] Em outra pesquisa encomendada pelo Prezi, uma plataforma de apresentação baseada na nuvem, 70% dos entrevistados disseram que as apresentações são essenciais para o sucesso de sua carreira, mas 12% das mulheres e 7% dos homens admitiram haver fingido estarem doentes para evitar fazer uma apresentação.[2]

O bilionário Warren Buffett disse certa vez que falar em público aumentará seu valor no local de trabalho em 50%. Infelizmente, muitos profissionais que trabalham não conseguem alavancar esse percentual porque sentem ansiedade ou têm ataques de pânico só de pensar em fazer uma apresentação.

A boa notícia: grandes palestrantes são feitos, não nascem assim.

Qualquer um pode ser transformado de um orador ansioso ou desajeitado em alguém que cativa a sala. Já vimos isso acontecer repetidas vezes. Vanessa Gallo, minha sócia, é formada em psicologia. Ela trabalha a linguagem corporal, a comunicação verbal, as habilidades de transmitir mensagens e a presença executiva de nossos clientes — CEOs e executivos seniores. Juntos, Vanessa e eu desenvolvemos um sistema para transformar palestrantes medíocres em ótimos. O modelo AMP da Gallo é baseado em três variáveis que fortalecerão todos os aspectos do seu desempenho em oratória.

AMPLIFIQUE SUAS APRESENTAÇÕES

QUANDO OS CLIENTES nos procuram para transformar suas habilidades de fala, contamos com um modelo que lhes permite "AMPlificar" suas apresentações. *Amp* é um verbo transitivo em inglês cuja definição é "empolgar e energizar". Usamos como um acrônimo para descrever as três variáveis que o transformarão em um palestrante dinâmico que empolga e energiza seu público.

Primeiro, dê uma olhada na Tabela 12.1. Ela mostra as três variáveis que todos os falantes precisam melhorar: **a**ptidão, **m**ensagem e **p**rática. Em segundo lugar, mostrarei como avaliar essas variáveis para se tornar o orador que você sempre quis ser.

TABELA 12.1 – AMP: Aptidão, Mensagem e Prática

VARIÁVEL	EXPLICAÇÃO
Aptidão (Constante) Sua aptidão é, em grande parte, constante. Esses são pontos fortes e talentos individuais que você já possui. Esses pontos fortes podem ser percebidos em todas as fases do desenvolvimento de suas habilidades de apresentação. São habilidades fundamentais que você desenvolverá.	As aptidões incluem: • estar à vontade enquanto fala para outras pessoas; • conhecimento profundo do assunto; • ser criativo com palavras, imagens, metáforas ou arte; • tom vocal forte e ressonante; • sentir-se confortável para encontrar humor nas situações; e • boa postura, talvez como resultado de experiência em esportes ou artes cênicas.
Mensagem **(NÃO constante)** O conteúdo da sua apresentação: tema, clareza, escolha de palavras, histórias, slides e recursos visuais.	Sua mensagem é uma variável que você pode mudar e desenvolver. Uma mensagem forte inclui: • conteúdo emocionalmente envolvente (histórias, imagens, vídeos); • um tema curto e claramente expresso; • três exemplos de apoio; • frases curtas escritas na voz ativa; • slides visualmente atraentes; • histórias que chamam a atenção; e • sequência simples e compreensível.

O MODELO JEFF BEZOS DE COMUNICAÇÃO

VARIÁVEL	EXPLICAÇÃO
Prática **(NÃO constante)** O tempo que você gasta ensaiando e internalizando o conteúdo é a segunda variável que você pode controlar. Quanto mais tempo se dedicar à prática sistemática, mais confiante se sentirá no dia da apresentação.	Você pode ajustar a quantidade de tempo que dedica a essa variável. Ensaie sua apresentação até: • internalizar as mensagens principais em cada slide e poder transmiti-las sem consultar as anotações; • poder fazer a apresentação em um estilo informal, como se estivesse jantando com amigos; • se sentir à vontade com demonstrações, sabendo como elas vão funcionar e quanto tempo será necessário para completar a demonstração; e • encurtar as histórias que conta para que sejam concisas, relevantes e não atrapalhem o fluxo da ação.

O primeiro passo para aprimorar suas habilidades de fala é entender sua ***aptidão***. Uma pessoa com mais pontos fortes naturais ainda precisa ter uma ótima ***mensagem*** e reservar tempo de ***prática*** para aprimorar sua apresentação. Uma pessoa que mostra menos pontos fortes naturais no início de sua jornada de palestrante público ainda precisa aprender a elaborar uma grande ***mensagem***. Ela também precisará dedicar muito mais tempo à prática do que outros oradores, mas isso a ajudará a brilhar.

FIGURA 12: Como dois indivíduos diferentes se transformam em palestrantes ótimos

Ao identificar, em primeiro lugar, suas aptidões, você pode decidir quanto tempo precisa gastar para elaborar a mensagem e aperfeiçoar sua apresentação. Na Figura 12, você verá um exemplo de como duas pessoas se tornaram oradores públicos igualmente fortes, embora tenham tomado caminhos diferentes para chegar lá. A oradora da esquerda tem mais pontos fortes naturais, então ela se sente confortável com menos prática. Mas ela ainda precisa dedicar 30% de seu tempo de preparação à construção de uma mensagem bem elaborada. O orador à direita tem menos pontos fortes naturais e pode se sentir desconfortável no palco. Ele ainda precisa dedicar 30% de seu tempo à mensagem e deve separar mais tempo para praticar para se sentir confortável. O ponto é que ambos os oradores são excepcionais, mas seguiram caminhos diferentes e ajustaram as variáveis AMP para chegar ao topo.

Com o modelo AMP da Gallo, qualquer pessoa pode ser um ótimo orador, desde que entenda seus pontos fortes naturais, aproveite-os e invista nas outras variáveis. A "receita" de cada pessoa varia, mas o resultado final será uma delícia de assistir.

BEZOS TRANSFORMOU-SE EM UM GRANDE COMUNICADOR

BEZOS DISSE CERTA vez: "Nós somos as nossas escolhas. Construa uma grande história para si mesmo". E foi exatamente isso que ele fez em sua vida. No início de sua carreira na Amazon, Bezos tomou a decisão de refinar suas habilidades de falar em público. Como sei disso? O orador Bezos de hoje não é o orador Bezos de 25 anos atrás. Ele se esforçou para aprimorar suas habilidades, e isso é visível.

A seguir, Vanessa examina três discursos e apresentações que abrangem vinte anos de oratória. Primeiro, vamos começar com seu discurso inicial, logo após o lançamento da Amazon. Foi em Lake Forest College em 1998. Sempre que examinamos amostras de vídeo de nossos clientes, o primeiro passo é identificar aptidões ou pontos

O MODELO JEFF BEZOS DE COMUNICAÇÃO

fortes naturais — atributos que podemos aproveitar à medida que desenvolvemos as aptidões para a oratória deles. Com base nessa amostra de vídeo de 1998, Bezos traz pontos fortes: criatividade, senso de humor e conhecimento substancial do tema. A Tabela 12.2 mostra citações específicas do discurso em Lake Forest que demonstram essas aptidões naturais. Mais uma vez, esses são pontos fortes naturais que o palestrante desenvolverá ao longo de sua carreira.

TABELA 12.2 – Pontos fortes da apresentação de Bezos — Lake Forest University em 1998[3]

PONTOS FORTES	CITAÇÕES	OBSERVAÇÕES
Criatividade	"Se você imprimisse o catálogo da Amazon.com, ele seria tão grosso quanto quarenta listas telefônicas da cidade de Nova York empilhadas."	É preciso uma mente criativa para colocar as estatísticas em contexto e criar uma imagem vívida na mente das pessoas.
	"Poderia ser como tomar um pequeno gole de água de uma mangueira de incêndio."	Bezos usou essa metáfora para descrever o que aconteceria com suas encomendas se o Yahoo! colocasse a Amazon em uma lista de sites populares. As metáforas, como já discutimos, são ferramentas criativas para tornar os conceitos simples e memoráveis. Ele vai usar muito mais delas ao longo de sua carreira.
	"O dono da casa instalou um grande fogão à lenha, de estilo antigo, bem no centro da garagem."	Bezos mostra um talento inicial para contar histórias ao apresentar pequenos detalhes descritivos que acrescentam vida a elas.
Senso de humor	"O cérebro humano pode dizer imediatamente, lendo a escrita de outra pessoa, se ela é inteligente ou louca com base nas primeiras cinco palavras."	Bezos tem senso de humor. Aqui ele está explicando por que a Amazon permite avaliações positivas e negativas e por que os clientes saberão instintivamente quais levar em consideração.
	"Eles embalaram nossas coisas e queriam saber para onde levar. Então eu disse a eles, dirijam rumo ao oeste, liguem para a gente amanhã e lhes diremos."	Bezos conta uma história engraçada sobre o dia em que ele e a ex-esposa, MacKenzie, saíram de carro do Texas e foram para o oeste para montar a empresa. Conforme observado anteriormente, na linguagem da jornada do herói, este seria um exemplo de "cruzar o limiar" do mundo comum para o da aventura.

AMPLIFIQUE SUAS APRESENTAÇÕES PARA INSPIRAR SEU PÚBLICO

PONTOS FORTES	CITAÇÕES	OBSERVAÇÕES
	"Pensamos: *Uau, essas mesas para embalagem são o máximo.*"	Nos primeiros dias da Amazon, Bezos e seus funcionários embalavam centenas de pacotes sentados, desconfortavelmente, no chão. Ele estava tão focado em entregar os pacotes a tempo que não percebeu que mesas para empacotamento seriam úteis. Quando alguém deu a sugestão, Bezos riu porque era uma solução muito simples. Bezos acrescenta anedotas humorísticas ao longo de seu discurso, uma tática que ele usou nas duas décadas seguintes.
Conhecimento do tema	"Na primavera de 1994, o uso da internet crescia a 2.300% ao ano... as coisas não crescem tão rápido fora das placas de petri."	Bezos tem uma habilidade natural para números. Ele torna os dados memoráveis, colocando as estatísticas em contexto.
	"O rio Amazonas tem dez vezes o tamanho do rio Mississippi em termos do volume de água que flui por ele."	Bezos explica a metáfora por trás do nome da empresa, Amazon. Ele também usa anedotas e pesquisas complementares para reforçar sua mensagem.
	"Essas coisas que são importantes para nossa base de seleção de clientes: facilidade de uso... conveniência... preço."	Aqui Bezos reflete o profundo conhecimento que tinha dos clientes — o que eles estavam procurando e como sua empresa iria satisfazer seus desejos.

A criatividade é uma habilidade desejável para os profissionais no local de trabalho hoje, mas não é fácil de ensinar. A criatividade demonstrada por Bezos no início de sua carreira de orador tornou-se uma habilidade muito valiosa.

Agora vamos mergulhar mais fundo no discurso em Lake Forest. Embora tenha pontos fortes naturais, Bezos precisava melhorar as outras variáveis: mensagem e prática. Ele poderia ter levado mais tempo para refinar a história e praticar sua apresentação. Foi prolixo em vários momentos, consultou anotações e, muitas vezes, tropeçou ou parou quando se perdeu. Aqui estão alguns exemplos.

- "Então vamos ver. [consulta as anotações] Tentei escolher as anedotas mais interessantes." [vasculha anotações para encontrar as histórias]
- "Então, nós, que era basicamente isso mesmo, maio de, eu acho, 1996, demoramos cerca de um ano, a partir daquele momento, para lançar um site."
- "Quem foi a contemporânea de Jane Austen, que, ah, invejava ela o tempo todo? Está na ponta da língua agora. ["Brontë!" grita MacKenzie]. Sim, é Brontë. A propósito, essa é minha esposa aí na plateia, me salvando mais uma vez."
- "Finalmente, é uma, é uma vitória para... não consigo lembrar quais eu já falei." [Bezos olha para as anotações e diz ao público que está tentando lembrar os exemplos que já deu.]

Como é provável que você tenha entendido, esse não é um dos discursos mais competentes. Mas Bezos o profere com um grande senso de humor, o que mantém o público rindo, e ele claramente conhece bem o assunto. Bezos fez um discurso informativo naquele dia em 1998, mas sua apresentação, estilo e mensagem continuariam a melhorar nos anos seguintes.

Os pontos fortes naturais de um orador são importantes. Eles ajudam a criar uma fundação que minha colíder, Vanessa, e eu usamos como base. O discurso em Lake Forest teria sido muito mais impactante se Bezos tivesse refinado sua mensagem e praticado. Descobrimos que ensaiar um discurso ou uma apresentação pelo menos dez vezes dá ao orador a confiança de que precisa para dominar a sala.

Vamos para um segundo exemplo, uma apresentação que Bezos fez cinco anos depois de seu discurso em Lake Forest, quando deu uma palestra na TED Talk em 2003. Seus pontos fortes continuam presentes: criatividade, humor e conhecimento dos temas (veja a Tabela 12.3).

TABELA 12.3 – TED Talk de Bezos, 2003: pontos fortes da apresentação[4]

PONTOS FORTES	CITAÇÕES	OBSERVAÇÕES
Criatividade	"A analogia tentadora para o ciclo de boom e quebra pelo qual acabamos de passar é a corrida do ouro na internet."	Bezos explica o poder das analogias e por que a corrida do ouro deve ser substituída por uma comparação mais precisa.
	"Esse é um anúncio que foi exibido no Super Bowl no ano 2000 (OurBeginning.com)."	Bezos insere, com criatividade, um vídeo em sua apresentação para ilustrar um de seus exemplos.
	"Existem muitas semelhanças entre a internet e a indústria de energia elétrica."	Bezos faz a transição da metáfora da corrida do ouro para sua análise criativa de como a internet tem mais em comum com a história da eletricidade do que com a corrida do ouro.
Senso de humor	"Por volta de 1852, todos estavam pensando: 'Será que eu sou a pessoa mais burra da Terra por não sair correndo para a Califórnia?'"	Bezos espalha observações ligeiras ao longo de seu discurso. Nesse caso, ele se diverte às custas daqueles habitantes da Costa Leste, na década de 1850, que ouviram falar das riquezas da Califórnia e decidiram largar tudo o que tinham para ir enriquecer lá.
	"Esta é a prensa elétrica de gravata, que nunca pegou. As pessoas, eu acho, decidiram que não iriam amassar suas gravatas."	Bezos faz a plateia rir várias vezes com suas tiradas bem-humoradas sobre invenções passadas.
Conhecimento do tema	"Esse cara da esquerda, o Dr. Richard Beverly Cole, morava na Filadélfia e pegou a rota do Panamá."	Bezos está crescendo como contador de histórias. Ele conta histórias verdadeiras de pessoas que desistiram de ofícios importantes para irem procurar ouro.
	"No auge, o porto de São Francisco estava lotado com seiscentos navios porque eles chegavam lá e as tripulações os abandonavam para sair em busca de ouro."	O número específico de navios dá credibilidade a essa história e a torna mais impactante.
	"A Edison Electric Company, que se tornou a Edison General Electric, que se tornou a General Electric, pagou por todos os buracos abertos nas ruas."	Alguns detalhes adicionam credibilidade a uma história e recriam vividamente um evento.

O MODELO JEFF BEZOS DE COMUNICAÇÃO

Quando analisamos o TED Talk que Bezos proferiu em 2003, podemos ver que ele continuava tendo as forças naturais que demonstrara vários anos antes. A bem da verdade, esses pontos fortes haviam se tornado mais nítidos. A variável que *havia mudado* era a maneira de apresentar. Nos primeiros sessenta segundos de seu discurso em Lake Forest, Bezos usa interjeições, como *ah* ou *hum*, sete vezes para preencher sua fala. Nos primeiros sessenta segundos de sua palestra no TED Talk cinco anos mais tarde, ele disse *ah* apenas uma vez. Bezos também passou menos tempo olhando para suas anotações, usou menos palavras de preenchimento e fez uso de frases mais curtas e diretas.

Vamos avançar para 2019, quando Bezos fez uma palestra sobre exploração espacial e sua empresa, a Blue Origin. Dezesseis anos após o TED Talk em que Bezos usou a eletricidade como uma metáfora para o futuro da internet, nós o vemos utilizando as mesmas forças criativas para criar uma apresentação multimídia cativante.

No intervalo até 2019, Bezos havia melhorado substancialmente seu modo de palestrar. Suas frases são claras, precisas e concisas. Ele parece à vontade e sem pressa. Faz uma pausa depois de expressar grandes ideias para deixar os conceitos penetrarem. Bezos aprimorou e praticou frases bem escritas:

- "Adivinhe qual é o melhor planeta do sistema solar? Enviamos sondas robóticas para todos os planetas do nosso sistema solar. A Terra é o melhor planeta. Não existe nenhum outro que chegue perto. Ela é muito boa. Nem vou começar a falar sobre Vênus."[5]
- "Você não escolhe suas paixões. Suas paixões escolhem você."
- "Olhe para a Terra. A Terra é incrível."
- "Vai ser um lugar lindo de se viver. Vai ser um belo lugar para visitar. Vai ser um lugar lindo para ir para a escola."
- "Chegou a hora de voltar para a Lua. Desta vez para ficar."

- "O que estou apresentando aqui hoje é, claro, uma ideia visionária multigeracional. Isso não será feito por uma só geração. Uma das coisas que temos que fazer é inspirar essas gerações futuras."
- "Vamos construir uma estrada para o espaço, e então coisas incríveis acontecerão."
- "Quero inspirar esses futuros empreendedores espaciais. As pessoas são muito criativas quando liberadas."
- "Essa ideia parece muito grande, e é. Nada disso é fácil. Tudo isso é difícil. Mas eu quero inspirar vocês. E então pensem nisso: as grandes coisas começam pequenas."

As frases que Bezos escreveu são claras, concisas e bem estruturadas. Combinadas com sua maneira de falar e os slides visualmente atraentes, a apresentação é muito mais impressionante do que o discurso prolixo, desconexo e fragmentado que ele proferiu em 1998.

A verdadeira inspiração acontece quando você se esforça para desenvolver seus pontos fortes, criar a melhor mensagem possível e praticar sua maneira de falar até que tenha construído a confiança necessária para comandar a plateia.

Os comunicadores em todos os níveis de suas carreiras profissionais têm sempre o que melhorar, mas apenas alguns palestrantes se empenham ativamente para que isso aconteça. Junte-se aos poucos que se destacam.

SUGESTÃO PARA TREINAMENTO

O vídeo é uma ferramenta simples e valiosa para ajudá-lo a avaliar seus pontos fortes naturais e as áreas em que precisa melhorar. Pegue um smartphone e grave uma apresentação sua, um discurso de vendas, uma entrevista de emprego e assim por diante. Assista e avalie o vídeo, mas também solicite comentários de um amigo ou colega de sua confiança. Algumas das coisas que você deve procurar:

- Que pontos fortes naturais você percebe? (por exemplo, linguagem criativa, escrita forte, slides bem elaborados, postura boa, tom de voz forte ou variação vocal, histórias criativas para aprimorar a mensagem). Reconheça seus pontos fortes e enfatize-os.
- Você está usando palavras demais para transmitir seu ponto de vista? Que frases pode eliminar na próxima vez que praticar?
- Há texto demais em seus slides? As letras são pequenas demais? Se não consegue ler o texto, a plateia também não conseguirá.
- Você usa palavras de preenchimento, como *ah*, *hum* ou *tipo*? Você termina suas frases com expressões irritantes e supérfluas como *sabe*? ou *certo*? Todos nós usamos palavras de preenchimento em nossas conversas naturais, mas um excesso de preenchimentos vira uma distração. Se você eliminar mais palavras de preenchimento a cada sessão de treinamento, soará bem-preparado e confiante quando chegar a hora de se apresentar.
- Seu tema — o tópico frasal — está claro? Você o apresenta de forma consistente todas as vezes que o diz?

O vídeo é a melhor ferramenta que tem à sua disposição para melhorar as habilidades de falar em público. Você ficará surpreso com os problemas que consegue perceber sozinho — e quanta melhoria pode conseguir de um vídeo para o outro.

O TRABALHO ÁRDUO QUE TRANSFORMOU STEVE JOBS EM UM ORADOR "NATURAL"

A PRÁTICA NÃO é algo que você faz porque você é ruim; a prática é algo que você faz porque você é bom. Os grandes comunicadores sabem, por instinto, que a prática é importante e sempre encontram tempo para isso.

AMPLIFIQUE SUAS APRESENTAÇÕES PARA INSPIRAR SEU PÚBLICO

Steve Jobs foi um dos melhores contadores de histórias de negócios da nossa época. Suas famosas apresentações eram um esforço colaborativo: Jobs e sua equipe de confiança trabalhavam no desenvolvimento de mensagens, na criação de slides e em ensaios extensivos. Assim como Bezos, Jobs demonstrou ter habilidades naturais no início da carreira, mas levou anos para se tornar o orador carismático que ficou famoso por suas palestras magnas. Jobs trabalhou no ofício de falar em público. E trabalhou arduamente nisso. Ele só desenvolveu um estilo de oratória dinâmico após anos de prática intensiva.

Vamos examinar uma amostra de vídeo do jovem Steve Jobs se preparando para sua primeira entrevista na TV em 1978. Nesse vídeo, vê-se a equipe de estúdio preparando Jobs para uma entrevista remota, via satélite. Em apenas um minuto e trinta e seis segundos de filmagem, temos um vislumbre de como Jobs deve ter se sentido nervoso. Seu comportamento reflete extrema ansiedade. Por exemplo, o vemos:

- com muita frequência, desviando os olhos do chão para o teto e para aqueles ao seu redor;
- expirando e dizendo a palavra *Deus* quatro vezes;
- passando os dedos pelos cabelos;
- apertando o queixo, sorrindo sem jeito e com os dentes cerrados, e apertando os olhos por causa das luzes enquanto olha para cima;
- girando de um lado para o outro na cadeira; e
- finalmente, perguntando pela localização de um banheiro porque se sente mal.

Jobs estava tão pouco à vontade que é difícil assistir ao vídeo. E, no entanto, apesar de sua clara ansiedade por falar na televisão, um treinador de comunicação habilidoso ainda pode identificar alguns pontos fortes naturais em seu desempenho.

O MODELO JEFF BEZOS DE COMUNICAÇÃO

Se eu estivesse lá para treinar Steve Jobs, meu primeiro passo seria ajudá-lo a ver os próprios pontos fortes que ele poderia aprimorar. Esses, de fato, transformaram Jobs em um magnífico contador de histórias. Por exemplo, embora estivesse nervoso, ele usava uma linguagem assertiva e falava com frases objetivas e claras. Em vez de divagar, ele ia direto ao ponto. Encontrou humor na situação e tinha um tom vocal forte. A Tabela 12.4 mostra exemplos dos pontos fortes de Jobs em uma de suas primeiras entrevistas.

TABELA 12.4 – Pontos fortes das primeiras apresentações de Steve Jobs[6]

PONTOS FORTES	CITAÇÕES	OBSERVAÇÕES
Linguagem assertiva	"O que é isso? [espera para ouvir a pergunta] Não. Não." "Eu sou mesmo? Você está falando sério?" "Você poderia me trazer um copo de água."	Embora esteja inquieto e nervoso antes de a câmera começar a filmar, Jobs é visto se comunicando com sua equipe fora das câmeras. Quando faz perguntas e fala diretamente com as pessoas, evita palavras evasivas e faz comentários ou declarações específicas e simples.
Senso de humor	"Veja só! Veja, estou na televisão!", Jobs diz brincando, com um sorriso. "Você também precisa me dizer onde fica o banheiro, porque estou passando muito mal e prestes a vomitar a qualquer momento. Não estou brincando!", ele diz esboçando um sorriso.	Quando uma pessoa consegue encontrar humor em uma situação estressante, é um bom sinal de que ela mostrará um grande senso de humor à medida que desenvolve suas habilidades de falar em público. Sim, Jobs mais tarde se tornaria conhecido por apresentações cheias de humor, paixão e personalidade.
Aptidão vocal dinâmica	"Esta *não* é a coisa de verdade, é?" "Bem, eu não vou precisar ficar sentado aqui até você estar pronto, *certo*?" "Eu *não* estou brincando!"	As palavras em itálico destacam as partes do vídeo em que Jobs elevou o tom e o volume da voz. Aqui vemos sua capacidade de variar a expressão vocal para enfatizar certos pontos ou expressar emoção.

AMPLIFIQUE SUAS APRESENTAÇÕES PARA INSPIRAR SEU PÚBLICO

PONTOS FORTES	CITAÇÕES	OBSERVAÇÕES
Linguagem concisa	"Olha isso!" "Olha, estou na televisão." "Você está falando sério?" "Eu não estou brincando!"	É fácil pegar citações deste vídeo porque Jobs usa frases sucintas para fazer perguntas ou declarações. Fica claro onde uma frase termina e outra começa. Você já pode sentir que esse orador, embora esteja exibindo sinais de medo do palco, se tornará um escritor que mantém suas frases simples e concisas.

Depois de anos fazendo apresentações e ensaiando cada uma delas incansavelmente, Jobs se transformou em um orador público muito admirado no cenário global. Se assistirmos suas palestras da Apple, gravadas mais tarde em sua carreira (1998-2007), é difícil acreditar que Jobs seja o mesmo orador que uma vez teve medo de aparecer diante das câmeras. Ele não se remexe, desarruma o cabelo, gira nervosamente a cadeira ou desvia o olhar. Mas ele manteve os pontos fortes naturais que eram perceptíveis nos primeiros vídeos: assertividade, humor, variação vocal e concisão.

No lançamento do iPhone em 2007, Steve Jobs fez uma das apresentações de negócios mais cativantes e memoráveis de todos os tempos. Ele e sua equipe de design de apresentações criaram uma palestra que informou, cativou e entreteve a plateia. O vídeo no YouTube já foi visto mais de oitenta milhões de vezes. Na Tabela 12.5, você pode ver como Jobs transformou seus pontos fortes naturais em ouro de apresentação.

O MODELO JEFF BEZOS DE COMUNICAÇÃO

TABELA 12.5 – Pontos fortes da apresentação de Steve Jobs — Apresentação do iPhone em 2007[7]

PONTOS FORTES	CITAÇÕES	OBSERVAÇÕES
Linguagem assertiva	"Nós não mudamos apenas a Apple. Mudamos toda a indústria de computadores." "O problema é que eles não são tão inteligentes e não são tão fáceis de usar." "Nós não queremos fazer nenhum dos dois." "Vamos acabar com todos esses botões e fazer apenas uma tela gigante."	Jobs usa uma linguagem assertiva e a voz ativa: sujeito, verbo, objeto. Raramente usa linguagem passiva e elimina palavras evasivas e de preenchimento que ocupam espaço, mas não dão continuidade à história.
Senso de humor	"Aqui está." [mostra a imagem de um smartphone com um antiquado disco de telefone; a plateia ri] "Nós vamos usar uma caneta. [pausa] Não! [tom sarcástico] Quem quer uma caneta? Você precisa pegá-la... você a perde. Eca!" "Inventamos uma nova tecnologia chamada multitoque... e, cara, como nós saímos por aí registrando patentes!" [plateia ri]	Jobs não conta piadas tradicionais, mas usa observações humorísticas e anedotas para entreter a plateia.
Expressão vocal dinâmica	"Hoje [pausa] estamos apresentando três produtos revolucionários nessa categoria. O *primeiro* é um iPod com tela larga e controles por toque. O *segundo* é um telefone celular revolucionário. E o *terceiro* é um dispositivo inovador de comunicação pela internet." "Três coisas [pausa]: um iPod de tela larga com controles de toque, um telefone celular revolucionário e um dispositivo inovador de comunicação pela internet. [pausa] Um iPod, um telefone e um comunicador de internet." [acelera o ritmo] "Um iPod, um telefone, você está entendendo?! Esses não são três dispositivos separados. [pausa] Este é um dispositivo. [pausa] E o estamos chamando de iPhone."	A expressão vocal de Jobs nesse trecho da apresentação é pura genialidade. Ele sabe exatamente quando pausar, acelerar e repetir as frases porque praticou por semanas antes da apresentação. O resultado é a criação de suspense e pura magia. Jobs deixa sua plateia fascinada.

AMPLIFIQUE SUAS APRESENTAÇÕES PARA INSPIRAR SEU PÚBLICO

PONTOS FORTES	CITAÇÕES	OBSERVAÇÕES
Linguagem concisa	"Hoje, a Apple está reinventando o telefone." "Este é o iPhone." "Ele não funciona porque os botões e os controles não podem mudar." "O software dos celulares é um bebê. Não tem muito poder."	Quase todas as frases da palestra são claras e concisas. A maioria delas é composta de palavras com uma ou duas sílabas.

A apresentação do iPhone, em 2007, aconteceu quase três décadas após a entrevista de televisão de 1978, em que vimos Jobs como um orador muito pouco à vontade e ansioso. Ele fez uma transformação incrível. Manteve algumas aptidões naturais, mas foi somente após um foco incansável e dedicado à criação e ao ensaio de mensagens que ele se tornou o contador de histórias corporativo mais surpreendente do mundo.

A chave para se tornar um orador autêntico e carismático não é mudar quem você é. Reconheça os atributos que o tornam único. Celebre seus pontos fortes e suas aptidões. Todos nós temos. São qualidades que não vão mudar. Desenvolva-as. Economize seus esforços para focá-los nas duas qualidades que você tem condições de aprimorar: mensagem e prática. Se investir nessas duas coisas, se tornará um comunicador incrível. Isso vai acontecer. Os grandes comunicadores investem tempo em prática porque o *tempo* é o que os torna excelentes comunicadores. AMPlifique suas apresentações e você ficará entusiasmado com os resultados.

13

FAÇA DA MISSÃO UM MANTRA

Os missionários amam seus produtos e amam seus clientes.
— JEFF BEZOS

As palavras faladas e escritas de uma pessoa revelam o que a motiva. Uma palavra motivou Jeff Bezos ao longo das três últimas décadas, uma palavra que aparece quinhentas vezes em suas cartas aos acionistas. Esta palavra agora está codificada no DNA da Amazon:

CLIENTE

Jeff Bezos não perdeu tempo em dizer ao mundo o que mais lhe importava. Em sua primeira carta aos acionistas da Amazon em 1997, ele citou o cliente 25 vezes, preparando o terreno para o que se tornaria o ingrediente secreto da Amazon: "A Amazon.com usa a internet para criar valor real para seus clientes e, ao fazê-lo, espera criar uma marca duradoura, mesmo em mercados grandes e estabelecidos".[1]

De acordo com Bezos, a obsessão pelo cliente não era apenas uma estratégia boa, era um requisito absoluto em 1997, quando a maioria dos estadunidenses nunca tinha estado on-line, muito menos comprado um produto pela internet. Tudo, desde como usar um modem até navegar em um site, precisava ser explicado em "detalhes excruciantes", disse Bezos. Facilitar essa experiência para os clientes turbinou a rápida ascensão da Amazon.

A obsessão pelo cliente evoluiu para uma missão que embasaria as decisões empresariais da Amazon naquela época e agora. Mas uma missão não se estabelece e se expande sem esforço à medida que a empresa cresce. Uma missão precisa de um repetidor-chefe que mantenha todos focados no quadro mais amplo. Em 1998, Bezos havia deixado claro qual era a missão da empresa. A Amazon, disse ele, "pretende se tornar a empresa mais centrada no cliente do mundo". Nos 23 anos seguintes, Bezos se tornou o principal promotor da missão da Amazon e transformou-a em um mantra que todos podem recitar.

SUPERCOMUNICAR POR UM FATOR DE DEZ

JOHN KOTTER, PROFESSOR de administração de Harvard, descobriu que a maioria dos líderes *subcomunica* sua ideia por um fator de dez.

"A transformação é impossível de efetuar a menos que centenas ou milhares de pessoas estejam dispostas a ajudar, muitas vezes a ponto de fazerem sacrifícios de curto prazo",[2] escreveu Kotter na *Harvard Business Review*. "Sem comunicação confiável, e muita, os corações e as mentes das tropas nunca são capturados."

Jeff Bezos, por outro lado, é um líder que não acredita que seja possível supercomunicar uma missão. Em seu primeiro discurso público conhecido, em 1998, ele mencionou o "cliente" 62 vezes. E estava apenas começando. Bezos colocou o cliente no centro das atenções pelas duas décadas seguintes. A Figura 13 mostra as palavras mais comuns que aparecem ao longo de todos os 24 anos das cartas de Bezos. O cliente está, claramente, em primeiro lugar.

Conforme mencionei, a obsessão pelo cliente começou a tomar forma como missão oficial da empresa em 1998. Em sua carta aos acionistas daquele ano, Bezos explicou como essa missão deveria orientar a tomada de decisões em todos os níveis da empresa. "Lembro constantemente aos nossos funcionários que tenham medo", escreveu ele. "Acordem todas as manhãs com medo; não de nossa concorrência, mas de nossos clientes."[3]

FIGURA 13 – Nuvem de palavras de todas as 24 cartas de Bezos

Bezos continuou a esclarecer qual era a missão no ano seguinte. A obsessão pelo cliente, disse ele, significava que os amazonians deveriam escutar os clientes, inventar em seu nome e personalizar o serviço para cada um deles. Você não quer contratar mercenários para sua empresa, você quer se cercar de missionários, Bezos diria mais tarde. Eles se preocupam com a missão. Anos antes de empresas "orientadas por propósitos" se tornarem parte do vernáculo dos negócios, Bezos dizia a seus líderes seniores para manter o propósito da Amazon em mente e contratar pessoas que acreditassem em sua missão. As pessoas anseiam por significado em suas vidas e querem trabalhar para uma organização cuja missão admiram.

A missão focada no cliente serve como um elemento definidor da cultura da empresa e une os amazonians, seja qual for a equipe ou o lugar em que estejam. Os funcionários trabalham em 34 categorias, tais como: marketing, engenharia, operações, armazenagem, desenvolvimento de negócios, recursos humanos, gerenciamento de produtos e desenvolvimento de software. Independentemente do cargo para o qual se candidatam, a Amazon lembra que o foco intenso da empresa no cliente é a razão pela qual ela é uma das marcas mais admiradas do mundo. É difícil esquecer a missão quando ela é o primeiro Princípio de Liderança que todo candidato a emprego e todo amazonian deve conhecer: obsessão pelo cliente. Sua definição é inspirada pelas primeiras cartas de Bezos. O princípio diz: "Os líderes começam com o cliente e trabalham para trás. Eles trabalham vigorosamente para ganhar e manter a confiança do cliente. Embora os líderes prestem atenção aos concorrentes, eles são obcecados pelos clientes".

A missão é tudo, e Bezos nunca deixa ninguém esquecer disso.

Assim como o DNA é o mapa da vida e contém as instruções que nos tornam quem somos, a missão de uma empresa é seu objetivo à medida que cresce de uma startup até virar uma empresa. Uma missão compartilhada alinha todos a um propósito comum, independentemente do que fazem ou onde vivem.

Que melhor maneira de lembrar de uma missão do que transformá-la em um mantra? Um mantra é uma declaração ou bordão que quanto mais é repetido mais forte fica. A supercomunicação alimenta seu impacto.

Os psicólogos cognitivos dizem que o "efeito de mera exposição" é um fenômeno que significa simplesmente que quanto mais

FAÇA DA MISSÃO UM MANTRA

você ouve algo, mais gosta. Quando se trata da declaração de missão de uma empresa, quanto mais você a ouve, mais gosta dela. Se gostar da mensagem e internalizá-la, é mais provável que aja de acordo com ela. Um mantra acopla um marcador mental à missão. Você não consegue deixar de percebê-la.

Jeff Bezos não subcomunica sua missão por um fator de dez; ele *amplifica* a missão por um fator de dez.

Bezos repetiu incansavelmente o mantra da obsessão pelo cliente em quase todos os memorandos, entrevistas, discursos, cartas aos acionistas e entrevistas para meios de comunicação. Ele fez isso dia após dia, ano após ano, década após década.

Em uma entrevista de 1999 para a CNBC, Bezos se referiu 21 vezes à missão da empresa. Como a entrevista durou apenas sete minutos, isso significa que ele mencionou o cliente a cada 24 segundos. Embora o valor de mercado da Amazon tivesse ultrapassado 30 bilhões de dólares pela primeira vez, Bezos alertou que era cedo demais para prever quais empresas de internet chegariam ao topo. Ele não tinha bola de cristal, mas sua crença inabalável na missão alimentava sua fé no futuro da Amazon.

— Não há garantias, mas acredito que se pudermos nos concentrar obsessivamente na experiência do cliente (variedade, facilidade de uso, preços baixos, mais informações), além de em um ótimo atendimento ao cliente, acho que temos uma boa chance.[4]

— Você é apenas uma jogada de internet? — perguntou o repórter da CNBC.

— Internet, *amendointernet*. Isso não importa. Você deveria investir em uma empresa que é obcecada pela experiência do cliente.

Bezos, em seguida, usou um poderoso artifício retórico para reforçar sua mensagem-chave. Ele colocou em destaque a mensagem. Começou uma frase conclusiva da seguinte forma:

Se existe uma coisa a saber sobre a Amazon, é que ela presta "atenção obsessiva ao cliente, de ponta a ponta".

> **SUGESTÃO PARA TREINAMENTO**
>
> Quando você começa uma frase com "Se há uma coisa a saber, é isso...", o que vier a seguir é o que seu público lembrará. Eles escreverão e compartilharão a mensagem com os outros, porque é como levar um marcador mental ao seu ponto principal. Aqui estão algumas outras frases que você pode usar para destacar sua mensagem principal.
>
> - "A coisa mais importante que você precisa saber é..."
> - "Se existe uma coisa que você pode levar desta apresentação, é isso..."
> - "O que eu posso dizer a você é isso..."
>
> Seu público anseia por roteiros. Guie-os na direção que você deseja levá-los.

Ao contrário da maioria dos líderes que subcomunicam a missão de sua empresa, Bezos continuou a repetir seu mantra até que todos o internalizassem. Sua perspectiva orientada pelo propósito o inspirou a fazer parcerias com outras pessoas que também compartilhavam sua paixão pela missão. Um desses sócios era um empresário cuja firma ficou famosa pela ideia de seu fundador de fazer todos os clientes felizes: a Zappos.

FOCO OBSESSIVO E COMPULSIVO NO CLIENTE

— FICO TODO trêmulo quando vejo uma empresa obcecada pelo cliente[5] — disse Bezos sobre a Zappos, a varejista de calçados on-line que a Amazon comprou por 1,2 bilhão de dólares.

FAÇA DA MISSÃO UM MANTRA

O CEO e guru da cultura da Zappos, Tony Hsieh, havia rejeitado uma oferta de Bezos alguns anos antes. Hsieh construiu uma cultura lendária que veio a definir um atendimento excepcional ao cliente — on-line ou off-line. Hsieh não considerava seu cargo na Zappos um trabalho; era uma vocação.

Em abril de 2009, Hsieh voou para Seattle para uma reunião de uma hora com Bezos. De acordo com Hsieh, "dei a ele minha apresentação padrão sobre a Zappos, que aborda, sobretudo, nossa cultura. No final da apresentação, comecei a falar sobre a ciência da felicidade — e como tentamos usá-la para atender melhor nossos clientes e funcionários".[6]

Bezos interrompeu e disse:

— Você sabia que as pessoas têm uma dificuldade enorme em prever o que as fará felizes?

Sim, é verdade, concordou Hsieh. — Mas, aparentemente, você tem grande facilidade em prever slides do PowerPoint.

A observação de Bezos correspondia às palavras exatas do slide que Tony mostraria em seguida.

— Depois daquele momento, ficamos à vontade um com o outro — contou Tony. — Parecia claro que a Amazon havia passado a apreciar a cultura da nossa empresa, bem como a força de nossas vendas.

Bezos gravou um vídeo interno para anunciar a compra da Zappos. Ele não usou PowerPoint ou gráficos extravagantes. Em vez disso, apontou para um flipchart simples.

— Cometemos erros e aprendemos algumas coisas[7] — confessou. — Mas aqui está o que eu sei: você precisa ficar obcecado pelos clientes. Temos feito isso desde o início. É a única razão pela qual a Amazon.com existe hoje em qualquer formato. Quando temos a opção de ficar obcecados pelos concorrentes ou obcecados pelos clientes, sempre ficamos obcecados pelos clientes. Gostamos de começar com os clientes e trabalhar para trás.

Hsieh continuou como CEO da Zappos com um salário reduzido de 36 mil dólares ao ano. Ele permaneceu no cargo pelos 11 anos seguintes. É fácil largar um emprego; é difícil largar uma vocação.

Hsieh morreu tragicamente em um incêndio doméstico em novembro de 2020.

— O mundo perdeu você cedo demais — escreveu Jeff Bezos ao saber da morte de Hsieh. — Sua curiosidade, suas ideias visionárias e seu foco incansável no cliente deixam uma marca indelével.

— A coisa número um que nos tornou bem-sucedidos é, de longe, o foco obsessivo e compulsivo no cliente, em contraste com a obsessão pelo concorrente — disse Bezos a David Rubenstein em uma entrevista de 2018 para a Bloomberg Television. — É uma vantagem enorme para qualquer empresa se você puder manter o foco no cliente em vez de em seu concorrente.[8] — A empresa, que começou com onze pessoas em uma garagem de Seattle, superou 1,6 milhão de funcionários em todo o mundo e está intimamente entrelaçada à economia dos Estados Unidos. Embora muita coisa tenha mudado para a Amazon desde sua fundação em 1994, algo permaneceu consistente desde o Dia Um: um foco implacável em uma missão abrangente, uma missão liderada por seu fundador e pelo sucessor dele.

Quando surgiram as notícias de que o ex-chefe da AWS Andy Jassy tinha sido nomeado para ser apenas o segundo CEO na história da Amazon, os repórteres solicitaram comentários do investidor John Doerr.

— A Amazon está prestes a perder sua vantagem? — eles perguntaram. Doerr respondeu que, em sua opinião, a Amazon continuaria a prosperar sob o comando de Jassy porque a nova liderança havia internalizado a missão e o mantra da empresa. Doerr permaneceu confiante no futuro da Amazon porque a "obsessão pelo cliente" está simplesmente arraigada demais em sua cultura. E tem sido assim desde o Dia Um.

FAÇA DA MISSÃO UM MANTRA

A missão importa. Muitas vezes, os líderes empresariais enfrentam a tarefa difícil de alinhar todos em torno de um objetivo comum. Uma força de trabalho remota torna ainda mais difícil manter todos no caminho certo. Sua mensagem será diluída ou ignorada à medida que for passada de pessoa para pessoa e de departamento para departamento. A solução é deixar bem clara sua missão e repeti-la com tanta frequência que você se cansa de se ouvir dizendo-a. Mas, assim que as pessoas da sua equipe usarem suas palavras e agirem de acordo com a mensagem, você saberá que elas internalizaram a missão. Você terá criado missionários dispostos a atravessar paredes por você.

Na próxima seção, você aprenderá a identificar uma missão que deve orientar as decisões que toma nos negócios e as escolhas que faz na vida. Também oferecerei dicas e técnicas específicas para transformar sua missão em um mantra que alinha todos em torno de um objetivo grande, sonhador e irresistível.

O NÚCLEO DA APPLE

A VELOCIDADE VERTIGINOSA do crescimento da Amazon a deixou bem-posicionada para abrir o capital em 1997. Ao mesmo tempo, a 1.300 quilômetros ao sul de Seattle, outra empresa liderada por um empreendedor visionário estava à beira da falência.

Após uma ausência de 12 anos da empresa que fundou, Steve Jobs voltou para a Apple para encontrar uma empresa em ruína financeira. Ele descobriu que a liderança da Apple havia causado sérios danos à empresa, que estava "sangrando dinheiro". Enquanto a Amazon criava empregos, a Apple os eliminava. Mais de um terço de sua força de trabalho — quatro mil funcionários — havia sido demitido.

Jobs diagnosticou o problema. A Apple, disse ele, traiu sua missão principal de criar produtos de computação com um belo design que encantassem seus clientes. Ele disse que 30% dos produtos da Apple eram excelentes, verdadeiras "joias". Mas 70% eram péssimos e desviavam recursos dos poucos produtos de alta qualidade.

Em uma entrevista à CNBC em 2 de outubro de 1997, Jobs disse:

— Se você fizer as coisas certas no topo, o fundo seguirá.[9] — Jobs acreditava que se a empresa tem a estratégia certa, as pessoas certas e a cultura certa, as vendas acontecerão. Como líder, ele disse que seu foco permaneceria fixo no produto *e* na estratégia de comunicação. Os funcionários da Apple precisavam se unir em torno de uma missão compartilhada, disse ele, e renovar seu comprometimento com os valores dela. Seu trabalho era "retirar o mato" para que funcionários e clientes pudessem ver o caminho.

Os funcionários da Apple precisavam de mais do que uma conversa estimulante. Eles precisavam saber que seu trabalho significava algo maior do que eles mesmos e como suas tarefas apoiavam essa missão no dia a dia. Eles ansiavam por significado.

Jobs se dirigiu aos funcionários da Apple em uma reunião interna confidencial em 23 de setembro, poucos dias antes de aparecer na CNBC. Ele havia retornado à Apple apenas oito semanas antes e sabia o que precisava fazer — inspirar a equipe com uma missão e um mantra.

— Vamos voltar ao básico com ótimos produtos e ótimo marketing — começou Jobs.

Primeiro, ele lembrou aos presentes que a marca Apple tinha um grande valor:

— Ela está lá em cima, junto com Nike, Disney, Coca-Cola, Sony.[10] — Mas mesmo uma grande marca precisa de investimento e cuidados "para manter sua relevância e vitalidade".

Jobs disse que a empresa teria que parar de falar sobre "velocidades e feeds, MIPS e mega-hertz" para trazer a marca de volta à grandeza. Os clientes não se importavam com tudo aquilo. Eles se preocupavam com seus objetivos, esperanças e sonhos.

Jobs fez então uma série de perguntas retóricas: *quem é a Apple? O que nós apoiamos? Onde nos encaixamos no mundo? O que queremos que os clientes saibam a nosso respeito?*

A Apple não estava no negócio de "fazer caixas para as pessoas fazerem seus trabalhos", disse ele.

— Nosso principal valor é que acreditamos que pessoas com paixão podem mudar o mundo para melhor, e essas são as pessoas para as quais estamos criando ferramentas.

O sucesso estava longe de estar garantido na época do discurso de Jobs. No início daquele verão, Jobs expressou sua angústia à equipe executiva da Pixar, o estúdio de animação que ele havia comprado dez anos antes. Jobs disse a eles que talvez fosse impossível salvar a Apple, mas ele precisava tentar. Ele realmente acreditava que o mundo seria um lugar melhor com a Apple nele. A missão da empresa alimentou o desejo de Jobs de revigorar a marca, e se ele pudesse unir todos em torno dessa missão, disse Jobs, ela teria mais chances de sobreviver.

A Amazon é uma das maiores histórias de sucesso da história empresarial, mas a Apple é a maior história de *superação de dificuldades* da história empresarial. Vinte e três anos depois que Jobs fez seu discurso aos funcionários, a Apple se tornou a primeira empresa estadunidense a atingir 2 trilhões de dólares em valor de mercado. A missão importa.

POR QUE STEVE JOBS USOU FONTE DE 190 PONTOS

O EX-CHEFE DE Guy Kawasaki, Steve Jobs, ensinou-lhe muito sobre como simplificar uma mensagem. Kawasaki aprendeu que uma missão cativante pode ser expressa em poucas palavras. Qual o menor tamanho que uma declaração de missão deve ter? Curta o suficiente para caber em um slide digitado em fonte de 190 pontos.

A regra da fonte de 190 pontos vem de uma dica que Kawasaki aprendeu com Steve Jobs. A maioria das pessoas espreme um monte de palavras em um slide com texto minúsculo. Especialistas em design de apresentação, incluindo Kawasaki, dizem que nenhum slide deve conter texto com uma fonte inferior a 30 pontos. Steve Jobs foi ainda mais longe. Muito mais longe. Por quê? De acordo com Kawasaki, "texto maior é mais fácil de ler. É óbvio!"[11]

Sim, é mais fácil de ler. Se as pessoas não puderem ver sua missão, não importa se ela é bem elaborada. Steve Jobs também tinha um motivo estratégico para usar uma fonte enorme. Ela força o falante a usar menos palavras para transmitir seu ponto de vista. Como você aprendeu no Capítulo 3, o descarte de palavras irrelevantes confere poder ao texto que resta.

Quando Steve Jobs revelou o objetivo central da empresa a seus funcionários em 1997, ele disse:

— As pessoas que são loucas o suficiente para mudar o mundo são as que conseguem fazer isso. — As únicas palavras no slide de Steve diziam: "Um brinde aos loucos".

CAMPEÕES DE PROPÓSITO

— HABILIDADES EFICAZES de falar em público e de comunicação sempre foram importantes para os líderes[12] — diz John Mackey, cofundador da Whole Foods. — O propósito é fundamental. Conectar as pessoas ao propósito é o primeiro e mais importante trabalho de um líder sério.

O propósito de uma organização é mais do que um bordão, embora muitas vezes possa se tornar o mantra de uma empresa. "A chave para descobrir o propósito maior de uma organização, se ainda não estiver claro, envolve discernir o bem intrínseco que está no centro de sua proposta de valor", escreve Mackey.

Em outras palavras, o propósito não é necessariamente o produto ou o serviço que você comercializa. O propósito é como seu trabalho tornará a comunidade um lugar melhor e melhorará a vida de seus clientes.

FAÇA DA MISSÃO UM MANTRA

Desde o dia em que Mackey cofundou a Whole Foods em 1980, seu objetivo tem sido "nutrir as pessoas e o planeta". Essa missão continuou a permear as mensagens da marca e as entrevistas de Mackey depois que a Amazon comprou a Whole Foods em 2017 por 13,7 bilhões de dólares.

Mackey diz que as fusões corporativas são como um casamento. Para a Whole Foods e a Amazon, foi amor à primeira vista, seguido de um romance relâmpago. Quando reencontrei Mackey três anos após a fusão, o casamento ainda era saudável.

Mackey diz que passou a admirar Jeff Bezos desde o dia em que se conheceram. Os dois empreendedores compartilhavam muito em comum, e isso incluía a construção de marcas voltadas para a missão.

Da mesma forma que seu parceiro de casamento, a Whole Foods foi orientada por propósitos desde o Dia Um. Sua missão era tornar o mundo um lugar melhor e inspirar as pessoas a comer alimentos naturais e saudáveis.

Mackey anunciou sua aposentadoria da empresa que nutriu durante 44 anos, mas ainda se autodenomina o "campeão do propósito" da Whole Foods, uma alcunha que ele acredita que todo líder deveria adotar. Segundo Mackey, "toda empresa precisa de indivíduos que mantenham vivo o propósito maior da empresa... nada motiva as pessoas ou transforma as organizações como a possibilidade de descobrir um propósito maior embutido no trabalho essencial da própria empresa".[13]

Os dados respaldam o conselho de Mackey.

"Empresas orientadas por propósitos são mais produtivas e têm taxas de crescimento mais altas",[14] de acordo com um relatório da Deloitte Consultoria Empresarial. "As organizações orientadas por um propósito também relatam níveis de inovação 30% mais altos e retenção de força de trabalho 40% maior do que seus concorrentes." A pesquisa da Deloitte descobriu que líderes e organizações que não conseguem articular o propósito da empresa para clientes, funcionários, parceiros e investidores "correm o risco de ficar para trás ou fracassar completamente. Essa tendência se fortalecerá cada vez mais à medida que os consumidores mais jovens, que cresceram com um senso de propósito mais profundo do que as gerações anteriores, buscarem marcas que compartilhem seus valores".

SUGESTÃO PARA TREINAMENTO

Uma estratégia bem-sucedida começa com uma missão clara e convincente — e replicável. As palavras importam. Palavras definem suas ações, e suas ações definem seu resultado. Use palavras precisas e uma linguagem informal que você se sinta confortável em repetir várias vezes. Condense a missão até poder dizê-la em cinco segundos (doze palavras ou menos). A Amazon é a maior empresa da América e sua missão é expressa em oito palavras: a empresa mais centrada no cliente da Terra.

Muitas das marcas mais bem-sucedidas do mundo são dirigidas por líderes que articulam o propósito abrangente da empresa de forma clara, consistente e frequente. Por exemplo:

- **Nike:** Levar inspiração e inovação para cada atleta do mundo.
- **Unilever:** Tornar "viver sustentavelmente" algo comum.
- **Tesla:** Acelerar a transição do mundo para a energia sustentável.
- **TED Talks:** Espalhar boas ideias.
- **Twilio:** Alimentar o futuro das comunicações. (O fundador da Twilio, Jeff Lawson, aprendeu o poder da missão como executivo da Amazon Web Services.)

Encurte a mensagem de sua missão. Faça cada palavra valer a pena e repita-a até se cansar de ouvir. Em seguida, repita novamente.

FAÇA DA MISSÃO UM MANTRA

Como a pandemia de COVID-19 nos fez lembrar, a única coisa certa sobre o futuro é que ele é incerto. À medida que os líderes lidam com mudanças inusitadas no local de trabalho, eles devem se comprometer, novamente, a articular o propósito de sua empresa e a comunicá-lo da maneira mais vívida e frequente possível.

— Um propósito maior é como uma coisa viva: precisa ser nutrido[15] — Mackey nos lembra. — Em cada etapa da jornada, o papel do líder é buscar, refinar e defender esse propósito.

Hubert Joly concorda com Mackey que o "propósito nobre" de uma empresa encanta os clientes, engaja os funcionários e recompensa os acionistas. Mas um propósito precisa de um defensor para intervir a seu favor. Joly surpreendeu o mundo dos negócios ao firmar uma parceria improvável com a Amazon. Como CEO da varejista Best Buy, ele ouvira histórias sobre como a Amazon mudaria os hábitos dos consumidores, acabando efetivamente com a necessidade das grandes lojas físicas de produtos eletrônicos. Mas, em vez de ver a Amazon como uma ameaça existencial, Joly decidiu dar destaque aos produtos da Amazon para criar um relacionamento mutuamente benéfico. Ele compartilha os detalhes da reviravolta da Best Buy em seu livro, *O coração do negócio*.

De acordo com Joly, "o propósito nobre da Best Buy de enriquecer vidas por meio da tecnologia desencadeou inovação e crescimento significativos".[16] Os empregados apoiarão um propósito nobre, os clientes se identificarão profundamente com ele, diz Joly, apenas se houver um líder que aja como o principal contador de histórias, um defensor do propósito. "Nossos cérebros estão estruturados para se conectar por meio de narrativas", escreve Joly. "Contar histórias cotidianas — histórias de funcionários, clientes, comunidades e como eles impactam a vida uns dos outros — promove um senso de propósito e conexão com o local de trabalho e com quem trabalhamos."

Seus funcionários querem saber por que eles são importantes e por que o trabalho deles é importante. Cabe a você inserir o propósito em tudo que faz, escreve e diz. Porque uma vez que as pessoas compreendam o propósito da missão, elas serão inspiradas a executá-la.

O APAGÃO QUE ORIGINOU UMA IDEIA DE 150 BILHÕES DE DÓLARES

O DIA DAS Bruxas começou cedo em 31 de outubro de 1957. Às 9h, um transformador queimado provocou uma queda de energia em partes de Minnesota e Wisconsin. A energia foi restaurada na maioria das casas até o final do dia. Ao anoitecer, as luzes das varandas estavam acesas e as crianças brincavam de pegar doces ou fazer travessuras como costumam fazer em todos os Dias das Bruxas. Outros não tiveram a mesma sorte.

Alguns pacientes que se recuperavam de cirurgias de coração em hospitais estavam conectados a marca-passos que regulavam seus batimentos cardíacos. Na época, os marca-passos eram caixas grandes e volumosas conectadas a tomadas elétricas. Recortes de jornais da época mostram pacientes se afastando de suas camas apenas até onde conseguiam esticar o fio elétrico.

Hoje, os marca-passos são implantados diretamente no coração. Infelizmente, em 1957, alguns pacientes de cirurgia cardíaca morreram quando faltou energia — inclusive uma criança.

O evento traumatizou um técnico de reparo de aparelhos médicos que trabalhava em sua garagem em Minneapolis. Earl Bakken retirou-se para seu local de trabalho e trabalhou febrilmente durante quatro semanas. Ele saiu de sua oficina com o primeiro marca-passo à bateria.

— Nunca mais vamos perder uma criança por causa da falta de energia[17] — disse ele.

Bakken e sua empresa, a Medtronic, inventaram o primeiro marca-passo implantável um ano depois. Hoje, os produtos da Medtronic impactam a vida de dois pacientes a cada segundo.

FAÇA DA MISSÃO UM MANTRA

Como Bakken transformou uma loja de reparos com um funcionário, que faturou 8 dólares em seu primeiro mês de existência, em uma empresa de aparelhos médicos que vale 150 bilhões de dólares?

Como o próprio Bakken revelou, tudo começa com uma missão empolgante.

— Nossa missão orienta nosso trabalho diário e nos faz lembrar que estamos transformando a vida de milhões de pessoas a cada ano[18] — disse ele.

Quando adolescente, Bakken decidiu que a missão de sua vida seria usar a ciência para ajudar as pessoas. Era um sonho vago, porém ambicioso, e orientou a curiosidade de Bakken como inventor. Ele já acreditava em declarações de missão quando mais precisava de uma.

Em 1960, a empresa de Bakken enfrentou dificuldades financeiras. Sua receita não dava conta do número de funcionários necessário para fabricar aparelhos médicos. Bakken recorreu aos bancos para pedir empréstimos. A maioria deles recusou.

Um banco aprovou o empréstimo desde que ele pudesse colocar alguém na diretoria para ajudar a supervisionar as finanças da empresa. O membro do conselho diretor recomendou que Bakken se sentasse, colocasse a caneta no papel e escrevesse uma declaração sobre o que ele queria que a empresa representasse.

A diretoria rejeitou os primeiros rascunhos de declaração de missão da Medtronic escritos por Bakken. Ele continuou a modificá-la com a ajuda de sugestões do conselho diretor durante os dois anos seguintes.

Em 1962, Bakken e os membros da diretoria aprovaram uma missão que orienta as decisões da empresa até hoje.

Na íntegra, a missão da Medtronic é a seguinte:

Contribuir para o bem-estar das pessoas por meio da aplicação da engenharia biomédica em pesquisa, projetos, fabricação e venda de instrumentos ou aparelhos que aliviam a dor, restabelecem a saúde e prolongam a vida.

A versão abreviada, que os funcionários da Medtronic conhecem de cor, é:

Aliviar a dor, restabelecer a saúde e prolongar a vida.

Pouco antes de Bakken falecer, aos 94 anos, ele gravou um vídeo para os funcionários. Ele recitou a missão e fez um pedido:
— Peço que a sigam todos os dias.[19]
Hoje, a Medtronic é a maior fabricante de aparelhos médicos do mundo. Mais de noventa mil funcionários desenvolvem produtos e terapias para tratar setenta problemas de saúde. Embora estejam separados geograficamente em 150 países, todos trabalham para uma empresa unida pela mesma missão.

De acordo com Bakken, quando os funcionários podem enxergar uma conexão direta de seu trabalho com um benefício real para milhões de pacientes, "isso faz com que as pessoas se sintam positivas com relação a seus esforços".

Os elogios mostram isso. *The Wall Street Journal* nomeou a Medtronic uma das empresas mais bem administradas do mundo; a *Fortune* a nomeou uma das empresas mais admiradas; e a *Forbes*, uma das melhores empresas para recém-formados.

É fácil para os funcionários da Medtronic se lembrarem da missão da empresa quando recebem a declaração na forma de um medalhão. Desde 1974, a Medtronic realiza "cerimônias de medalhão" em suas instalações no mundo inteiro. A cerimônia é uma celebração do propósito. Os funcionários novos recebem medalhões com o propósito da empresa que servem como um lembrete constante da importância de seu trabalho. O medalhão transforma a missão em um símbolo físico que une as pessoas em torno de um propósito comum. No próximo capítulo, você aprenderá mais sobre os símbolos e como eles podem ser usados como um lembrete vívido da missão de sua empresa.

OBSESSÕES IRÃO ENCONTRAR VOCÊ

MICHAEL MORITZ INVESTE em ideias malucas que outros ignoram, incluindo as daqueles dois caras, em uma garagem, que criaram a Apple. Moritz também investiu no Google, Airbnb, PayPal e WhatsApp por meio de sua lendária empresa de capital de risco, a Sequoia Capital.

— As pessoas que fazem coisas notáveis tendem a ser obcecadas por seu trabalho[20] — Moritz me disse certa vez em uma entrevista para a *Forbes*. Ele definiu uma "obsessão" como ser tão cativado por uma ideia que você simplesmente não tem escolha a não ser segui-la. É uma ideia que persegue você à noite e caminha ao seu lado à luz do dia. Não deixa você em paz. Jeff Bezos disse uma vez que uma obsessão é uma ideia na qual você acredita apaixonadamente. Você não procura paixões, acrescentou. Elas saem à sua procura.

Agora sabemos a obsessão que veio à procura de Bezos. Aprendemos como os fundadores da Apple, da Whole Foods e da Medtronic começaram com pouco mais que ideias e, movidos por um propósito maior que seus produtos, revolucionaram o mundo.

Sua missão será diferente das deles. Ela é distinta e exclusivamente sua e somente sua. Depois de identificar sua missão, compartilhe-a. Proclame-a. Grite. Anuncie. Publique-a nas redes sociais. Declare. Viva aquilo. Acima de tudo, mantenha-a viva nos corações e nas mentes de todos que cruzarem seu caminho. Você pode inspirá-los a participar de seu esforço. Como tudo que vale a pena não se constrói sozinho, você precisará atrair os melhores e os mais brilhantes. Torne a sua viagem irresistível, uma aventura em que as pessoas terão prazer em participar.

14 SÍMBOLOS TRANSMITEM GRANDES IDEIAS

> Os símbolos podem ser muito poderosos.
> —JEFF BEZOS

Jeff Bezos está construindo um relógio que não está à venda na Amazon. O relógio de 150 metros de altura ficará dentro de uma montanha no oeste do Texas. Com o custo de mais de 40 milhões de dólares (até agora), ele marcará as horas por dez mil anos. Os engenheiros estão projetando o relógio mecânico extremamente complicado para tiquetaquear uma vez ao ano e badalar uma vez a cada mil anos.

Antes de descartar o projeto como um capricho excêntrico no melhor estilo de Howard Hughes[*], ouça o que Bezos tem a dizer sobre o relógio de dez mil anos:

> O relógio é um símbolo do pensamento de longo prazo. O símbolo é importante por várias razões. Primeiro, se pensarmos a longo prazo,

---

[*] Howard Hughes (1905-1976) foi um engenheiro e empresário estadunidense, conhecido como uma das pessoas mais influentes e ricas do mundo durante sua vida. (N.T.)

podemos realizar coisas que, de outra forma, não conseguiríamos. Se eu lhe dissesse: "quero que resolva o problema da fome no mundo em cinco anos", você certamente recusaria o desafio. Mas se eu disser: "quero que resolva o problema da fome mundial em cem anos", isso é mais interessante. Primeiro, você criaria as condições para possibilitar tal mudança. Não mudamos o desafio. Mudamos o horizonte temporal. Os horizontes temporais importam. Eles importam muito. Outra coisa que gostaria de salientar é que nós, humanos, estamos ficando muito sofisticados em termos tecnológicos e temos muito potencial para sermos muito perigosos para nós mesmos. Parece-me que nós, como espécie, precisamos começar a pensar a longo prazo. Então, isso é um símbolo. Acho que os símbolos podem ser muito poderosos.[1]

Bezos criou um site para manter o público atualizado sobre o andamento do projeto do relógio, mas visitar o objeto exigirá esforço. O aeroporto mais próximo fica a várias horas de carro, e você precisa subir uma trilha escarpada de até 600 metros acima do fundo do vale para chegar ao local. E não fique muito animado para ver o relógio tão cedo. De acordo com Bezos, ele só será concluído daqui a "muitos anos".[2]

Bezos diz que pensar em intervalos de tempo mais longos do que seus concorrentes foi um dos pilares que sustentaram o mecanismo de inovação da Amazon. O relógio monumental é um símbolo, um ícone físico dessa filosofia.

O SIMBOLISMO ESTÁ CONFIGURADO NO CÉREBRO PRIMITIVO

DE ACORDO COM o ex-executivo da Amazon Bill Carr, coautor de *Working Backwards,* o ingrediente secreto que cria a cultura da Amazon é composto por quatro elementos: obsessão pelo cliente, pensamento de longo prazo, vontade de inventar e orgulho da excelência operacional.

— A Amazon nunca vacilou em seu compromisso com esses quatro princípios fundamentais[3] — afirma Carr. — E eles são, em grande parte, a razão pela qual, em 2015, a Amazon se tornou a empresa que atingiu 100 bilhões de dólares em vendas anuais mais rápido do que qualquer outra no mundo.

Carr diz que o Amazon Prime Video, que possui mais de cem milhões de espectadores, é fruto de uma década de pesquisa, desenvolvimento e aquisição de conteúdo.

— Ter esse horizonte temporal longo é fundamental se você deseja construir algo grande e duradouro. Muitas empresas desistirão de uma ideia se ela não gerar retornos em um trimestre ou um ano. A Amazon manterá uma iniciativa por cinco, seis, sete anos, ao mesmo tempo em que mantém o investimento gerenciável, aprendendo e melhorando constantemente, até que ganhe impulso e aceitação.

Enquanto dirigia a Amazon, Bezos sempre lembrava aos funcionários os valores fundamentais da empresa por meio de palavras escritas e faladas, como já abordamos. Mas ele também usava uma terceira tática de comunicação potente: símbolos.

Jeff Bezos gosta de símbolos grandes, como o relógio de dez mil anos. Ele também gosta de símbolos pequenos que tenham um impacto grande. Nas mãos de um comunicador habilidoso, por exemplo, uma cadeira vazia fica imbuída de significado.

— Nos primórdios da Amazon, Jeff Bezos deixava uma única cadeira vazia na mesa da sala da diretoria[4] — conta John Rossman. — Ela informava a todos os participantes que deveriam considerar aquele assento como ocupado por seu cliente, a pessoa mais importante na sala. — Rossman trabalhou em estreita colaboração com Bezos e desempenhou um papel crucial no lançamento do Amazon Marketplace, agora responsável por 50% de todas as unidades vendidas na Amazon.com. A cadeira afetou Rossman profundamente, tanto que ele nunca esqueceu o símbolo ou sua mensagem.

A cadeira servia para alinhar todas as discussões em torno da pergunta "O que é melhor para nossos clientes?". De acordo com Rossman, a cadeira foi um dos muitos gestos calculados e extremamente simbólicos que serviram para repetir mensagens centrais para reforçar os Princípios de Liderança da Amazon. Nesse caso, toda decisão, de uma forma ou de outra, precisava levar em consideração a perspectiva do cliente.

Líderes inspiradores se comunicam com paixão, propósito e ideias. Eles usam metáforas e analogias, histórias e anedotas para transmitir suas ideias. Os símbolos também fazem parte do conjunto de ferramentas retóricas porque evocam uma poderosa experiência sensorial. Como nossos sentidos evoluíram para trabalhar em conjunto — a visão influencia a audição, o olfato influencia o paladar — aprendemos melhor quando vários sentidos são estimulados ao mesmo tempo.

Um símbolo é uma coisa (imagem, objeto ou lugar) que representa uma ideia: um relógio representa o pensamento de longo prazo, ou uma cadeira vazia representa a voz do cliente. Os símbolos antecedem a linguagem, e é por isso que o simbolismo está configurado no cérebro primitivo. Os artefatos mais corriqueiros podem expressar ideias profundas. Por exemplo, quando uma porta não é uma porta? Quando ela vira uma mesa.

No verão de 1998, dois meses depois que Reed Hastings e Marc Randolph lançaram a Netflix, os dois empresários foram convidados a se encontrar com Bezos em Seattle. Embora a Amazon estivesse concentrada estritamente no ramo de livros, Bezos já tinha a ideia de construir a "loja de tudo". Vender música e vídeos seria o próximo passo lógico.

Randolph se lembra de ter ficado surpreso ao ver o escritório modesto. Embora fosse uma startup jovem, a Amazon já tinha seiscentos funcionários. Mas, em vez das mesas de escritório que você esperaria encontrar em um elegante escritório empresarial, os funcionários trabalhavam em mesas feitas de portas recicladas. Os buracos onde antes ficavam as maçanetas haviam sido remendados com enxertos de madeira circulares.

— Tudo bem, Jeff[5] — disse Marc, sorrindo —, o que significam essas portas?

— É uma mensagem deliberada — explicou Bezos. — Todo mundo na empresa tem uma. É uma maneira de dizer que gastamos dinheiro em coisas que afetam nossos clientes, não nas que não os afetam.

Na época, Bezos ofereceu 15 milhões de dólares pela Netflix. Marc, um empreendedor em série, achou que a oferta seria um bom retorno pelo investimento. Reed Hastings, CEO da Netflix hoje, o convenceu a desistir. Eles ainda não estavam prontos para entregar as chaves de sua jovem startup. Eles decidiram recusar a oferta e decepcionar a Amazon "suave — e educadamente".

Embora os cofundadores da Netflix não estivessem prontos para vender, Bezos deixou uma impressão neles. Marc lembra que Bezos tinha uma perspectiva visionária que inspirava lealdade. Ele a transmitia através das palavras que falava e das que escrevia, e dos símbolos que davam vida a essas palavras.

Símbolos poderosos assumem muitas formas.

OS SÍMBOLOS SÃO DISPOSITIVOS PODEROSOS EM SEU CONJUNTO DE FERRAMENTAS RETÓRICAS

SÍMBOLOS VISUAIS SÃO imagens ou objetos que as pessoas podem ver e tocar. Moedas e bandeiras são visuais, assim como cadeiras vazias e mesas feitas de portas.

Símbolos auditivos são aqueles que você ouve. Músicas comoventes ou aplausos coletivos são símbolos auditivos. Nos primeiros dias da Amazon, o badalar de um sino significava uma venda. Foi motivador no início, quando a empresa recebia meia dúzia de encomendas por dia. À medida que as vendas dispararam, o sino passou de inspirador a irritante. O símbolo não durou muito.

Símbolos espaciais são lugares e espaços que carregam um significado especial. Edifícios e espaços contam uma história. Na Amazon, Bezos trabalhou em um prédio chamado "Dia Um". Quando mudou de prédio, levou o nome com ele. Essas palavras simples expressam a vitalidade emocional de uma startup e servem como um lembrete para ter a mentalidade de um iniciante, não importa o tamanho da organização.

A comunicação assume diferentes linguagens, e o simbolismo é uma linguagem importante. Sim, o dinheiro motiva. Mas os pesquisadores estão descobrindo que o significado também é um fator de motivação poderoso. Em seu livro *Liderança consciente*, John Mackey, cofundador da Whole Foods, escreve: "Para usar com sucesso um propósito maior para orientar e motivar uma organização, o propósito deve ser mantido na vanguarda da consciência das pessoas. Um grande exemplo disso vem de Jeff Bezos, o qual, nos primeiros dias de crescimento da Amazon, comunicou que o propósito declarado da empresa era ser 'a empresa mais centrada no cliente da Terra' ao deixar uma cadeira vazia em suas reuniões para representar o cliente. Símbolos físicos como esse criam um lembrete poderoso que incute a missão da empresa na tomada de decisões de todos".[6]

Motivar um grupo de pessoas a fazer o impossível é possível, mas exige o uso de todos os dispositivos em seu conjunto de ferramentas de comunicação para atingir esse objetivo. Portanto, mantenha símbolos na mesa, mesmo que a mesa seja, na verdade, uma porta.

15 HUMANIZE OS DADOS

Os humanos não entendem muito bem o crescimento exponencial.
— JEFF BEZOS

Dois mil e trezentos por cento. Esse número pode não significar grande coisa para você, mas impressionou Jeff Bezos. Ele usou esse dado e construiu uma empresa que toca quase todos os aspectos da sua vida, desde a forma como você faz compras até como consome entretenimento e interage digitalmente com milhões de governos, universidades e empresas no mundo inteiro.

Na primavera de 1994, Bezos trabalhava para a D. E. Shaw, uma firma de investimentos da Wall Street. Certo dia, seu chefe deu uma tarefa a Bezos: estudar o potencial comercial da internet. Enquanto vasculhava a montanha de relatórios de pesquisa, uma pepita atraiu sua atenção: o uso da internet estava crescendo a 2.300% ao ano. Mais tarde, ele chamou aquilo de um alerta porque "as coisas simplesmente não crescem tão rápido. Isso é extremamente raro".[1]

Bezos se deparou com essa estatística no *Matrix News*, uma publicação mensal sobre sistemas de computadores em rede. Embora outros tenham visto o mesmo número, ele imediatamente entendeu sua implicação.

— Os seres humanos não entendem muito bem o crescimento exponencial — disse ele mais tarde.

Bezos está certo. Pela magia do crescimento composto, números que parecem pequenos à primeira vista podem se multiplicar e atingir somas enormes. Albert Einstein chamou o crescimento composto de "oitava maravilha do mundo". O crescimento composto é o processo que explica como, ao investir apenas 25 dólares por mês a uma taxa de retorno de 7%, o resultado será 65 mil dólares quarenta anos mais tarde, mesmo que você tenha contribuído com apenas 12 mil dólares. O mesmo fenômeno explica por que os virologistas soaram o alarme quando uns poucos casos de coronavírus foram encontrados em cidades e países. Se uma pessoa infecta outras duas, então duas infectam quatro, quatro infectam oito e assim por diante. O crescimento exponencial explica por que os Estados Unidos passaram de um caso confirmado de COVID-19 em 21 de janeiro de 2020 para uma pandemia incontrolável cinco semanas mais tarde.

O crescimento exponencial é diferente do crescimento linear. A maioria das pessoas está familiarizada com taxas de crescimento lineares: se o tomateiro em seu quintal produzir três tomates por dia, você terá três hoje, seis amanhã e nove no dia seguinte. Em duas semanas, você poderá dizer com orgulho que sua planta gerou um total de 42 tomates.

O crescimento exponencial é mais difícil de entender. Vamos viajar para um pomar mágico hipotético onde você descobriu uma fórmula secreta de fertilizante que acelera o crescimento do seu pomar de tomates: cada tomate produz outros três, cada um desses produz outros três e assim por diante. Após duas semanas de crescimento exponencial, você precisará de um pomar maior para cultivar 1.594.323 tomates.

Esse tipo de aceleração é tão mal compreendido que os psicólogos têm um nome para isso: *viés de crescimento exponencial*. É um simples erro matemático que tem consequências colossais no mundo real quando é subestimado e gera grandes oportunidades quando é bem compreendido. Bezos entendia o crescimento exponencial, reconhecia suas implicações e tirou vantagem da história por trás desses dados.

Os dados só levam à ação se as pessoas entenderem a história que os números contam.

CÉREBROS PRIMITIVOS EM UM MUNDO DE ALTA TECNOLOGIA

EMBORA O CÉREBRO humano nos permita realizar feitos extraordinários de imaginação e processamento de informações, ele possui limitações. Ele simplesmente não foi feito para processar números grandes.

A IDC, uma firma de inteligência de mercado, estima que a totalidade dos dados mundiais, compostos a uma taxa anual de 60%, crescerá de 33 zettabytes em 2018 para 175 zettabytes em 2025. Sem contexto, não conseguimos compreender tal número. Pense da seguinte forma: 175 zettabytes é o equivalente a um trilhão de gigabytes. Continua confuso? Vamos tentar de outra maneira: se você pudesse armazenar 175 zettabytes em DVDs, a pilha de discos circundaria a Terra 222 vezes.[2]

As pessoas que você está tentando persuadir são bombardeadas por quantidades cada vez maiores de dados — muito mais informações do que o cérebro consegue processar. O cérebro evoluiu para lidar com números muito pequenos, variando de um a sete, não com os números incompreensíveis despejados sobre nós todos os dias. Mas esses dados, ou informações, contêm ideias valiosas que prometem transformar todos os campos, todos os negócios e todas as vidas. Os dados promoverão ondas de inovação e avanços em tudo, inclusive em assistência médica, fabricação, sustentabilidade e em todas as outras partes constituintes do nosso mundo — isto é, se as pessoas puderem compreender o que os dados significam.

Quando se trata de números, o segredo para atrair a atenção de uma pessoa e convencê-la a agir de acordo com suas ideias é não a sobrecarregar com ainda mais números, estatísticas e dados individuais. O segredo é não sair atirando para todos os lados. Então, escolha seu alvo com cuidado — identifique o número mais importante que seu público precisa saber. O próximo passo é colocar os dados em contexto.

Você se lembrará do Capítulo 6, em que dissemos que o cérebro humano é uma máquina de fabricar analogias que compara, constantemente, o novo e o abstrato com o antigo e o familiar. É mais provável que sua nova ideia atraia atenção quando você a compara com algo que o público conhece. A mesma abordagem se aplica à comunicação de dados. Os cientistas cognitivos dizem: "As pessoas têm dificuldade em raciocinar quando magnitudes extrapolam a percepção humana".[3] Números que são pequenos demais, como nanossegundos, ou grandes demais, como o número de estrelas no universo, estão além do que a mente consegue perceber. Felizmente, existem maneiras simples de redimensionar números que os tornam mais fáceis de compreender. As comparações mais comuns são feitas com tamanho, distância e tempo.

TAMANHO

COMPARAÇÕES DE TAMANHO e peso são comuns porque funcionam. Bezos gosta dessas comparações e começou a usá-las cedo, e com frequência, em suas cartas aos acionistas e em apresentações públicas:

- "Se você imprimisse o catálogo da Amazon.com, ele seria tão grosso quanto quarenta listas telefônicas da cidade de Nova York empilhadas."[4]
- "Nós nos propusemos a oferecer aos clientes algo que eles simplesmente não conseguiriam de outra maneira e começamos a servi-los com livros. Apresentamos a eles uma variedade muito

maior do que era possível encontrar em uma loja física (nossa loja agora ocuparia seis campos de futebol)."[5]
- "Temos agora mais de 45 mil itens em nossa loja de produtos eletrônicos (uma variedade sete vezes maior do que aquela que você costuma encontrar em uma loja grande de produtos eletrônicos)."[6]

Bezos fundou a Blue Origin para criar os tijolos de construção que permitirão que as pessoas se mudem para o espaço para beneficiar a Terra à medida que a população cresce. Como você pode imaginar, é uma visão ousada cujo resultado final está muito distante da duração de nossas vidas. Promover a Blue Origin exige que Bezos use todas as ferramentas retóricas que afiou ao longo das últimas três décadas. Não surpreende que ele recorra a comparações de dados para argumentar que os recursos da Terra são finitos:

> A taxa histórica de crescimento composto do uso global de energia é de 3% ao ano. Três por cento ao ano não parece grande coisa, mas, ao longo de muitos anos, o poder do crescimento composto é para lá de extremo. Um crescimento composto de 3% ao ano é o equivalente a dobrar o uso humano de energia a cada 25 anos. Se você considerar o uso global de energia hoje, poderá fornecer energia para o mundo inteiro se cobrir o estado de Nevada com placas solares. Parece desafiador. Também parece possível. Mas, em apenas algumas centenas de anos, teríamos que cobrir toda a superfície da Terra com células solares. Essa é uma solução muito pouco prática.[7]

A solução, diz Bezos, é construir colônias — não na superfície dos planetas — mas no espaço.

Steve Jobs adorava usar tamanho e peso para explicar dados. Em *The Presentation Secrets of Steve Jobs*, apresento muitos exemplos de Jobs colocando dados em contexto, mas poucas apresentações foram tão memoráveis quanto a introdução do iPod. Em 2001,

Jobs revolucionou a indústria da música com o lançamento do primeiro iPod da Apple. Ele sabia que poucas pessoas entenderiam que o dispositivo armazenava 5 gigabytes de dados (música), ou se importariam com isso. Mas espere! ele exclamou. O iPod tinha muito mais do que 5 gigabytes de dados. São "mil músicas em seu bolso". E, com uma firula de mágico, tirou um iPod do bolso de sua calça jeans enquanto o público olhava atônito e aplaudia.

Enquanto eu escrevia este livro, um grupo de cientistas me convidou para visitar um laboratório governamental de segurança máxima, onde eles trabalham em tecnologias que podem produzir energia limpa, confiável e abundante para as gerações futuras. Eles me mostraram o maior laser do mundo, o qual, na verdade, é composto de 192 feixes alojados em um prédio do tamanho de "três campos de futebol" e voltados para um alvo do tamanho de uma "borracha na ponta de um lápis". A busca pela energia de fusão (o processo que alimenta o sol) é considerada um Grande Desafio científico. Contudo, parte desse desafio é traduzir a ciência complexa em linguagem cotidiana para atrair financiamento, parcerias e atenção dos meios de comunicação. Todos os envolvidos em minha visita — do diretor do laboratório aos cientistas que realizam experimentos — usaram as mesmas comparações de tamanho para explicar seu trabalho. Todos eles foram treinados para trazer grandes números para a Terra.

Torne os dados tangíveis ao usar comparações de tamanho e peso que todos entendam.

DISTÂNCIA

USAR MEDIDAS DE distância é outra maneira de colocar os dados em contexto. Um executivo com quem trabalhei na AWS fez uma apresentação sobre o serviço Snowball da empresa — dispositivos que os clientes usam para transferir arquivos de dados de grande porte, com segurança, para a nuvem. "Os dispositivos AWS Snowball, que transferem dados do local de trabalho para as instalações da AWS, já percorreram uma distância igual a dar a volta ao mundo 250 vezes."

A Caminhada Planetária Sagan em Ithaca, Nova York, foi construída para colocar as distâncias do espaço em um contexto que uma pessoa comum possa entender. Obeliscos de pedra representam o sol e os planetas — o espaço entre eles foi reduzido em tamanho por um fator de cinco bilhões. Os visitantes andam cerca de nove metros para ir da Terra ao Sol, mas precisam fazer uma caminhada de 15 minutos para chegar a Plutão. A exposição se expandiu consideravelmente com a inclusão de uma pedra representando Alpha Centauri, a estrela mais próxima do Sol, que brilha a 4,3 anos-luz de distância. O obelisco dessa estrela, reduzido à escala, fica a oito mil quilômetros de distância, no Centro de Astronomia de Imiloa, no Havaí.

A Caminhada Planetária não apenas traduz grandes números em linguagem que as pessoas comuns podem entender. As distâncias são colocadas em um contexto que as pessoas podem *sentir* enquanto caminham.

TEMPO

BEZOS TAMBÉM ADORA fazer comparações temporais, sobretudo quando consegue relacionar dados com o tempo economizado pelo consumidor.

"Os consumidores concluem 28% das compras na Amazon em três minutos ou menos",[8] escreveu Bezos na carta de 2020 aos acionistas. Considerados isoladamente, esses dois números — 28 e 3 — não significam grande coisa. É por isso que Bezos acrescenta a seguinte explicação:

> Compare isso com uma típica viagem de compras a uma loja física — dirigir, estacionar, procurar nos corredores da loja, esperar na fila do caixa, encontrar seu carro e dirigir para casa. Pesquisas sugerem que a viagem

típica a uma loja física demora cerca de uma hora. Se você presumir que uma compra típica na Amazon leva 15 minutos e economiza algumas viagens a uma loja física por semana, isso significa mais de 75 horas economizadas a cada ano. Isso é importante. Estamos todos ocupados.

Para tornar a comparação ainda mais impactante, Bezos continua:

Para que possamos obter um valor em dólares, vamos avaliar a economia de tempo em 10 dólares por hora, o que é conservador. Setenta e cinco horas multiplicadas por 10 dólares por hora... oferece a criação de valor para cada membro Prime de cerca de 630 dólares. Temos 200 milhões de membros Prime, para um total, em 2020, de 126 bilhões de dólares em criação de valor.

SUGESTÃO PARA TREINAMENTO

Pratique pegar o seguinte dado e colocá-lo em contexto: um Frappuccino Mocha grande contém cerca de 55 gramas de açúcar.

Cinquenta e cinco gramas é muito ou pouco? Sem contexto, é apenas um número. Mas vamos fingir que você seja um nutricionista que está tentando convencer seu cliente a reduzir o consumo de bebidas de café com sabor — como você descreveria quanto açúcar ele consome em 55 gramas? Talvez você possa compará-lo com quantas colheres de chá de açúcar representam 55 gramas (resposta: 12 colheres de chá). Você poderia compará-lo com M&M's. Um Frappuccino Mocha grande tem o equivalente a não um, nem dois, mas três pacotes de 300 gramas de M&M's. Agora você acha que seu cliente pode repensar o consumo excessivo de Frappuccinos?

CRIE VALOR

ORADORES INFLUENTES EVITAM aumentar a enxurrada de dados que sobrecarregam seus ouvintes. Em vez disso, eles escolhem algumas

HUMANIZE OS DADOS

estatísticas importantes e constroem histórias em torno desses dados, usando exemplos concretos que os não especialistas podem facilmente compreender e lembrar. De acordo com o economista-chefe do Google, Dr. Hal Varian, "a capacidade de lidar com dados — ser capaz de entendê-los, processá-los, extrair valor deles, visualizá-los, comunicá-los — será uma habilidade extremamente importante nas próximas décadas".[9]

Ao tornar os dados relevantes para seus leitores ou ouvintes, você os ajuda a ver os números de uma nova maneira. Desenvolver essa habilidade de comunicação persuasiva também lhe dá a capacidade de reformular eventos para que sejam oportunidades em vez de contratempos, um ingrediente-chave para persuadir os outros a agir de acordo com suas ideias.

Costumo dizer que, se você não contar sua história, outra pessoa o fará. E você talvez não goste da versão dela. Por exemplo, a pessoa mais rica do mundo sempre carrega um alvo nas costas. Ativistas, reguladores e os meios de comunicação sabem que o público presta mais atenção às pessoas ou empresas no topo de uma lista. Em uma entrevista de 2018, Bezos foi questionado sobre como ele se sentia ao ser nomeado o indivíduo mais rico do mundo.

— Nunca busquei esse título. Já me sentia bem sendo a segunda pessoa mais rica do mundo[10] — disse ele. A plateia riu porque sabia exatamente o que ele queria dizer.

Durante essa entrevista, Bezos apresentou uma medida que ele revisitou alguns anos depois em sua carta de 2020 aos acionistas. Primeiro, Bezos reconheceu que a Amazon havia criado 1,6 trilhão de dólares em riqueza para seus acionistas. E ele é um deles. "Mais de sete oitavos das ações, que representam 1,4 trilhão de dólares em criação de riqueza, são de propriedade de terceiros."[11] Quem? "Fundos de pensão, universidades e 401(k)s".[*] Em seguida, Bezos personaliza ainda

---

[*] Nos E.U.A., as contas 401(k) são contas de investimento para fins de aposentadoria que recebem um tratamento fiscal especial. (N.T.)

mais a riqueza mostrando uma carta que recebeu de Mary e Larry, um casal que deu como presente surpresa para Ryan, seu filho de 12 anos e um leitor voraz, duas ações da Amazon em 1997. As ações foram desdobradas várias vezes durante o período em que Ryan foi proprietário delas, transformando-se em 24 ações. Em 2021, elas estavam sendo negociadas a mais de 3 mil dólares por ação. Ryan vendeu parte delas para ajudar na compra de uma casa. "Essas duas ações tiveram uma influência maravilhosa sobre nossa família", escreveram. "Todos nós gostamos de ver o valor da Amazon crescer ano após ano, e essa é uma história que adoramos contar."

Bezos usou a história e os dados complementares para oferecer este conselho: "Se você quer ter sucesso nos negócios (na vida, na verdade), precisa criar mais do que consome. Seu objetivo deve ser criar valor para todos com quem interage. Qualquer negócio que não crie valor para aqueles que toca, mesmo que pareça bem-sucedido na superfície, não dura muito neste mundo. Ele está fadado a acabar". Lembre-se de que pensamos em termos de histórias. Ao envolver os dados em histórias, você torna muito mais fácil, para seu ouvinte ou leitor, entender sua mensagem.

Ao tornar os dados relevantes para seus ouvintes, você demonstra o valor que está criando. Mostre o valor que sua startup oferecerá aos investidores (quanto sua empresa ganhará, quando ela atingirá seus objetivos e quando eles começarão a ver um retorno do dinheiro que investiram). Mostre o valor que agregará a uma nova empresa quando for contratado (se você aumentou as vendas em 25% na última empresa em que trabalhou, diga a eles como fez isso e como pode fazer o mesmo por eles). Mostre o valor que sua empresa traz para clientes e funcionários (economizando tempo e dinheiro ou ajudando-os a gerar mais vendas). Bezos oferece uma lição valiosa quando diz que devemos criar valor para todos. Mas, às vezes, você precisa mostrar o seu trabalho.

16
O MÉTODO GALLO: VENDA SUA IDEIA EM QUINZE SEGUNDOS

> Se você não consegue se comunicar, conversar com outras pessoas e transmitir suas ideias, está renunciando ao seu potencial.
>
> — WARREN BUFFET

A historiadora vencedora do Prêmio Pulitzer, Doris Kearns Goodwin, estuda liderança há mais de cinquenta anos. A essência da liderança, diz ela, é "a capacidade de usar o talento, as habilidades e a inteligência emocional para mobilizar as pessoas a se alinharem em torno de um objetivo comum".[1]

Goodwin, cujo livro *Lincoln* serviu de inspiração para o filme de Steven Spielberg, diz que grandes líderes se comunicam por meio de histórias que fazem as pessoas se sentirem parte da jornada rumo a um objetivo comum.

Grandes líderes constroem empresas de sucesso porque têm uma ideia de quem a empresa atende, do problema que ela resolve e de como ela enriquece a vida de todos que ela toca. A comunicação é a chave para reunir as pessoas em torno dessa ideia e convencê-las a se tornarem viajantes em sua jornada épica.

No Gallo Communications Group, criamos um modelo que apresenta sua história em uma página. Nós nos referimos a ele como o Método Gallo: uma ferramenta para criar uma mensagem clara, concisa e convincente. Sua meta é persuadir as pessoas a agir com base em suas ideias, levando-as em uma jornada. O modelo funciona como um guia para levar seus viajantes de onde estão hoje até o destino desejado.

O Método Gallo é flexível, simples e expansível. Use-o para criar uma proposta de negócio de 15 segundos ou uma apresentação de 15 minutos. Ele reúne os conceitos que você aprendeu neste livro: escrever, criar tópicos frasais, contar histórias, tornar os dados significativos e memoráveis, e elaborar analogias e metáforas. Além das ferramentas de comunicação que já abordamos, existe mais um elemento crítico para construir um mapa de mensagens bem-sucedido — a regra de três.

O NÚMERO MAIS PODEROSO NA COMUNICAÇÃO

A REGRA DE três é um fio de comunicação que atravessa o tecido das culturas e da literatura, tanto antigas quanto contemporâneas. Ela simplesmente afirma que o cérebro humano não consegue armazenar *com facilidade* mais de três coisas na memória de curto prazo. Mesmo quando tentamos memorizar uma série de dígitos com mais de três números — como um número de telefone — dividimos os números em grupos de três ou quatro.

O físico quântico Dominic Walliman diz que se você entende a regra de três, é capaz de comunicar qualquer coisa a qualquer um. A especialidade de Walliman é escrever livros infantis e fazer vídeos para o YouTube que simplificam assuntos densos e complexos, como física, nanotecnologia e ciência de foguetes. Walliman sugere que, quando tentar explicar um assunto para pessoas que não estão tão familiarizadas com ele quanto você, não se aprofunde muito. Elas só conseguem absorver uma determinada quantidade de informações de cada vez.

— É melhor explicar, digamos, três coisas que alguém vai entender do que bombardear com um monte de informações que compromete todo o seu bom trabalho[2] — diz Walliman.

Pesquisadores da Universidade de Georgetown descobriram que o número três encanta, mas o quatro espanta. O estudo pretendia descobrir por que os consumidores acham certas mensagens de produtos mais atraentes do que outras. Descobriu-se que os consumidores consideram três mensagens sobre o produto persuasivas. Os consumidores perdem o interesse e ficam *menos impressionados* quando as mensagens favoráveis ao produto começam a subir para quatro, cinco ou mais. De acordo com essa pesquisa, se você está vendendo um produto ou apresentando uma ideia, apoiar seu argumento em apenas uma mensagem não convence.[3] Duas declarações de apoio são melhores do que uma. Mas três é o número mágico.

Um estudo notável descobriu que a regra de três permeia o mundo das startups e dos investimentos de capital de risco. A DocSend, uma empresa de compartilhamento de documentos baseada na nuvem, realizou uma pesquisa quantitativa e descobriu que os investidores gastam em média três minutos revisando propostas de financiamento. Eles colocam mais dinheiro em startups com três fundadores. E passam a maior parte do tempo revisando três slides da proposta: solução, produto e equipe. Em outras palavras, de uma série de vinte slides contendo a proposta, três são mais importantes que os outros.[4]

Comunicadores eficazes como Jeff Bezos falam em grupos de três:

- "Tivemos três grandes ideias na Amazon que mantemos há 18 anos, e elas são a razão de nosso sucesso: colocar o cliente em primeiro lugar. Inventar. E ser paciente."
- "As chaves para o sucesso são paciência, persistência e atenção obsessiva aos detalhes."
- "O sucesso da Amazon se baseia em três pilares: variedade, conveniência e preços baixos."

- "Nessa economia global turbulenta, nossa abordagem fundamental permanece igual: ficar de cabeça baixa, focado no longo prazo e obcecado pelos clientes."
- "Pedimos às pessoas que considerem três perguntas antes de tomar uma decisão de contratação: você admirará essa pessoa? Essa pessoa aumentará a eficácia do grupo? Em que dimensão essa pessoa será uma superestrela?"
- "Trabalhe duro, divirta-se, faça história."

O MODELO DE MAPA DE MENSAGENS DO MÉTODO GALLO

O MODELO DE mapa de mensagens do Método Gallo aproveita a regra de três para alavancar sua história. Funciona da seguinte maneira:

Primeiro, elabore um tópico frasal. Pergunte a si mesmo: *qual é a coisa mais importante que quero que meu público saiba?* O tópico frasal deve ser específico, claro e conciso. Não deve conter mais de trinta palavras (melhor ainda são dez palavras). Se o seu tópico frasal não couber em uma postagem do Twitter de 140 caracteres, ele é longo demais. Lembre-se do que Bezos disse diversas vezes sobre a Amazon: "Nossa missão é ser a empresa mais centrada no cliente da Terra". Doze palavras, cinquenta e um caracteres. Sua ideia visionária deve ser ousada — e curta.

Em segundo lugar, crie três mensagens para reforçar o tópico frasal. Nenhuma das mensagens é importante o suficiente para *substituir* sua grande ideia — elas *apoiam* o quadro geral.

Terceiro, dê vida a essas mensagens com histórias, dados ou analogias. Essas figuras de linguagem melhorarão sua mensagem e a tornarão mais persuasiva.

Vamos nos voltar para um produto bem simples — camisas — para entender o mapa de mensagens:

A UNTUCKit é uma loja de varejo com sede em Nova York que iniciou a moda de camisa por fora da calça. O fundador, Chris Riccobono, é um estudioso da comunicação eficaz.

— Se você não consegue dizer em uma frase o que o diferencia de seus concorrentes, então você está perdendo tempo[5] — diz Riccobono. O tópico frasal do UNTUCKit em uma frase é: "Camisas criadas para usar por fora da calça". Oito palavras dizem quase tudo o que você precisa saber sobre a empresa e o que ela vende. Essas oito palavras são consistentes em todas as plataformas da empresa: site, lojas de varejo, mídias sociais e apresentações públicas.

A conversa não para por aí. A empresa comunica três mensagens de apoio: comprimento perfeito, disponível em todos os formatos e tamanhos, e bainhas estilizadas que fazem as camisas parecerem elegantes por fora da calça.

Todas essas mensagens são facilmente contidas no modelo de mapa de mensagens do Método Gallo. A mensagem é tão concisa que é exibida nas paredes de mais de oitenta lojas físicas na América do Norte e no Reino Unido. A Figura 16.1 mostra o mapa de mensagens UNTUCKit.

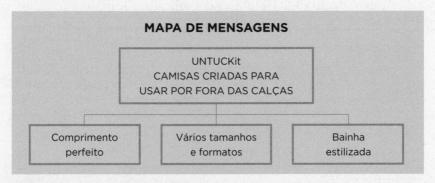

FIGURA 16.1 – Mapa de mensagens UNTUCKit

O MODELO JEFF BEZOS DE COMUNICAÇÃO

A UNTUCKit é um exemplo simples de um produto. Mas você pode usar o Método Gallo para se preparar para qualquer tipo de comunicação: lançamento de uma empresa, venda de um produto, lançamento de uma ideia ou entrevista de emprego.

Por exemplo, durante a semana em que estive trabalhando neste capítulo, tive um encontro com o CEO de uma influente empresa de tecnologia de capital aberto que tem uma capitalização de mercado de 100 bilhões de dólares. A comunidade de investimentos estava antecipando os resultados trimestrais como um sinal da direção que a indústria estava tomando.

Quando encontrei o CEO em uma grande sala de conferências anexa ao seu escritório, ele havia acabado de sair da teleconferência financeira trimestral, em que passa uma hora como se estivesse desbravando mato espesso com os analistas de ações que cobrem a empresa. Eles sabem mais sobre a empresa do que o típico espectador da CNBC*, então parte do meu trabalho era tirar o CEO das profundezas do mato, e levá-lo para onde pudesse ver o céu. Criamos um mapa de mensagens com um tópico frasal e três mensagens de apoio.

Primeiro veio o tópico frasal.

— Qual é a única coisa que você quer que os investidores saibam sobre sua empresa? — perguntei.

A resposta do CEO foi longa e complicada. Ele disse:

— Devido à nossa forte liderança tecnológica e à gestão financeira disciplinada, nossa empresa está bem-posicionada para tirar vantagem das tendências de mercado que afetam os negócios subjacentes.

— Então, você está me dizendo que o balanço patrimonial da sua empresa é forte e está otimista com relação à variedade de produtos que ela oferece? — perguntei.

---

* A CNBC é um canal de TV a cabo especializado em noticiário do mundo dos negócios. (N.T.)

— Muitíssimo. Nunca estivemos em melhor posição. Nunca.

— Então vamos direto ao ponto. Seus investidores querem saber uma coisa simples: sua empresa está mais saudável e mais forte do que nunca. Diga-lhes de forma clara e concisa.

Nosso tópico frasal para a entrevista começava a tomar forma. Era assim:

**Nossa empresa está mais saudável
e mais forte do que nunca.**

Em seguida, trabalhamos no apoio ao tópico frasal com três mensagens que informavam aos investidores o que eles desejavam saber, o que precisavam saber e o que deveriam saber, mas talvez não soubessem.

O CEO, com contribuições minhas e de sua equipe financeira, decidiu se concentrar nas três mensagens de apoio a seguir.

1. A empresa atingiu recordes de receita em todas as categorias de produtos.
2. Os preços dos produtos permaneciam tão fortes que a empresa estava aumentando suas previsões de receita e lucro para o próximo trimestre.
3. As tendências futuras de demanda mostravam-se fortes nas categorias de centrais de dados, telefones 5G e veículos elétricos, três das categorias que impulsionavam o crescimento da empresa.

Na manhã seguinte à entrevista do CEO, a CNBC chamou o trimestre de um "estouro" para a empresa e usou as declarações do CEO como manchete de sua história. Os repórteres de televisão acharam a história fácil de seguir porque nós a *tornamos* fácil de seguir.

SUGESTÃO PARA TREINAMENTO

Siga o Método Gallo para estruturar o conteúdo de sua próxima proposta para atrair financiamento de investidores ou fazer uma apresentação. O modelo de mapa de mensagens mostrado na Figura 16.2 fornece um espaço para escrever um esboço de seu tópico frasal e as três mensagens de apoio. O primeiro passo é começar a escrever. Você pode cortar, editar e refinar palavras mais tarde. Trabalhe com outras pessoas. Deixe que elas deem sugestões. Ao terminar o mapa de mensagens, você terá uma história simples e fácil de seguir, em uma única página. Memorize-a se for uma apresentação, conversa ou entrevista. Use-a como um esboço para uma apresentação de slides. Compartilhe com sua equipe para que todos fiquem alinhados. Envie a apresentação para o desenvolvedor de seu site ou para qualquer pessoa que crie material de marketing escrito para sua empresa. O mapa de mensagens é a sua história em uma página.

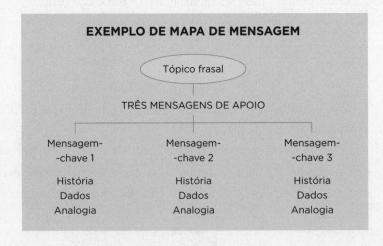

FIGURA 16.2 – O modelo de mapa de mensagens

Um executivo de uma das minhas turmas em Harvard implementou o conceito do mapa de mensagens para tornar as reuniões virtuais de sua equipe mais produtivas e eficientes. Colin trabalha para a segunda maior empresa de serviços financeiros da Europa e lidera um grupo de gestão de ativos integrado por sessenta pessoas. A equipe investe dinheiro para clientes ricos.

— O mapa de mensagens foi incrível — Colin me disse depois da aula. — Ele levou a uma redução de 50% no tempo que nossa equipe precisa para preparar uma apresentação para o cliente.

A equipe de Colin prepara e faz, pelo menos, duas apresentações por semana: propostas para atrair clientes novos e apresentações para deixar atualizados os clientes existentes. O Método Gallo tornou mais fácil a criação, por um subconjunto menor da equipe, de mensagens exclusivas para cada conversa direcionada ao seu público. O restante da equipe conseguia ver facilmente o fluxo da discussão em uma página.

O mapa de mensagens também reduziu o tamanho das apresentações de trinta para dez slides. O tópico frasal aparece em um slide, seguido por dois ou três slides para reforçar cada uma das três mensagens principais de apoio. A Figura 16.3 mostra o leiaute de quatorze slides que usam conteúdo retirado diretamente de uma estrutura do mapa de mensagens.

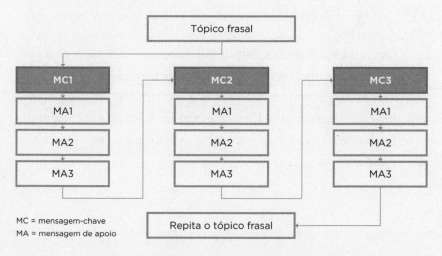

FIGURA 16.3 – Leiaute de quatorze slides criado a partir de uma estrutura de mapa de mensagens

O MODELO JEFF BEZOS DE COMUNICAÇÃO

O Método Gallo também economizou tempo. Em vez de três reuniões de trinta minutos para se preparar para cada apresentação, o mapa de mensagens era tão simples que a equipe só precisava de uma reunião de trinta minutos para se alinhar à história — o modelo reduziu em dois terços o tempo gasto em reuniões para preparar apresentações.

Os clientes adoraram. Em vez de assistir a uma atualização de 45 minutos, eles obtinham as informações de que necessitavam em vinte minutos, deixando mais vinte minutos para interagirem com a equipe. E ainda, em muitos casos, os clientes achavam as apresentações tão simples e diretas que ficavam encantados com o resultado e felizes pelo tempo de suas vidas ocupadas ter sido economizado.

— Em 25 anos na área financeira, nunca encontrei uma ferramenta de comunicação mais simples do que essa para criar alinhamento entre os membros da equipe e apresentações claras e concisas — disse Colin.

O poeta Henry David Thoreau nasceu quase duzentos anos antes da invenção do PowerPoint, mas poderia estar falando aos comunicadores de hoje quando escreveu: "Simplicidade, simplicidade, simplicidade! Eu digo, seus negócios devem ser como dois ou três, e não cem ou mil".

Os grandes líderes têm uma visão ousada e conseguem unir pessoas em torno de um objetivo comum. Mas não se engane, eles elaboram suas falas com antecedência, e elas são habilmente organizadas em uma estrutura simples. Eles sabem para onde vão e escolhem um roteiro claro e simples para convencer os outros a se juntarem a eles nessa jornada.

CONCLUSÃO
INVENTE E VAGUEIE

Você não escolhe suas paixões. Suas paixões escolhem você.
— JEFF BEZOS

A criatividade é um ingrediente essencial de inovação, liderança e comunicação. Mas para que sua criatividade chegue ao auge, você deve estabelecer as condições para que ela floresça.

Ideias inovadoras não aparecem sob demanda. Ideias criativas raramente ocorrem quando você está olhando para uma tela em branco no computador. Em vez disso, as epifanias acontecem quando cinco condições são atendidas.

Primeiro, durma bem.

— Faço questão de dormir oito horas por dia[1] — diz Bezos. — Eu penso melhor. Tenho mais energia. — Quando Bezos acorda, ele não começa logo a trabalhar. Na verdade, todas as manhãs, ele reserva um tempo para "vagar". Ele lê o jornal, toma um café, toma café da manhã com os filhos. Bezos marca sua primeira reunião importante para as 10h, quando sua energia está no auge. De acordo com ele, os líderes são pagos para tomar um pequeno número de decisões de alta qualidade todos os dias. Se você puder tomar três decisões desse tipo, está acima da média, afirma Bezos. Dormir bem lhe dará energia para tomar decisões de qualidade e ter ideias novas.

Em segundo lugar, mantenha-se ativo.

Steve Jobs preferia ter conversas sérias enquanto fazia longas caminhadas. Os funcionários da Apple e da Pixar lembram que essas "caminhadas de brainstorming" eram muito mais produtivas do que as reuniões em salas de conferência: foi durante caminhadas que Jobs teve suas ideias mais inovadoras.

De acordo com um estudo de Stanford, caminhar aumenta nossa criatividade em 60%.[2] Os participantes fizeram testes de "pensamento divergente", os quais medem ideias novas ou inovadoras. Os pesquisadores avaliaram os indivíduos enquanto andavam e enquanto estavam sentados. A maioria dos participantes era muito mais criativa quando ativa.

O ato de caminhar desperta ideias novas porque o cérebro evoluiu de nossos ancestrais que caminhavam até 19 quilômetros por dia. Não é natural ficar sentado em uma sala de aula por horas a fio, ou fazer chamadas de Zoom o dia inteiro, ou esperar uma centelha de criatividade enquanto olha para uma tela digital. Durma, mantenha-se ativo e vagueie — as ideias criativas não podem ser forçadas. É preciso que as deixemos florescer nas condições certas.

Terceiro, deixe suas paixões escolherem você.

— Desde os cinco anos de idade, quando Neil Armstrong pisou na superfície da Lua, sou apaixonado por espaço, foguetes, motores de foguete e viagens espaciais[3] — Bezos contou isso para explicar por que estava se afastando da Amazon para se concentrar em sua empresa espacial, a Blue Origin. — Acho que todos nós temos paixões. E você não pode escolhê-las. Elas escolhem você. Mas é preciso estar atento a elas. Você precisa procurar por elas.

Quarto, seja um aprende-tudo.

Um dos Princípios de Liderança da Amazon é *Aprender e ser curioso*. Os líderes nunca terminam de aprender e sempre procuram melhorar a si mesmos. Existem dois tipos de pessoas: as que aprendem tudo e as que sabem tudo. Em um cenário global em rápida mudança, apenas aqueles que estão aprendendo constantemente desenvolverão novas ideias que contribuem para o progresso do mundo.

O autor Walter Isaacson diz que Jeff Bezos o faz pensar em Leonardo da Vinci:

— Em seus cadernos cheios de encantamento, vemos sua mente dançando por todos os campos da natureza com uma curiosidade exuberante e lúdica... Jeff Bezos incorpora essas características. Ele nunca superou seus anos de encantamento. Ele mantém uma curiosidade insaciável, infantil e alegre a respeito de quase tudo.[4]

Quinto e último, cultive uma mentalidade ilimitada.

Empreendedores que mudam o mundo lutam ativamente contra o viés do status quo em quase tudo que fazem ou propõem. Esse viés significa simplesmente que preferimos a forma como as coisas são hoje em vez de tentar coisas novas. Bezos superou esse viés quando lançou a ideia de uma livraria on-line. Ele o superou quando investiu em ideias "loucas", como o comércio eletrônico, o entretenimento por streaming, a computação em nuvem, a entrega no mesmo dia e a exploração espacial. Nada parecia complicado demais.

Bezos não impõe limites às suas ideias.

— A ideia de ir à Lua era tão impossível que as pessoas a usavam no dia a dia como uma metáfora para a impossibilidade[5] — lembra Bezos. — O que eu espero que você tire disso é que tudo que você estiver determinado a fazer, você pode fazer.

Quando você define as condições para o sucesso e a criatividade, você se destaca. Ser diferente é a chave para a sobrevivência em um momento em que querem que você seja igual aos outros. Em sua última carta aos acionistas como CEO, Bezos escreveu que é preciso se esforçar para se sobressair quando o mundo tenta torná-lo igual. É mais fácil e requer menos energia ser como todos os outros.

"Todos sabemos que se sobressair — ser original — é valioso",[6] escreve Bezos. "Mas o mundo quer que você seja igual aos outros — de mil maneiras, ele tenta forçá-lo a ser igual. Não deixe que isso aconteça."

É preciso esforço contínuo, aprendizado ao longo da vida, energia abundante e paixão implacável para ser original. "Nunca, nunca, nunca deixe o universo tornar você igual aos outros", disse Bezos.

"Continua sendo o Dia Um".

SUGESTÕES PARA TREINAMENTO REUNIDAS

SUGESTÃO 1:

DURANTE SEU TEMPO como CEO da Amazon, Bezos ajudou a criar 16 Princípios de Liderança que os amazonians usam todos os dias para discutir novos projetos, apresentar ideias ou determinar a melhor abordagem para resolver um problema específico. Acima de tudo, os princípios reforçam o espírito da empresa, que mantém os clientes no centro de todas as decisões.

A maneira como os princípios são escritos é uma das principais razões pelas quais eles são completamente integrados e compreendidos em todos os níveis da organização. O documento inteiro consiste em cerca de setecentas palavras escritas em uma linguagem equivalente ao oitavo ano escolar. Cada princípio é simples e claro e inclui algumas frases curtas que o traduzem em comportamentos desejáveis.

Por exemplo, o primeiro e mais importante princípio orientador é:

OBSESSÃO PELO CLIENTE

De acordo com a Amazon, a obsessão pelo cliente significa que "os líderes começam com o cliente e trabalham para trás. Eles trabalham vigorosamente para ganhar e manter a confiança do cliente. Embora os líderes prestem atenção aos concorrentes, eles são obcecados pelos clientes".

Princípios-chave que também são relevantes para este livro incluem: mentalidade de dono, inventar e simplificar, aprender e ser curioso, pensar grande, ganhar a confiança e insistir nos mais altos padrões. Você pode ver esses princípios claramente exibidos no site da Amazon porque a empresa deseja que todos os candidatos a emprego os conheçam, que todos os novos contratados os aprendam e que todos os líderes os internalizem e difundam.

Brad Stone, o autor que narrou a ascensão da Amazon em *A loja de tudo,* escreveu que a articulação clara desses princípios é uma estratégia de liderança deliberada. Enquanto os funcionários de muitas organizações se atrapalham em seu trabalho porque os objetivos da empresa são confusos ou complicados, os princípios da Amazon são simples, claros e consistentes.

Os princípios ou valores que compõem a cultura da sua empresa devem ser postos em prática. Mas é impossível colocar em prática um princípio que ninguém consegue lembrar ou entender. Torne seus princípios simples de ler, lembrar e seguir.

SUGESTÃO 2:

SE VOCÊ ESTIVER trabalhando em um tópico complexo, escolha um exemplo da abordagem usada por Warren Buffett para escrever suas

SUGESTÕES PARA TREINAMENTO REUNIDAS

famosas cartas financeiras. Conheça seu público antes de começar a escrever e se faça três perguntas.

> **Quem** é o seu público-alvo? Buffett pensa em escrever para suas irmãs, Doris e Bertie.
> **O que** seu público-alvo precisa saber? Evite dizer-lhe tudo o que *você* sabe. O que ele precisa saber que ainda não sabe?
> **Por que** ele deveria se importar? Ninguém se importa com suas ideias. A preocupação de seu público é se a sua ideia o ajudará a ter uma vida melhor.

SUGESTÃO 3:

SUBMETA SUA MENSAGEM a um teste. Selecione um trecho de texto de um de seus roteiros de apresentação. Quantas palavras ou frases são sofisticadas, baseadas no latim? Você pode usar um dicionário de etimologia on-line para identificar a origem das palavras. Procure palavras mais simples e curtas para substituir as formais. Ao escolher palavras curtas, você eliminará do seu discurso a maior parte do jargão, palavras que confundem seu público. Como resultado, suas frases serão firmes, claras e fortes. Substitua palavras longas por curtas e você será muito mais persuasivo.

SUGESTÃO 4:

USE TESTES DO tipo Flesch-Kincaid para simplificar sua escrita. Várias plataformas de escrita oferecem o serviço, inclusive o Grammarly e o Microsoft Word, o qual adicionou pontuações de legibilidade ao seu software popular. Nas opções do Word, você encontrará um guia de ortografia e gramática. Em "Revisão", no botão "Editor", marque a caixa que diz "Informações" e, em seguida, você encontrará "Estatísticas do documento" e "Estatísticas de legibilidade", que exibirá a legibilidade e o nível de legibilidade do documento. A Amazon ensina seus funcionários a mirar em um nível de "legibilidade" igual ou superior a 50 e em uma pontuação equivalente ao oitavo ano escolar. No original em inglês, este capítulo tem uma nota de legibilidade de 59 e uma pontuação Flesch-Kincaid equivalente ao oitavo ano, o que significa que é simples o suficiente para uma ampla gama de leitores entenderem claramente o seu conteúdo.

SUGESTÃO 5:

NESTE CAPÍTULO, APRESENTEI estratégias de redação simples que colocarão você muito à frente de seus colegas. Mas sempre há mais a aprender com professores de redação brilhantes cujos livros têm um lugar permanente na minha estante. Aqui estão alguns títulos que irão melhorar sua habilidade de escrita.

Writing Tools: 55 Essential Strategies for Every Writer,
de Roy Peter Clark
Writing to Persuade, de Trish Hall
Como escrever bem, de William Zinsser
Cem maneiras de melhorar a escrita, de Gary Provost
Sobre a escrita, de Stephen King

SUGESTÃO 6:

APLIQUE O TESTE *E daí?* em uma de suas apresentações. Comece com o tópico da sua conversa e responda à pergunta: "E daí?" Faça a pergunta mais duas vezes até elaborar um tópico frasal claro para a sua proposta ou apresentação.

SUGESTÕES PARA TREINAMENTO REUNIDAS

Tópico _____
E daí? _____
_____

E daí? _____
_____

E daí? _____
_____

SUGESTÃO 7:

PROCURE COMPARAÇÕES FORA de sua especialidade ou "domínio". Veja quantas metáforas você consegue identificar em livros, artigos, discursos e apresentações. Desafie-se. Categorize as metáforas em comparações de movimento, físicas ou espaciais. Estar ciente das metáforas que você vê, ouve e lê estimulará ideias criativas para ajudá-lo a escrever e fazer apresentações persuasivas.

SUGESTÃO 8:

AS METÁFORAS FUNCIONAM como atalhos para o entendimento. Elas ajudam seu público a compreender ideias complexas ou abstratas. São tão eficazes que usamos metáforas constantemente nas conversas do dia a dia. Mas tente evitar clichês desgastados em suas apresentações de negócios. Metáforas que são muito familiares perdem seu impacto. Aqui estão algumas expressões idiomáticas comuns a serem evitadas.

- Estar com a bola cheia.
- Trazer para a mesa.
- Pensar fora da caixa.
- A gota d'água.
- Fechar com chave de ouro.

Evite usar metáforas muito conhecidas. Se você já ouviu uma expressão idiomática mil vezes, seu público também.

SUGESTÃO 9:

UM FORMATO DE metáfora simples é "A é B", como "tempo é dinheiro". Esse formato funciona bem para expressar ideias complexas. Selecione uma ideia complexa de sua área. Use o formato A é B para explicá-la. Descreva a comparação em linguagem do dia a dia.

Ideia complexa: _____ (A)
Ideia familiar: _____ (B)
Formato A é B: _____ é _____

Exemplo:
Ideia complexa: um bom investimento
Ideia familiar: castelo com fosso
Formato A é B: um bom investimento é um castelo econômico com um fosso profundo ao seu redor para deter os concorrentes.

SUGESTÃO 10:

O PRIMEIRO PASSO para alavancar o poder da analogia em sua escrita e comunicação é estar ciente de como ela é comum em nossa linguagem cotidiana. Anote quantas analogias encontra em conversas, livros, artigos e vídeos. Preste atenção redobrada a escritores e palestrantes populares que abordam tópicos complexos. Você verá que eles são mais propensos a usar analogias para transferir seu conhecimento.

SUGESTÃO 11:

REFLITA SOBRE SUA apresentação. Identifique cenas essenciais ou "pausas" que você pode incorporar à narrativa. Essas cenas mantêm a ação fluindo e o público envolvido. Encontre eventos em sua vida ou em sua empresa que se encaixam em uma destas categorias:

Catalisador: _____

Debate: _____

Diversão e jogos: _____

Tudo está perdido: _____

SUGESTÃO 12:

CRIE SUA HISTÓRIA de origem. Toda startup tem uma. Toda empresa tem uma. Qual é a sua? Que pessoa, coisa ou evento deu início à sua grande ideia? Conte a história em três atos: no ato 1, conte-nos sobre sua vida antes de embarcar em sua aventura. Qual foi o problema ou evento que catalisou suas ideias? No ato 2, fale sobre os desafios que você enfrentou. Que obstáculos o impediram de buscar o tesouro que você almejava encontrar? Aumente a tensão lembrando ao seu público como você esteve perto do fracasso. No ato 3, revele a resolução. Como você superou esses obstáculos e como transformou a adversidade em sucesso? Que lições aprendeu e como a experiência tornou você, a empresa e o mundo melhores?

Seu público quer uma história de origem bem embalada. E você tem uma para compartilhar.

SUGESTÃO 13:

ESCREVA NARRATIVAS ANTES de criar slides. Embora o PowerPoint seja proibido nas reuniões de nível sênior da Amazon, os executivos o usam com clientes, parceiros e públicos externos. Mas o PowerPoint não é uma ferramenta de contar histórias, e os marcadores não são histórias. Primeiro, construa a história em forma de narrativas escritas para experimentar. A estrutura narrativa requer um tema, títulos e subtítulos, além de frases totalmente formadas com substantivos, verbos e objetos. Tente escrever a história que deseja transmitir *antes de* começar a criar slides. Os slides do PowerPoint não contam a história; os slides *complementam* a história.

SUGESTÃO 14:

JEFF BEZOS ESCREVEU 24 anos de cartas anuais aos acionistas da Amazon. Muitas delas assumem a forma de narrativas bem escritas. Cada carta tem um tema, uma sequência clara e lógica, e histórias e dados que apoiam a narrativa. Visite o site AboutAmazon.com e pesquise "cartas aos acionistas". As dos anos a seguir são um bom ponto de partida: 1997, 2006, 2013, 2014, 2017 e 2020. Elas são bem estruturadas, têm temas abrangentes e claros, e usam linguagem metafórica para explicar ideias complexas.

SUGESTÃO 15:

USE A TABELA abaixo para elaborar um comunicado à imprensa simulado para sua ideia: uma startup, um produto, um serviço, uma empresa ou um plano.

TEMA	(Produto, iniciativa, serviço ou empresa.)
MANCHETE	(Informa quem está fazendo o anúncio e *o que* está anunciando.)
SUBTÍTULO	(O subtítulo é o gancho que dá ao leitor uma razão para prestar atenção. Deve ser conciso. Limite-o a, no máximo, trinta palavras.)
PRIMEIRO PARÁGRAFO (RESUMO)	(Este primeiro parágrafo é uma introdução que oferece um resumo conciso do produto, iniciativa, serviço ou empresa e seus benefícios.)
SEGUNDO PARÁGRAFO (PROBLEMA)	(O segundo parágrafo explica o problema que seu produto, iniciativa, serviço ou empresa pretende resolver.)
PARÁGRAFOS 3 A 6	(Do terceiro ao sexto parágrafos, os detalhes de seu produto, iniciativa, serviço ou empresa e de como ele/ela resolve o problema são aprofundados.)

SUGESTÕES PARA TREINAMENTO REUNIDAS

CITAÇÕES DA EMPRESA/ DEPOIMENTOS DE CLIENTES	(Use citações atraentes de porta-vozes, parceiros e clientes da empresa, mesmo que ainda não existam.)

SUGESTÃO 16:

O VÍDEO É uma ferramenta simples e valiosa para ajudá-lo a avaliar seus pontos fortes naturais e as áreas em que precisa melhorar. Pegue um smartphone e grave uma apresentação sua, um discurso de vendas, uma entrevista de emprego e assim por diante. Assista e avalie o vídeo, mas também solicite comentários de um amigo ou colega de sua confiança. Algumas das coisas que você deve procurar:

- Que pontos fortes naturais você percebe? (por exemplo, linguagem criativa, escrita forte, slides bem elaborados, postura boa, tom de voz forte ou variação vocal, histórias criativas para aprimorar a mensagem). Reconheça seus pontos fortes e enfatize-os.
- Você está usando palavras demais para transmitir seu ponto de vista? Que frases pode eliminar na próxima vez que praticar?
- Há texto demais em seus slides? As letras são pequenas demais? Se não consegue ler o texto, a plateia também não conseguirá.
- Você usa palavras de preenchimento, como *ah, hum* ou *tipo*? Você termina suas frases com expressões irritantes e supérfluas como *sabe?* ou *certo?* Todos nós usamos palavras de preenchimento em nossas conversas naturais, mas um excesso de preenchimentos vira uma distração. Se você eliminar mais palavras de preenchimento a cada sessão de treinamento, soará bem-preparado e confiante quando chegar a hora de se apresentar.
- Seu tema — o tópico frasal — está claro? Você o apresenta de forma consistente todas as vezes que o diz?

O vídeo é a melhor ferramenta que tem à sua disposição para melhorar as habilidades de falar em público. Você ficará surpreso com os problemas que consegue perceber sozinho — e quanta melhoria pode conseguir de um vídeo para o outro.

SUGESTÃO 17:

QUANDO VOCÊ COMEÇA uma frase com "Se há uma coisa a saber, é isso...", o que vier a seguir é o que seu público lembrará. Eles escreverão e compartilharão a mensagem com os outros, porque é como levar um marcador mental ao seu ponto principal. Aqui estão algumas outras frases que você pode usar para destacar sua mensagem principal.

- "A coisa mais importante que você precisa saber é..."
- "Se existe uma coisa que você pode levar desta apresentação, é isso..."
- "O que eu posso dizer a você é isso..."

Seu público anseia por roteiros. Guie-os na direção que você deseja levá-los.

SUGESTÃO 18:

UMA ESTRATÉGIA BEM-SUCEDIDA começa com uma missão clara e convincente — e replicável. As palavras importam. Palavras definem suas ações, e suas ações definem seu resultado. Use palavras precisas e uma linguagem informal que você se sinta confortável em repetir várias vezes. Condense a missão até poder dizê-la em cinco segundos (doze palavras ou menos). A Amazon é a maior empresa da América e sua missão é expressa em oito palavras: a empresa mais centrada no cliente da Terra.

SUGESTÕES PARA TREINAMENTO REUNIDAS

Muitas das marcas mais bem-sucedidas do mundo são dirigidas por líderes que articulam o propósito abrangente da empresa de forma clara, consistente e frequente. Por exemplo:

Nike: Levar inspiração e inovação para cada atleta do mundo.
Unilever: Tornar "viver sustentavelmente" algo comum.
Tesla: Acelerar a transição do mundo para a energia sustentável.
TED Talks: Espalhar boas ideias.
Twilio: Alimentar o futuro das comunicações. (O fundador da Twilio, Jeff Lawson, aprendeu o poder da missão como executivo da Amazon Web Services.)

Encurte a mensagem de sua missão. Faça cada palavra valer a pena e repita-a até se cansar de ouvir. Em seguida, repita novamente.

SUGESTÃO 19:

PRATIQUE PEGAR O seguinte dado e colocá-lo em contexto: um Frappuccino Mocha grande contém cerca de 55 gramas de açúcar.

Cinquenta e cinco gramas é muito ou pouco? Sem contexto, é apenas um número. Mas vamos fingir que você seja um nutricionista que está tentando convencer seu cliente a reduzir o consumo de bebidas de café com sabor — como você descreveria quanto açúcar ele consome em 55 gramas? Talvez você possa compará-lo com quantas colheres de chá de açúcar representam 55 gramas (resposta: 12 colheres de chá). Você poderia compará-lo com M&M's. Um Frappuccino Mocha grande tem o equivalente a não um, nem dois, mas três pacotes de 300 gramas de M&M's. Agora você acha que seu cliente pode repensar o consumo excessivo de Frappuccinos?

SUGESTÃO 20:

SIGA O MÉTODO Gallo para estruturar o conteúdo de sua próxima proposta para atrair financiamento de investidores ou fazer uma apresentação. O modelo de mapa de mensagens mostrado na Figura 16.2 fornece um espaço para escrever um esboço de seu tópico frasal e as três mensagens de apoio. O primeiro passo é começar a escrever. Você pode cortar, editar e refinar palavras mais tarde. Trabalhe com outras pessoas. Deixe que elas deem sugestões. Ao terminar o mapa de mensagens, você terá uma história simples e fácil de seguir, em uma única página. Memorize-a se for uma apresentação, conversa ou entrevista. Use-a como um esboço para uma apresentação de slides. Compartilhe com sua equipe para que todos fiquem alinhados. Envie a apresentação para o desenvolvedor de seu site ou para qualquer pessoa que crie material de marketing escrito para sua empresa. O mapa de mensagens é a sua história em uma página.

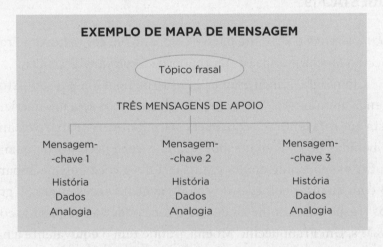

FIGURA 16.2 – O modelo de mapa de mensagens

ÍNDICE

190 pontos, regra da fonte de, 269-270
60 Minutes, 83

Adobe Photoshop, 176
advérbios, 83
aforismos, 62-63
    de Bezos, 63, 64, 81-83, 107, 189
    de Buffett, 65-66
Afrodite, 116
Airbnb, 98, 200, 277
    história de origem de, 178-180
Alberg, Tom, 16
alinhamento, 223-226, 267
Amazon
    Bezos deixa cargo de CEO da, 46
    CEOs da, 14
    CI/PFs na, 208-210, 215, 218-221, 224
    conceito da, 167
    crescimento da, 22, 36-37, 226, 236, 266, 284
    cultura da, 14, 262, 280-281
    Dia Um na, 22-23, 27-28, 81-82, 113-115, 266, 308

Echo Dot, 207
ex-funcionários de, 15
Fulfillment by Amazon (FBA), 122
influência da, 18
inovação na, 20, 22-23, 122, 189-190, 191, 204, 280
Kindle, *ver* Kindle
lojas físicas da (Amazon Books), 219
Marketplace, 281|
mesas na, 16-17, 283
negócio de mídia digital da, 135-136, 205-207, 209
Netflix e, 282-283
nome da, 113, 167
número de livros disponíveis na, 234
obsessão pelo cliente na, 38, 82, 96, 220, 160-266, 310
parceria da Best Buy com, 273
"Pergunte a um proprietário", recurso de, 202
personalização na, 200-201
prédio Dia Um da, 114, 284

Prime, 216-217, 292
Prime Day, 217
Prime Now, 197
Prime Video, 169, 281
primeiro anúncio de emprego da, 18-19
primeiros investidores em, 16
Princípios de Liderança da, 27, 37-38, 103, 189, 220, 236, 262, 282, 307, 309-310
riqueza para acionistas criada por, 293-294
S-Team (equipe de gerentes seniores) da, 184, 200, 201, 219, 236, 237
segunda sede, 47-48
simulações em, 206-207
Studios, 168-169
tópico frasal, 98-100, 162
valores da, 17
valores fundamentais de, 281
vendas anuais da, 281
Web Services (AWS), 14, 42, 129, 146, 200, 215, 290-291
Weblab, 202
Whole Foods adquirida por, 199, 270-271
Zappos adquirida por, 264-265
AMP, modelo da Gallo, 243-245, 257
analogias, 39, 134, 135-147, 233, 282, 298
    bananeira, 140-142, 195
    carvalho, 136-137
    cérebro e, 137, 287-288
    descobertas científicas e, 138
    domínio próximo e domínio distante, 138-139
    eficácia de, 138
    para a internet, 142-145
    sugestão para treinamento sobre, 140, 314-315
Andreessen Horowitz, 180
anel de vedação, demonstração de água gelada com, 194
anotações, tomada de, 235
Antioco, John, 175
aparelhos médicos, 221-223, 274-276
Apollo, missões, 225-226, 228
Apple, 40-41, 255, 267-269, 277, 306
    chip M1, 104
    iPhone, 255-257
    iPod, 289-290
aprendizado de máquina, 200
aprendizado, 17, 88, 306
    Feynman, técnica para, 194-195
    ver também leitura
Aristóteles, 134, 135, 155, 233
Armstrong, Neil, 306

Arquimedes, 137-138
árvore, metáfora de, 44
Asimov, Isaac, 227
Associação Americana de Editores, 119

backcasting, 225
bagels, regra dos, 125-127
Bakken, Earl, 274-276
bananeira, analogia com, 140-141, 195
barracas romanas, 124-125, 126
Barrett, Lisa Feldman, 39
batalha de Hastings, 52
Bella, Charles "Cheater", 153
Berkshire Hathaway, 131
Best Buy, 273
Bezos, Jeff
    aforismos de, 63, 64, 81-83, 107, 189
    Bryar como assessor técnico de, 184-185
    característica de, 19-22
    cartas de, 21-22, 31, 36, 43-44, 51-52, 73, 80-81, 84-85, 90, 107, 113-114, 129, 140, 204, 216-217, 228, 259, 261, 291-293, 307-308
    como estudante em Princeton, 31-33
    como indivíduo mais rico do mundo, 293
    deixa cargo de CEO da Amazon, 46, 109-110
    discursos de, 245-252, 260
    discurso de, em audiência no Congresso, 161-167, 172-173
    discurso de formatura em Princeton, 33-36
    DREAM Institute, ideia de, 228-229
    edição com caneta vermelha por, 217
    elementos de uma narrativa listados por, 168-169
    em acidente de helicóptero, 151-153
    Lake Forest College, discurso em, 245-247, 250, 251
Bezos, Mark, 153
Bing, 200
Black Friday, 217
Blakely, Sara, 160, 229
Blecharczyk, Nate, 179
Blockbuster, 174, 175
Bloomberg Television, 266
BLOT (*bottom line on top*), 102
Blue Origin, 111, 153, 228, 250, 289, 306
BLUF (*bottom line up front*), 101
Blumenthal, Neil, 181
Boeing, 187-188
Boinas Verdes, 25
bolha pontocom, 89-90, 127, 142, 173
brainstorming, caminhadas de, 306

ÍNDICE

Branson, Richard, 177, 229
brevidade, 94, 100
Brooks, Frederick, 120, 236
Brooks, Garth, 116-117
Bryar, Colin, 121, 183-186, 190, 191, 198, 208, 236
    Working Backwards (Bryar e Carr), 121, 208, 280
Buffett, Jimmy, 117
Buffett, Warren, 43-45, 131, 229, 242, 295, 310
    aforismos de, 65-66
Burton, Shawn, 58-60

Cama de Procusto, A (Taleb), 37
Cameron, James, 157
Caminhada Planetária Sagan, 291
Caminhada Planetária, 291
caminhar, 306
Campbell, Joseph, 172-174
câncer, 223
Canva, 99
    história de origem de, 176-178
capacidade de atenção, 93
Carlyle Group, 234
Carr, Bill, 121, 122, 135-136, 205-208, 215, 280
    Working Backwards (Bryar e Carr), 121, 208, 280
carvalho, analogia com, 136
Cast, Jennifer, 218-220
castelo, metáfora de, 131
catalisador, ao contar histórias, 158
Cem maneiras de melhorar a escrita (Provost), 80
cérebro
    leitura e, 230, 235
    cérebro, 25, 39, 93
    analogias e, 137, 287-288
    caminhar e, 2306
    dados e, 287-288
    leitura e, 229-230
    metáforas e, 117
    regra de três e, 296-297
    simbolismo e, 280-283
Challenger, 198
Chamblee, Brandel, 232
Chesky, Brian, 179-180
Christensen, Clay, 92-93
Churchill, Winston, 51, 55, 102
ciclo virtuoso, 127
Cisne Negro, O (Taleb), 62
clareza, 43-45, 100, 103-106, 195, 218-220
Clark, Roy Peter, 74-76, 79, 84
Clarke, Arthur C., 228

cliente, 259
    comunicados à imprensa e, *ver* comunicados à imprensa
    obsessão pelo, 38, 82, 96, 220, 260-264, 310
    receita vitalícia de, 202
    trabalhar para trás desde, *ver* trabalhar para trás
CNBC, 268, 300
Cognitive Style of PowerPoint, The (Tufte), 186-189, 194
colaboração, em narrativa, 196-197
Collins, Jim, *Empresas feitas para vencer*, 127, 236
Columbia, 187-188
Comandante, Intenção do, 101
Combs, Luke, 67
Como escrever bem (Zinsser), 77
composição musical, 66-67, 116-117
computação em nuvem, 146, 200
    Amazon Web Services (AWS), 14, 42, 129, 146, 200, 215
    S3 (Simple Storage Service), 146
comunicação, 12-14
comunicação, habilidades de, 13, 18, 25-27, 225, 235, 305
    e primeiro anúncio de emprego de Bezos para a Amazon, 18-19
    modelo de Bezos para, 12-13
    no mercado de trabalho pós-COVID, 19
    razões para estudar Bezos sobre, 20-25
    regra de três em, 296-298
comunicados à imprensa simulados, *ver* comunicados à imprensa
comunicados à imprensa, 14, 207-211, 217, 222, 224-225
    CI/PFs, 208-210, 215, 218-221, 224
    clareza e precisão em, 218-221
    destaques de parcerias, citações de executivos ou depoimentos de clientes em, 214-215
    elementos de, 210-215
    manchete em, 211
    para Kindle, 210-215
    parágrafo da solução e dos benefícios em, 213-214
    parágrafo de resumo em, 212
    parágrafo do problema, 212-213
    subtítulo em, 211-212
    sugestões para treinamento sobre, 220-221, 316-317
concisão, 106
conhecimento, em livros, 231, 233-234, 236

conquista normanda, 52
conquistar corações e mentes, 25-28
construções paralelas, 86
contar histórias, 11-14, 20, 147, 151-170, 171, 182, 203, 282, 293, 295-296, 298-299
    catalisador em, 158
    cenas essenciais ou "pausas" em, 158-160
    dados e, 293
    debate em, 159, 164
    diversão e jogos em, 160, 164, 177
    estrutura de três atos em, 155-158, 161-167, 170, 174-182
    fórmulas em, 156
    jornada do herói em, 172-174, 180
    lista de requisitos de Bezos para, 168-169
    no discurso de Bezos na audiência no Congresso, 161-167, 173
    sugestão para treinamento sobre, 161, 314
    "tudo está perdido" em, 160, 165
    ver também narrativa; histórias de origem
Contratação
    habilidades de comunicação e, 18-19
    trabalho remoto e, 26-27
contratos legais, 58-59
Cook, Tim, 105
Coração do negócio, O (Joly), 273
Cornwell, David, 83
Corrida do ouro da Califórnia, 142-145
corrida do ouro, 142-144
Coupang, 60-62
Coursera, 98
crescimento composto, 286, 289
crescimento exponencial, 285-287
Creation, 236
criatividade, 80, 155, 156, 246, 247, 248-249, 305-308

Da Rússia, com amor (Fleming), 77
Da Terra à Lua (Verne), 228
dados 47-48, 94, 203, 204, 285-294, 298
    cérebro e, 287-288
    comparações de tamanho e peso com, 288-291
    comparações de tempo com, 291-292
    crescimento de, 286-287
    história e, 293
    medidas de distância de, 290-291
    mineração de, e personalização, 200-201
    sugestão para treinamento sobre, 292, 319-320
    valor e, 292-294
Dalio, Ray, 229

De Volta para o Futuro, 96
debate, ao contar histórias, 159, 164
deixar empregos, 19, 26
Deloitte Consultoria Empresarial, 271
Depressão, Grande, 192
Deupree, Richard, 192-193
Dia Dois, 27
Dia Um, 22-23, 27, 81-82, 113-115, 266, 308
diferenciação, 307
Dilema da inovação, O (Christensen), 239
diversão e jogos, ao contar histórias, 160-161, 165, 176
Doerr, John, 16-17, 154, 266
Donaldson, Jimmy, 97-98
dons *versus* escolhas, 33-34
DREAM Institute, 229
duas pizzas, equipes de, 22, 119-121, 124-127, 189, 236
Dyson, James, 161

eBay, 180
Economic Club of Washington, D.C., 113
Einstein, Albert, 20, 195, 286
El Paso Times, 153
Elements of Style, The (Strunk e White), 77-78
eletricidade, 144-145, 250
Elliot, Jay, 40-42
empreendedores, 170, 307
    histórias de origem e, *ver* origem, histórias de
    leitura e, 231
    regra de três e, 296-297
Endurance, 231
Ephron, Nora, 233
equipes de pizzas, 22, 119-121, 124-126, 190, 236
escolhas *versus* dons, 33-34
escrita de roteiros de cinema, 95-96, 155, 173
escrita, 11-14, 19, 21-23, 69-88, 203, 225, 235
    advérbios em, 83
    aprimorar habilidades em, 36, 72, 73
    construções paralelas em, 86-87
    ferramentas e estratégias de, 72
    gramática em, 71-72
    iniciar frases com sujeitos e verbos em, 74-75
    livros para melhorar habilidades em, 86, 312
    ordenamento de palavras para ênfase, 75-76
    palavras evasivas em, 82-83, 107
    persuasão em, 72
    pontos-finais em, 75
    qualificadores verbais em, 82-83
    regras de, 71

ÍNDICE

tamanho de frases em, 83-85
verbos fortes em, 79-81
voz ativa em, 77-79, 109
voz passiva em, 77
especificidade, 107
Estação Espacial Internacional, 130
Eves, Derral, 97
Exército dos E.U.A., 25, 101
exploração espacial, 306
    Blue Origin, 92, 111, 153, 228, 250, 289, 306
    Challenger, 195
    Columbia, 187-188
    Estação Espacial Internacional, 130
    Lua, missões a, 225, 228, 306-307
    Marte, expedições a, 225
exposição, terapia de, 241
Exterminador do futuro, O, 157

falar em público, 20, 224, 242-257
    Bezos e, 245-251
    Jobs e, 252-257
    leitura e, 231-233
    medo de, 242
    modelo AMP (Aptidão, Mensagem, Prática) da Gallo para, 243-245, 257
    sugestão para treinamento sobre uso de vídeo para melhorar, 251-251, 317-318
Farnsworth, Ward, 115
Favreau, Jon, 68
Feitas para vencer (Collins e Porras), 236
Feitas para vencer (Collins), 127, 236
Ferriss, Tim, 69
Feynman, Richard, 194-195
Field, Syd, 156
Fleming, Ian, 77
Flesch, Rudolf, 34-35
Flesch-Kincaid, testes de legibilidade, 35-37, 64, 104, 311-312
    sugestão para treinamento sobre, 64-65, 311-312
flywheels, 18, 22, 127-128, 236
Forbes, 60, 99, 276, 277
força de trabalho remoto, 19-20, 26-27, 267
Forças Especiais, 25
forças militares, E.U.A., 99-101
    Corpo de Fuzileiros Navais, 99
    Exército, 25, 101
fórmula do caminho da comunicação, 120
Fortune, 276
fosso econômico, 131
frases, 188

começar com sujeitos e verbos, 74-75
tamanho de, 83-86
Freeman, Jesse, 198
Fuzileiros Navais, Corpo de, 99-100

Galileu Galilei, 195
Gallo Communications Group, 106, 296
Gallo, Método, 24, 296-304
    Mapa de Mensagens em, 298-304
    sugestão para treinamento sobre, 302, 319-320
    UNTUCKit, uso por, 299-300
Gallo, Vanessa, 106, 242, 245
Gates, Bill, 194
Gebbia, Joe, 179
GEICO, 131
General Electric (GE), 58
Georgetown, Universidade de, 297
gerentes de produto, 224
Gill, 74
Goodman, Nelson, 118
Goodwin, Doris Kearns, 60, 295
Google, 98, 200, 277
gramática, 71-72
Grammarly, 64, 73, 78
Grande Demissão, 26
Grande Depressão, 192
Greenberg, Alan, 237
Grey's Anatomy, 96
Greylock Partners, 42
Grove, Andy, 92-93
Guerra nas estrelas, 96, 156-160
Guilherme, o Conquistador, 52

habilidades de falar em público, *ver* falar em público
Hadfield, Chris, 130
Halpern, Diane, 137-138
Harari, Yuval Noah, 171
Harrelson, Woody, 178
Harry Potter, série, 35, 160
Harvard Business Review, 22, 58, 92, 260
Harvard Business School, 79
Harvard University Graduate School of Design, 13
Hastings, batalha de, 52
Hastings, Reed, 174-176, 282-283
Heinlein, Robert, 227
Hemingway, Ernest, 22
Henry, Patrick, 54
Hiatt, Ann, 17
Hillis, Danny, 228
Hobbit, O (Tolkien), 228

Holland, Ty, 153
Hollywood Reporter, 155
Hopper, 123-124
Hsieh, Tony, 265-266
Huffington Post, 97

iCIMS, 242
Indeed.com, 19
inovação, 144, 287, 305, 306
    na Amazon, 20, 22, 122, 190, 191, 204, 280
Instituto Nacional de Saúde Mental, 242
Instrutor de Armas e Táticas (WTI), 100
Intel, 92-93
inteligência artificial, 200
intenções, *versus* mecanismos, 189-190
internet, 259-260, 263
    analogias para, 142-145, 250
    bolha pontocom, 89-90, 127, 142-145, 173
    crescimento de, 285
    eletricidade, comparação com, 144-145, 250
investidores de capital de risco, 297
Isaacson, Walter, 20-21, 151, 154, 307

Jack Ryan, 169-170
Japão, 57
Jassy, Andy, 14, 46, 102-103, 109, 110, 184, 215, 266
Jobs, Steve, 20, 267-270, 289-290
    Elliot e, 40-41
    regra da fonte de 190 pontos, 269-270
    como palestrante, 252-257
Johnson, Dwayne "The Rock", 71-72
Johnson, Mark, 117
Joly, Hubert, 273
Jordan, Jeff, 180
jornada do herói, 172-174, 180
Jornada do herói, A (Campbell), 172-174
Jornada nas estrelas, 154

Kahneman, Daniel, 39
Kawasaki, Guy, 178, 269
Kennedy, John F., 77
Kim, Bom, 35-36
Kincaid, J. Peter, 17-18
    ver também Flesch-Kincaid, teste de legibilidade
Kindle, 51-52, 137, 209, 214-215, 235, 236
    comunicados à imprensa sobre, 211-215
King, Stephen, 77, 83
Kleiner Perkins, 16
Kohavi, Ronny, 200-203
Korrell, Elizabeth, 153

Kotter, John, 260
Krasinski, John, 169

Lake Forest College, discurso de Bezos em, 245-248, 250, 251
Lakoff, George, 117
Lalonde, Frederic, 123-124
lâmpadas elétricas, 142, 144, 192
Larson, Erik, 55
Lawson, Jeff, 125-126
le Carré, John, 83
leitura e, 154, 227-229, 230-231, 237
    Mackey e, 270
    palestra TED de, 142-145, 248-250
    PowerPoint proibido por, 11, 14, 24, 184-189, 199, 201
    razões para estudar, 20-25
    relógio de dez mil anos de, 279-280
    reunião de Hsieh com, 265-266
    reuniões de, 91
    vida de, 162-165, 173, 227
leitura, 17, 227-237
    Bezos e, 154, 227-229, 231, 236
    cérebro e, 230, 235
    com objetividade, 233-237
    compartilhar e falar sobre, 236-237
    conhecimento em, 231, 233-234, 236
    de livros de negócios, 231
    em categorias relevantes, 233-235
    fazer anotações enquanto, 168
    habilidades de falar em público e, 165-66
    hábitos dos estadunidenses de, 228-230
    perspectiva e, 231
    razões para, 230-232
Leonardo da Vinci, 20, 307
Liderança consciente (Mackey), 284
líderes, 18, 25, 37, 38, 72, 235, 261, 282, 295, 304, 305
    Goodwin sobre, 295
    leitura e, *ver* leitura
    liderança *single-threaded*, 122-123, 126, 190
    Princípios de Liderança da Amazon, 26, 37-38, 102, 189, 220, 236, 260, 282, 307, 309-310
    subcomunicação por, 260
Lincoln, Abraham, 60
Lincoln, livro, 295
LinkedIn, 19
livros de negócios, 231
livros eletrônicos, 51, 135-136, 206, 235
    ver também Kindle
livros, *ver* leitura

ÍNDICE

Loja de tudo, A (Stone), 38, 120, 217, 310
Lucas, George, 156

Macbeth (Shakespeare), 75
Mackey, John, 199, 270-273, 284
Made in America (Walton), 236
máquinas de lavar roupa, 144
marcadores, 186-188, 191, 194, 199, 218
marca-passos, 274
Marte, expedições para, 225
Matrix News, 285
mecanismos, 208
    intenções *versus*, 189-190
Medtronic, 276-277
memorando de Churchill sobre, 102
memorandos, 216, 222
    de uma página, 192-193
    leitura em reuniões, 197-198
    de seis páginas, 190-193, 196-198
    ver também narrativa
Memos from the Chairman (Greenberg), 237
mentalidade, 307
mera exposição, efeito de, 262
mercenários, 22, 261
Mestre dos mares (O'Brian), 230
Meta, A (Goldratt), 237
metáfora conceitual, teoria da (TMC), 117
Metáforas da vida cotidiana (Lakoff e Johnson), 117
metáforas, 21, 39, 45, 113-134, 137, 147, 233, 282
    acrescentar a seu conjunto de ferramentas de comunicação, 130-134
    árvore, 44
    barracas romanas, 124, 126
    castelo, 131
    cérebro e, 117
    definição ou descrição de, 115
    Dia Um, 22, 27, 81, 113-114, 266, 308
    domínio de origem e domínio de destino em, 118
    em músicas, 116-117
    equipes de duas pizzas, 22, 119-121, 124-127, 189, 236
    flywheel, 18, 22, 127-128, 236
    regra dos doze bagels, 125-127
    rosas, 77
    single-threading, 122
    sugestão para treinamento sobre, 118, 129, 133-134, 313, 314
Michaels, Bret, 116
Microsoft, 27, 197, 200-202
missão, 259-277
    como mantra, 260-265
    da Apple, 267-271
    da Medtronic, 274-276
    declaração de, 269-270
    obsessão pelo cliente como, 38, 82, 96, 220, 160-266, 310
    propósito e, 262, 264-265, 270-272
    sugestão para treinamento sobre, 272, 318-319
    supercomunicação de, 260-262
missionários, 82
    mercenários *versus*, 22, 261
missões à Lua, 225, 228, 306-308
Mítico homem-mês, O (Brooks), 120, 236
modelos, 12-15, 17
momentos eureca, 137-138
Moret, Stephen, 47-49
Moritz, Michael, 277
MrBeast, 97
mundo digital, 19, 49
música e composição, 66-68, 116-117
músicas "chiclete", 66
Musk, Elon, 229

Nadella, Satya, 88
narrativa, 182, 183-204, 207, 208
    clara, 190
    colaboração em, 196-197
    e leitura de memorandos em reuniões, 197-198
    em memorandos de seis páginas, 190-193, 196-199
    em memorandos de uma página, 191-193
    estratégias para escrever, 191-199
    padrões de Bezos para, 218
    primeiras tentativas da Amazon de escrever, 190
    processo de escrita, 190
    sugestões para treinamento sobre, 199, 204, 315-316
    tempo necessário para, 195
    títulos e subtítulos em, 193-194
    ver também contar histórias
NASA, 187, 225
Nasdaq, 89
National Public Radio, 33
Netflix, 126, 159, 201
    Amazon e, 282-283
    história de origem de, 174-175
Newsweek, 110, 231
Newton, Isaac, 195

Nietzsche, Friedrich, 233
Nooyi, Indra, 15, 49
novelas, 192

O'Brian, Patrick, 230
Oates, Joyce Carol, 230
Obama, Barack, 67-68
obsessão, 277
    pelo cliente, 38, 218, 220, 260-266, 310
Olimpíadas de Tóquio, 57
origem, histórias de, 170, 171-182
    da Airbnb, 178-181
    da Canva, 176-177
    da Netflix, 174-176
    da Warby Parker, 180-182
    estrutura de três atos em, 170
    sugestões para treinamento sobre, 182, 315

paixões, 277, 305, 306
palavras evasivas, 82-83, 107
palavras, 51-68
    antigas, 53-58
    curtas, 52
    curtas, uso em tempos de crise, 54-58
    em frases formais em comparação com frases mais simples, 52-53
    latinas, 53, 58
    ordenamento para fins de ênfase, 75-76
    origens de, 52-54
    sugestão para treinamento sobre, 55, 311
    tamanho de, e complexidade de ideias, 58-62
pandemia de COVID-19, 114, 161
    ajuda governamental durante, 132
    campanhas de saúde durante, 56-58
    crescimento exponencial durante, 286-287
    Hopper e, 124
    local de trabalho e, 19, 26, 102-103, 224, 273
Patterson, James, 91-92
pausas, ao contar histórias, 158-161
PayPal, 277
pensar grande, 27
PepsiCo, 15, 49
perguntas frequentes, *ver* PFs
frases, 74-75
Perkins, Melanie, 176-177
personalização, 200-201, 261
perspectiva, leitura e, 231
Peters, Tom, 192
PFs (perguntas frequentes), 208-209
    CI/PFs, 208-210, 215, 218-221, 224
Photoshop, 176, 177

Pink, Dan, 17
Pixar, 269, 306
pontuação de legibilidade, Flesch-Kincaid, 35-36, 64-65, 104, 109, 311
    sugestão para treinamento sobre, 64-65, 311
Porter, Brad, 196-197, 204
Portões de fogo (Pressfield), 230
PowerPoint, 94, 191, 194, 205, 207, 304
    proibição por Bezos de, 11, 14, 24, 184-188, 199, 201
    substituição por narrativas, *ver* narrativa
    The Cognitive Style of PowerPoint (Tufte), 186-188
precisão, 103-108, 196-197, 218-221
    clareza, 43-45, 100, 102-105, 195-197, 218-220
    concisão, 106-107
    especificidade, 107-108
Presentation Secrets of Steve Jobs, The (Gallo), 21, 289
Pressfield, Steven, 230
Prezi, 242
primeiras frases, 91
Princeton, Universidade de, 31-35
princípios, 37-38
    Princípios de Liderança da Amazon, 27, 37-38, 103, 189, 220, 236, 262, 282, 307, 309-310
    sugestão para treinamento sobre, 37-38, 309-310
Private (Patterson), 91
Procter & Gamble (P&G), 191-193
Procurando Nemo, 96
propósito, 262, 264, 270-272, 295-296
    ver também missão
Provost, Gary, 74, 80
público, 72
    conhecimento de, 40-45, 311
    conhecimento de seu, 43

Quintiliano, 76

Rambo III, 153
Randolph, Marc, 159, 174-176, 282-283
Rápido e devagar, duas formas de pensar (Kahneman), 39
"refrão" retórico, 67-68
refrões "chicletes", 66-67
regra dos doze bagels, 125-126
regra de três, 296-298
relógio de dez mil anos, 279-280

ÍNDICE

relógio de dez mil anos, 279-280
Rhimes, Shonda, 96
Riccobono, Chris, 299
Rolling Stone, 67
Romeu e Julieta (Shakespeare), 116
rosa, metáfora da, 116
Rossman, John, 281
Rubenstein, David, 234-235, 266
ruído mental, teoria do, 57

S3 (Simple Storage Service), 146
S-Team (equipe de gerentes seniores), 184, 200, 201, 219, 236, 237
Sapiens (Harari), 171
Schultz, Howard, 159
Segunda Guerra Mundial, 55, 101-102
Seinfeld, Jerry, 69-70
Selipsky, Adam, 14, 199
sementes, plantio, 22
Sequoia Capital, 277
ser original, 308
sesquipedal, 49
Sete lições e meia sobre o cérebro (Barrett), 39
Sex and the City, 96
Shackleton, Ernest, 231
Shakespeare, William, 70, 116, 233
SharePoint, 197
símbolos, 276-277, 279-284
    cérebro e, 280-283
    em conjunto de ferramentas retóricas, 282-284
    sentidos e, 282
    uso por Bezos de, 279-284
simplicidade, 22, 31-50, 304
    conhecer seu público, 40-43
    estratégia de Buffett para escrita clara, 43-45
    pontuação de legibilidade e, *ver* testes, Flesch-Kincaid
    seleção em, não compressão, 45-46
    ser mais esperto do que a concorrência ao expressar ideias complexas de maneira simples, 33-40
simulações, 206
single-threading, 122
Smith, Red, 69
sono, 305
Sorkin, Aaron, 156, 233
SPANX, 160
Spielberg, Steven, 295
Stallone, Sylvester, 153
Starbucks, 159
startups
    histórias de origem de, *ver* origem, histórias de
    regra de três e, 296-298
Stavridis, James, 227, 229, 230, 231, 236
Stephenson, Neal, 154
Stone, Brad, 38, 110-111, 128, 217
    Loja de tudo, A, 38, 120, 217, 310
Strunk, William, 78
sugestões para treinamento, 309-320
    sobre analogias, 140, 314
    sobre cenas de histórias, 161, 314-315
    sobre comunicados à imprensa, 220-221, 316-317
    sobre conhecer seu público, 45, 311
    sobre dados e contexto, 292, 319
    sobre destacar mensagem principal, 264, 317-318
    sobre história de origem, 182, 315
    sobre legibilidade, 64-65, 311-312
    sobre livros para melhorar habilidades de escrita, 87, 311-312
    sobre metáforas, 118, 129, 133-134, 313, 314
    sobre Método Gallo, 298-302, 319-320
    sobre missão, 272, 318-319
    sobre narrativas, 198, 204, 315-316
    sobre palavras, 53-55, 311
    sobre princípios, 36-38, 309-310
    sobre teste *E daí?*, 105, 312-313
    sobre usar vídeo para melhorar oratória em público, 251-252, 317-318
sujeitos, iniciar frases com, 74-75
Swonk, Diane, 132

Tableau, 14
Taleb, Nassim Nicholas, 62
Taylor, Tom, 123
TED, palestras, 21, 94
    de Bezos, 142-145, 247-252
TED: falar, convencer, emocionar (Gallo), 21, 94
tensão cognitiva e facilidade cognitiva, 39
teste *E daí?*, 104-105, 208
    sugestão para treinamento sobre, 105, 312-313
testes A/B, 202-203
Thoreau, Henry David, 304
Titanic, 96
títulos e subtítulos, 193-194
Tolkien, J. R. R., 228
Tom Clancy's Jack Ryan, 169-170

tomada de decisões, 306
tópicos frasais, 89-110, 162, 212, 296, 298
trabalhar para trás, 47, 108-110, 204, 205-226, 262, 265
    alinhamento e, 223-224
    benefícios profissionais de, 221-222
    CI/PFs, 208-210, 215, 218-221, 224
    cruciais nas propostas de ideias novas, 224-225
    ver também comunicados à imprensa
    Working Backwards (Bryar e Carr), 121, 208
trabalho em equipe, 19
    na escrita de narrativas, 196-197
três, regra de, 296
Tuchman, Barbara, 237
"tudo está perdido", em contar histórias, 160, 165-166
Tufte, Edward, 186-189, 193-194
Twilio, 125-126
Tyson, Neil deGrasse, 233

Uber, 126
Um lugar chamado Notting Hill, 158
UNTUCKit, 299-300

Varian, Hal, 293
Varol, Ozan, 225
vendas, 15
    de sonhos, não produtos, 15
verbos
    começar frases com, 74-75
    fortes, 79-82

qualificadores e, 82-83
voz ativa e, 77-79, 109
voz passiva e, 77-78
Verne, Júlio, 227, 228
Vestígios do dia (Ishiguro), 232-233
vídeo, 222, 251-252
Virgínia, 47-48
Vogels, Werner, 146-147
Vogler, Christopher, 173
voz ativa, 77-79, 109
voz passiva, 77-78

Wall Street Journal, 14, 161, 276
Walliman, Dominic, 296
Walton, Sam, 236
Warby Parker, 180-181
Washington Post, 68
Weiner, Jeff, 19
WhatsApp, 277
Whitney, Henry Clay, 60
Whole Foods, 199, 270-271
Wilson, Owen, 178
Winfrey, Oprah, 210, 229
Withers, Bill, 67
Working Backwards (Bryar e Carr), 121, 208, 280

Zappos, 264-266
Zingerman's Guide to Giving Great Service (Weinzweig), 236
Zinsser, William, 77

NOTAS

Introdução

1. MATTIOLI, Dana. "Amazon Has Become America's CEO Factory," *Wall Street Journal*, 20 de novembro de 2019. Disponível em https://www.wsj.com/articles/amazon-is-americas-ceo-factory-11574263777. Acesso em 15 de dezembro de 2021.
2. "Bloomberg Studio 1.0: AWA CEO Adam Seplipsky," Bloomberg, 17 de novembro de 2021. Disponível em https://www.bloomberg.com/news/videos/2021-11-18/bloomberg-studio-1-0-aws-ceo-adam-selipsky. Acesso em 15 de dezembro de 2021.
3. CNBC TELEVISION. "Early Amazon Investor John Doerr on the End of the Jeff Bezos Era," YouTube, 2 de julho de 2021. Disponível em https://www.youtube.com/watch?v=18JA3iD47B4. Acesso em 15 de dezembro de 2021.

4   HIATT, Ann. *Bet on Yourself: Recognize, Own, and Implement Breakthrough Opportunities*. Nova York: HarperCollins, 2021, p. 30.
5   HAIGH, Marilyn. "Amazon's First-Known Job Listing: Jeff Bezos Sought Candidates to Work Faster Than 'Most Competent People Think Possible,'" CNBC, 23 de agosto de 2018. Disponível em https://www.cnbc.com/2018/08/23/jeff-bezos-posted-the-first-job-ad-for-amazon-in-1994.html. Acesso em 25 de junho de 2021.
6   WEINER, Jeff. "LinkedIn CEO on the 'Soft' Skills Gap," CNBC, 19 de abril de 2018. Disponível em https://www.cnbc.com/video/2018/04/19/linkedin-ceo-on-the-soft-skills-gap.html. Acesso em 25 de junho de 2021.
7   BRADY, Diane, GAGNON, Chris, e MYATT, Elizabeth. "How to Future-Proof Your Organization," The McKinsey Podcast, 17 de junho de 2021. Disponível em https://www.mckinsey.com/business-functions/organization/our-insights/how-to-future-proof-your-organization. Acesso em 8 de outubro de 2021.
8   ISAACSON, Walter. "Introdução". Em BEZOS, Jeff. *Inventar e vagar: Princípios e filosofias da Amazon e Blue Origin*. Rio de Janeiro: Alta Books, 2021.
9   *Ibid*.
10 BIRCHARD, Bill. "The Science of Strong Business Writing," *Harvard Business Review*, julho–agosto de 2021. Disponível em https://hbr.org/2021/07/the-science-of-strong-business-writing. Acesso em 8 de outubro de 2021.
11 BEZOS, Jeff. "Letter to Shareholders," Amazon, 2016. Disponível em https://s2.q4cdn.com/299287126/files/doc_financials/annual/2016-Annual-Report.pdf. Acesso em 25 de junho de 2021.

Capítulo 1: Simples é o novo superpoder

1   CNBC, "Jeff Bezos at the Economic Club of Washington (9/13/18)," YouTube. Disponível em https://www.youtube.com/watch?v=xv_vkAOjsyo. Acesso em 29 de abril de 2021.

NOTAS

2. "The Best Commencement Speeches, Ever," NPR, 30 de maio de 2010. Disponível em https://apps.npr.org/commencement/speech/jeff-bezos-princeton-university-2010/. Acesso em 29 de abril de 2021.
3. GEEK WIRE. "Jeff Bezos Shares His Management Style and Philosophy," YouTube, 28 de outubro de 2016. Disponível em https://www.youtube.com/watch?v=F7JMMy-yHSU&t=2s. Acesso em 20 de junho de 2021.
4. BEZOS, Jeff. "Letter to Shareholders," Amazon, 2020. Disponível em https://www.aboutamazon.com/news/company-news/2020-letter-to-shareholders. Acesso em 29 de abril de 2021.
5. "Leadership Principles," Amazon. Disponível em https://www.amazon.jobs/en/principles. Acesso em 8 de outubro de 2021.
6. BARRETT, Lisa Feldman. *Sete lições e meia sobre cérebro*. Lisboa, Portugal: Temas e Debates, 2022).
7. KAHNEMAN, Daniel. *Rápido e devagar, duas formas de pensar*. Rio de Janeiro: Objetiva, 2012.
8. ELLIOT, Jay, ex-executivo da Apple, em conversa com o autor, 13 de janeiro de 2020.
9. MARTIN, Emma. "Warren Buffett Writes His Annual Letter as If He's Talking to His Sisters Here's Why," CNBC, 25 de fevereiro de 2019. Disponível em https://www.cnbc.com/2019/02/25/why-warren-buffett-writes-his-annual-letter-like-it-is-for-his-sisters.html. Acesso em 29 de abril de 2021.
10. BUFFETT, Warren. Carta aos acionistas da Berkshire Hathaway, 23 de fevereiro de 2019. Disponível em https://berkshirehathaway.com/letters/2018ltr.pdf. Acesso em 20 de junho de 2021.
11. "Email from Jeff Bezos to Employees," Amazon, 2 de fevereiro de 2021. Disponível em https://www.aboutamazon.com/news/company-news/email-from-jeff-bezos-to-employees. Acesso em 20 de junho de 2021.
12. *Ibid*.
13. MORET, Stephen, CEO da Virginia Economic Development Partnership, em discussão com o autor, 23 de abril de 2021.
14. IRIONDO, Florencia. "The Greatest Minds in Business and Entertainment Share Their Career Success," LinkedIn, 20 de dezembro de 2016.

Disponível em https://www.linkedin.com/pulse/greatest-minds-business-entertainment-share-career-advice-iriondo/?published=t. Acesso em 13 de junho de 2021.

Capítulo 2: Uma interpretação moderna para palavras antigas

1. BEZOS, Jeff. "Letter to Shareholders," Amazon, 2007. Disponível em https://s2.q4cdn.com/299287126/files/doc_financials/annual/2007letter.pdf. Acesso em 3 de abril de 2021.
2. LARSON, Erik, autor de *bestsellers* como *A última viagem do Lusitania* e *O esplêndido e o vil*, em discussão com o autor, 23 de março de 2020.
3. "Emergency Executive Order No. 100," City of New York Office of the Mayor, 16 de março de 2020. Disponível em https://www1.nyc.gov/assets/home/downloads/pdf/executive-orders/2020/eeo-100.pdf. Acesso em 15 de dezembro de 2021.
4. BURTON, Shawn. "The Case for Plain-Language Contracts," *Harvard Business Review*, janeiro–fevereiro de 2018. Disponível em https://hbr.org/2018/01/the-case-for-plain-language-contracts. Acesso em 15 de dezembro de 2021.
5. *Ibid.*
6. *Ibid.*
7. GOODWIN, Doris Kearns. *Liderança em tempos de crise*. Rio de Janeiro: Record, 2020.
8. "Form S-1 Registration Statement Under the Securities Act of 1933," United States Securities and Exchange Commission, 12 de fevereiro de 2021. Disponível em https://www.sec.gov/Archives/edgar/data/1834584/000162828021001984/coupang-sx1.htm. Acesso em 15 de dezembro de 2021.
9. TALEB, Nassim Nicholas. *A cama de Procusto. Aforismos filosóficos e práticos*. Rio de Janeiro: Objetiva, 2022.
10. MEISFJORD, Eric. "The Untold Truth of Bill Withers' Most Popular Songs," Grunge, 7 de abril de 2020. Disponível em https://www.grunge.com/199643/the-untold-truth-of-bill-withers-most-popular-songs/. Acesso em 12 de dezembro de 2021.

NOTAS

11 COBURN, Laura, KARAR, Hana, e VALIENTE, Alexa. "Country Music Breakout Star Luke Combs on Songwriting, His Fans and Remembering the Las Vegas Shooting," ABC News, 13 de agosto de 2018. Disponível em https://abcnews.go.com/Entertainment/country-music-breakout-star-luke-combs-songwriting-fans/story?id=57155998.
12 BarackObamadotcom, "Barack Obama: Yes We Can," YouTube. Disponível em https://www.youtube.com/watch?v=Fe751kMBwms. Acesso em 15 de dezembro de 2021.

Capítulo 3: Escrita que deslumbra, brilha e resplandece

1 FERRISS, Tim. "Jerry Seinfeld — A Comedy Legend's Systems, Routines, and Methods for Success (#485)," Tim Ferriss Show, 8 de dezembro de 2020. Disponível em https://tim.blog/2020/12/08/jerry-seinfeld/?utm_source=convertkit&utm_medium=convertkit&utm_campaign=weekly-roundup-seinfeld. Acesso em 12 de dezembro de 2021.
2 *Ibid.*
3 CLARK, Roy Peter. *Writing Tools (10th Anniversary Edition): 55 Essential Strategies for Every Writer.* Nova York: Little, Brown, 2006, p. 85.
4 BEZOS, Jeff. "Letter to Shareholders," Amazon, 1999. Disponível em https://s2.q4cdn.com/299287126/files/doc_financials/annual/Shareholderletter99.pdf. Acesso em 15 de fevereiro de 2021.
5 BEZOS, Jeff. "Letter to Shareholders," Amazon, 2010. Disponível em https://s2.q4cdn.com/299287126/files/doc_financials/annual/117006_ltr_ltr2.pdf. Acesso em 3 de abril de 2021.
6 BEZOS, Jeff. "Letter to Shareholders," Amazon, 2012. Disponível em https://s2.q4cdn.com/299287126/files/doc_financials/annual/2012-Shareholder-Letter.pdf. Acesso em 3 de abril de 2021.
7 CLARK, *Writing Tools*, p. 122.
8 BEZOS, Jeff. "Letter to Shareholders," Amazon, 1998. Disponível em https://s2.q4cdn.com/299287126/files/doc_financials/annual/Shareholderletter98.pdf. Acesso em 15 de fevereiro de 2021.
9 CLARK. *Writing Tools*, p. 19.
10 ZINSSER, William. *Como escrever bem. O clássico manual americano de escrita jornalística e de não ficção.* São Paulo: Fósforo, 2021.

11 STRUNK JR. William. *The Elements of Style,* 4. ed. Nova York: Macmillan, 2000, p. 28.
12 MADELL, Robin. "How to Get into Harvard Business School, According to the Managing Director of Admissions, Grads, and Consultants, Business Insider, 7 de dezembro de 7, 2020," *Business Insider*. Disponível em https://www.businessinsider.com/how-to-get-into-harvard-business-school-according-to-admissions-2019-7. Acesso em 15 de dezembro de 2021.
13 CLARK. *Writing Tools*, p. 249.
14 PROVOST, Gary. *Cem maneiras de melhorar a escrita*. Lisboa, Portugal: Guerra e Paz, 2017.
15 *Ibid.*
16 BEZOS. "Letter to Shareholders," 1999.
17 BEZOS, Jeff. "Letter to Shareholders," Amazon, 2002. Disponível em https://s2.q4cdn.com/299287126/files/doc_financials/annual/2002_shareholderLetter.pdf. Acesso em 3 de abril de 2021.
18 BEZOS, Jeff. "Letter to Shareholders," Amazon, 2009. Disponível em https://s2.q4cdn.com/299287126/files/doc_financials/annual/AMZN_Shareholder-Letter-2009-(final).pdf. Acesso em 3 de abril de 2021.
19 BEZOS, Jeff. "Letter to Shareholders," Amazon, 2013, https://s2.q4cdn.com/299287126/files/doc_financials/annual/2013-Letter-to-Shareholders.pdf. Acesso em 3 de abril de 2021.
20 BEZOS, Jeff. "Letter to Shareholders," Amazon, 2016. Disponível em https://s2.q4cdn.com/299287126/files/doc_financials/annual/2016-Letter-to-Shareholders.pdf. Acesso em 27 de fevereiro de 2021.
21 60 MINUTES, "60 Minutes Archives: Le Carré," YouTube, 14 de dezembro de 2020. Disponível em https://www.youtube.com/watch?v=bOfmgFT4KuU. Acesso em 15 de dezembro de 2021.
22 CLARK. *Writing Tools*, p. 88.
23 BEZOS. "Letter to Shareholders," 2010.
24 BEZOS. "Letter to Shareholders," 1998.
25 BEZOS, Jeff. "Letter to Shareholders," Amazon, 2014. Disponível em https://s2.q4cdn.com/299287126/files/doc_financials/annual/AMAZON-2014-Shareholder-Letter.pdf. Acesso em 3 de abril de 2021.

26 BEZOS, Jeff. "Letter to Shareholders," Amazon, 2000. Disponível em https://s2.q4cdn.com/299287126/files/doc_financials/annual/00ar_letter.pdf. Acesso em 3 de abril de 2021.
27 BEZOS, "Letter to Shareholders," 2009.
28 BEZOS, Jeff. "Letter to Shareholders," Amazon, 1997. Disponível em https://s2.q4cdn.com/299287126/files/doc_financials/annual/Shareholderletter97.pdf. Acesso em 15 de fevereiro de 2021.

Capítulo 4: O tópico frasal: sua grande ideia

1 BEZOS, Jeff. "Letter to Shareholders," Amazon, 2000. Disponível em https://s2.q4cdn.com/299287126/files/doc_financials/annual/00ar_letter.pdf. Acesso em 3 de abril de 2021.
2 "James Patterson Teaches Writing," MasterClass. Disponível em https://www.masterclass.com/classes/james-patterson-teaches-writing. Acesso em 15 de dezembro de 2021.
3 CHRISTENSEN, Clayton M. "How Will You Measure Your Life?: Don't Reserve Your Best Business Thinking for Your Career," *Harvard Business Review*, julho–agosto de 2010. Disponível em https://hbr.org/2010/07/how-will-you-measure-your-life?utm_medium=email&utm_source=newsletter_weekly&utm_campaign=insider_activesubs&utm_content=signinnudge&referral=03551&deliveryName=DM65685. Acesso em 20 de junho de 2021.
4 "Shonda Rhimes Teaches Writing for Television," MasterClass. Disponível em https://www.masterclass.com/classes/shonda-rhimes-teaches-writing-for-television. Acesso em 15 de dezembro de 15, 2021.
5 EVES, Derral. *A fórmula do YouTube. Como desvendar o algoritmo para impulsionar as visualizações, construir seu público e aumentar sua renda*. São Paulo: DVS, 2022.
6 BEZOS, Jeff. "Letter to Shareholders," Amazon, 2018. Disponível em https://www.aboutamazon.com/news/companynews/2018-letter-to-shareholders. Acesso em 20 de junho de 2021.
7 BEZOS, Jeff. "Letter to Shareholders," Amazon, 2007. Disponível em https://s2.q4cdn.com/299287126/files/doc_financials/annual/2007letter.pdf. Acesso em 3 de abril de 2021.

8   BEZOS, Jeff. "Letter to Shareholders," Amazon, 2005. Disponível em https://s2.q4cdn.com/299287126/files/doc_financials/annual/shareholderletter2005.pdf. Acesso em 21 de junho de 2021.
9   BEZOS, Jeff. "Email from Jeff Bezos to Employees," Amazon. Disponível em https://www.aboutamazon.com/news/company-news/email-from-jeff-bezos-to-employees. Acesso em 15 de dezembro de 2021.

Capítulo 5: Metáforas que grudam

1   BEZOS, Jeff. "Letter to Shareholders," Amazon, 1997. Disponível em https://s2.q4cdn.com/299287126/files/doc_financials/annual/Shareholderletter97.pdf. Acesso em 15 de fevereiro de 2021.
2   BEZOS, Jeff. "Letter to Shareholders," Amazon, 2016. Disponível em https://s2.q4cdn.com/299287126/files/doc_financials/annual/2016-Letter-to-Shareholders.pdf. Acesso em 27 de fevereiro de 2021.
3   FARNSWORTH, Ward. *Farnsworth's Classical English Metaphor*. Jaffrey, NH: David R. Godine, 2016, p. viii.
4   LAKOFF, George. *Metáforas da vida cotidiana*. Campinas: Mercado de Letras, 2002.
5   *Ibid.*
6   GOODMAN, Nelson. "Metaphor as Moonlighting," Critical Inquiry, Vol. 6, No. 1, outono de 1979, 125–30. Disponível em https://www.jstor.org/stable/1343090. Acesso em 8 de março de 2022.
7   DEL REY, Jason. "Watch Jeff Bezos Lay Out His Grand Vision for Amazon's Future Dominance in This 1999 Video," Vox, 22 de novembro de 2015. Disponível em https://www.vox.com/2015/11/22/11620874/watch-jeff-bezos-lay-out-his-grand-vision-for-amazons-future. Acesso em 15 de dezembro de 2021.
8   HODGKINSON, Jeff. "Communications Is the Key to Project Success," International Project Management Association. Disponível em https://www.ipma-usa.org/articles/CommunicationKey.pdf. Acesso em 27 de fevereiro de 2021.
9   STONE, Brad. *A loja de tudo*. Rio de Janeiro: Intrínseca, 2019.

NOTAS

10. BRYAR, Colin e CARR, Bill. *Working Backwards: Insights, Stories, and Secrets from Inside Amazon*. Nova York: St. Martin's, 2021.
11. LALONDE, Frederic, fundador e CEO da Hopper, em discussão com o autor, 12 de março de 2021.
12. LAWSON, Jeff. CEO da Twilio, em discussão com o autor, 12 de janeiro de 2021.
13. COLLINS, Jim. *Empresas feitas para vencer. Por que algumas empresas alcançam a excelência... e outras não*. Rio de Janeiro: Alta Books, 2001.
14. STONE, Brad. *Amazon sem limites*. Rio de Janeiro: Intrínseca, 2021.
15. 2015 Amazon Shareholder Letter. Disponível em https://s2.q4cdn.com/299287126/files/doc_financials/annual/2015-Letter-to-Shareholders.pdf. Acesso em 27 de fevereiro de 2021.
16. "Chris Hadfield Teaches Space Exploration," MasterClass. Disponível em https://www.masterclass.com/classes/chris-hadfield-teaches-space-exploration. Acesso em 15 de dezembro de 2021.
17. "Morning Session-1995 Meeting," Warren Buffett Archive, 28 de novembro de 2018. Disponível em https://buffett.cnbc.com/video/1995/05/01/morning-session—1995-berkshire-hathaway-annual-meeting.html?&start=6714.55. Acesso em 15 de dezembro de 2021.
18. SWONK, Diane, economista-chefe da Grant Thornton, LLP, em discussão com o autor, 2 de fevereiro de 2021.

Capítulo 6: A arma "mais poderosa" de um comunicador

1. CARR, Bill, autor de *Working Backwards*, em discussão com o autor, 3 de fevereiro de 2021.
2. *Ibid.*
3. *Ibid.*
4. *Ibid.*
5. HALPERN, Diane. *Thought and Knowledge: An Introduction to Critical Thinking*. Nova York: Psychology Press, 2014, p. 125.
6. *Ibid.*

7   2017 Amazon Shareholder Letter. Disponível em https://s2.q4cdn.com/299287126/files/doc_financials/annual/Amazon_Shareholder_Letter.pdf. Acesso em 28 de fevereiro de 2021.
8   *Ibid.*
9   BEZOS, Jeff. "The Electricity Metaphor for the Web's Future," TED.com, fevereiro de 2003. Acesso em 28 de fevereiro de 2021.
10 *Ibid.*
11 AMAZON STAFF. "The Deceptively Simple Origins of AWS," Amazon, 17 de março de 2021. Disponível em https://www.aboutamazon.com/news/aws/the-deceptively-simple-origins-of-aws. Acesso em 15 de dezembro de 2021.

Capítulo 7: Como contar uma história épica em três atos

1   Daniel Perez, "1997: Cheater Bella Can't Escape Stigma of '88 Jailbreak," *El Paso Times*, 18 de novembro de 2011. Disponível em https://www.elpasotimes.com/story/news/history/blogs/tales-from-the-morgue/2011/11/18/1997-cheater-bella-cant-escape-stigma-of-88-jailbreak/31478655/. Acesso em 15 de dezembro de 2021.
2   ISAACSON, Walter. "Introdução". Em BEZOS, Jeff. *Inventar e vagar: Princípios e filosofias da Amazon e Blue Origin*. Rio de Janeiro: Alta Books, 2021.
3   FIELD, Syd. *Manual do roteiro*. Rio de Janeiro: Objetiva, 1995.
4   AMAZON STAFF. "Statement by Jeff Bezos to the U.S. House Committee on the Judiciary," Amazon, 28 de julho de 2020. Disponível em https://www.aboutamazon.com/news/policy-news-views/statement-by-jeff-bezos-to-the-u-s-house-committee-on-the-judiciary. Acesso em 29 de junho de 2021.
5   *Ibid.*
6   BEZOS, Jeff. "The Economic Club of Washington D.C.," Economic Club's Milestone Celebration Event, 13 de setembro de 2018. Disponível em https://www.economicclub.org/sites/default/files/transcripts/Jeff_Bezos_Edited_Transcript.pdf. Acesso em 15 de dezembro de 2021.
7   *Ibid.*
8   STONE, Brad. *Amazon sem limites*. Rio de Janeiro: Intrínseca, 2021.

NOTAS

9   *Ibid.*
10 Josh Wigler, "'Jack Ryan' Season 2 Will Focus on the Decline of Democracy," *Hollywood Reporter*, 4 de setembro de 2018. Disponível em https://www.hollywoodreporter.com/tv/tv-news/jack-ryan-season-one-explained-1139572/. Acesso em 25 de junho de 2021.

Capítulo 8: Histórias de origem

1   HARARI, Yuval Noah. *Sapiens. Uma breve história da humanidade*. São Paulo: Companhia das Letras, 2020.
2   RANDOLPH, Marc, cofundador da Netflix, em discussão com o autor, 22 de novembro de 2019.
3   *Ibid.*
4   PERKINS, Melanie, cofundadora e CEO da Canva, em discussão com o autor, 23 de maio de 2019.
5   MCKEE, Alli. "Your Company in 100 Words: How Warby Parker Uses a New Pair of Sunglasses," Medium, 1 de novembro de 2017. Disponível em https://medium.com/show-and-sell/your-company-in-100-words-e7558b0b1077. Acesso em 16 de dezembro de 2021.
6   *Ibid.*

Capítulo 9: O multiplicador de informações em forma de narrativas

1   SMITH, Stevie. "The Cognitive Style of PowerPoint," Universidade de Edimburgo. Disponível em https://www.inf.ed.ac.uk/teaching/courses/pi/2016_2017/phil/tufte-powerpoint.pdf. Acesso em 16 de dezembro de 2021.
2   STONE, Madeline. "A 2004 Email from Jeff Bezos Explains Why PowerPoint Presentations Aren't Allowed at Amazon," Yahoo Finance, 28 de julho de 2015. Disponível em https://www.businessinsider.com/jeff-bezos-email-against-powerpoint-presentations-2015-7. Acesso em 16 de dezembro de 2021.
3   "All-Hands Meeting," Amazon, fevereiro de 2008. Disponível em https://aws.amazon.com/blogs/startups/how-to-mechanize-prospecting-founder-sales-series-part-6/. Acesso em 16 de dezembro de 2021.

4   BRYAR, Colin e CARR, Bill. *Working Backwards: Insights, Stories, and Secrets from Inside Amazon*. Nova York: St. Martin's, 2021, p. 88.
5   MCKEAN, Rob Adams e HANZEVACK, Emil L. "The Heart of the Matter: The Engineer's Essential One-Page Memo," ChE Classroom, University of South Carolina, Columbia, SC.
6   "P&G Good Every Day: Turning Everyday Actions into Acts of Good for the World," P&G, 20 de maio de 2020. Disponível em https://us.pg.com/blogs/pg-everyday-turning-everyday-actions-into-acts-of-good-for-the-world/. Acesso em 25 de junho de 2021.
7   CALTECH, "Bill Gates Remembers Richard Feynman-Bill Gates," YouTube, 11 de maio de 2018. Disponível em https://www.youtube.com/watch?v=HotLmqYFKKg. Acesso em 25 de junho de 2021.
8   FEYNMAN, Richard Phillips. *What Do You Care What Other People Think: Further Adventures of a Curious Character*. Nova York: W. W. Norton, 2001, p. 127.
9   *Ibid.*, 146.
10 2017 Amazon Shareholder Letter. Disponível em https://s2.q4cdn.com/299287126/files/doc_financials/annual/Amazon-Shareholder-Letter.pdf. Acesso em 28 de fevereiro de 2021.
11 PORTER, Brad, ex-engenheiro de robótica da Amazon, em discussão com o autor, 26 de abril de 2021.
12 BRYAR, Colin, ex-vice-presidente da Amazon e coautor de *Working Backwards*, em discussão com o autor, 5 de fevereiro de 2021.
13 FREEMAN, Jesse. "The Anatomy of an Amazon 6-Pager," Writing Cooperative, 16 de julho de 2020. Disponível em https://writingcooperative.com/the-anatomy-of-an-amazon-6-pager-fc79f31a41c9. Acesso em 16 de dezembro de 2021.
14 MACKEY, John, cofundador da Whole Foods, em discussão com o autor, 6 de novembro de 2020.
15 MATTIOLI, Dana. "Amazon Has Become America's CEO Factory," *Wall Street Journal*, 20 de novembro de 2019. Disponível em https://www.wsj.com/articles/amazon-is-americas-ceo-factory-11574263777. Acesso em 15 de dezembro de 2021.

NOTAS

16 KOHAVI, Ronny, ex-diretor de mineração de dados e personalização da Amazon, em discussão com o autor, 8 de abril de 2021.
17 KOHAVI, Ron e THOMKE, Stefan. "The Surprising Power of Online Experiments: Getting the Most Out of A/B and Other Controlled Tests," Harvard Business Review, setembro–outubro de 2017. Disponível em https://hbr.org/2017/09/the-surprising-power-of-online-experiments. Acesso em 25 de junho de 2021.
18 2013 Amazon Shareholder Letter. Disponível em https://s2.q4cdn.com/299287126/files/doc_financials/annual/2013-Letter-to-Shareholders.pdf. Acesso em 3 de abril de 2021.
19 PORTER, Brad, em discussão com o autor, 26 de abril de 2021.

Capítulo 10: Trabalhando para trás para ir além

1 CARR, Bill, autor de *Working Backwards*, em discussão com o autor, 3 de fevereiro de 2021.
2 BRYAR, Colin e CARR, Bill. *Working Backwards: Insights, Stories, and Secrets from Inside Amazon*. Nova York: St. Martin's, 2021, p. 104.
3 WINFREY, Oprah. "Oprah's Favorite New Gadget," Oprah.com. Disponível em https://www.oprah.com/oprahshow/oprahs-favorite-new-gadget/all#ixzz6tdLiW8Qd. Acesso em 25 de junho de 2021.
4 PRESS CENTER. "Press Release: Introducing Amazon Kindle," Amazon, 19 de novembro de 2007. Disponível em https://press.aboutamazon.com/news-releases/news-release-details/introducing-amazon-kindle. Acesso em 16 de dezembro de 2021.
5 MONTGOMERY SUMMIT. "Andy Jassy, Amazon Web Services, at the 2015 Montgomery Summit," YouTube, 14 de julho de 2015. Disponível em https://www.youtube.com/watch?v=sfNdigibjlg. Acesso em 25 de junho de 2021.
6 CARR, Bill, em discussão com o autor, 3 de fevereiro de 2021.
7 *Ibid*.
8 DEL REY, Jason. "The making of Amazon Prime, the Internet's Most Successful and Devastating Membership Program," Vox, 3 de maio de 2019. Disponível em https://www.vox.com/recode/2019/5/3/18511544/

amazon-prime-oral-history-jeff-bezos-one-day-shipping. Acesso em 16 de dezembro de 2021.

9   CNBC, "Jeff Bezos at the Economic Club of Washington," YouTube, 13 de setembro de 2018. Disponível em https://www.youtube.com/watch?v=xv_vka0jsyo. Acesso em 25 de junho de 2021.

10 STONE, Brad. *A loja de tudo* Rio de Janeiro: Intrínseca, 2019; University of Washington Foster School of Business "Working Backwards from the Customer," YouTube, 8 de dezembro de 2020. Disponível em https://www.youtube.com/watch?v=SiKyMxmfiss&t=1s. Acesso em 16 de dezembro de 2021.

11 *Ibid.*

12 VAROL, Ozan. *Pense como um cientista de foguetes: Estratégias simples para dar grandes saltos no seu trabalho e na sua vida.* Rio de Janeiro: Alta Books, 2022.

13 *Ibid.*

14 VAROL, Ozan, cientista de foguetes e autor de *Pense como um cientista de foguetes*, em discussão com o autor, 24 de novembro de 2020.

15 *Ibid.*

Capítulo 11: Líderes são leitores

1   STONE, Brad. *Amazon sem limites*. Rio de Janeiro: Intrínseca, 2021.

2   STONE, Brad. *A loja de tudo*. Rio de Janeiro: Intrínseca, 2019.

3   *Ibid.*

4   "Amazon's Bezos: Control the Ecosystem," CNBC. Disponível em https://www.cnbc.com/video/2013/09/25/amazons-bezos-control-the-ecosystem.html?play=1. Acesso em 25 de junho de 2021.

5   PERRIN, Andrew. "Who Doesn't Read Books in America?," Pew Research Center, 26 de setembro de 2019. Disponível em https://www.pewresearch.org/fact-tank/2019/09/26/who-doesnt-read-books-in-america/. Acesso em 25 de junho de 2021.

6   STAVRIDIS, James, almirante, Marinha dos E.U.A. (reformado), e vice-presidente do Carlyle Group, em discussão com o autor, 18 de maio de 2021.

NOTAS

7 "Joyce Carol Oates Teaches the Art of the Short Story," MasterClass. Disponível em https://www.masterclass.com/classes/joyce-carol-oates-teaches-the-art-of-the-short-story. Acesso em 16 de dezembro de 2021.
8 STAVRIDIS, James, em discussão com o autor, 18 de maio de 2021.
9 *Ibid.*
10 LYONS, Daniel. "Why Bezos Was Surprised by the Kindle's Success," *Newsweek*, 20 de dezembro de 2009. Disponível em https://www.newsweek.com/why-bezos-was-surprised-kindles-success-75509. Acesso em 25 de junho de 2021.
11 CHAMBLEE, Brandel, analista do Golf Channel, em discussão com o autor, 12 de junho de 2021.
12 FERRISS, Tim "David Rubenstein, Co-founder of the Carlyle Group, on Lessons Learned, Jeff Bezos, Raising Billions of Dollars, Advising Presidents, and Sprinting to the End (#495)," Tim Ferriss Show. Disponível em https://tim.blog/2021/01/27/david-rubenstein/. Acesso em 16 de dezembro de 2021.
13 RUBENSTEIN, David. *How to Lead: Wisdom from the World's Greatest CEOs, Founders, and Game Changers* Nova York: Simon & Schuster, 2020, p. xx.
14 *Ibid.*, p. xix.
15 BRYAR, Colin, ex-vice-presidente da Amazon e co-autor de *Working Backwards*, em discussão com o autor, 5 de fevereiro de 2021.
16 *Ibid.*
17 JSTOR, *Bulletin of the American Academy of Arts and Sciences* 34, no. 2 (novembro de 1980). Disponível em https://www.jstor.org/journal/bullameracadarts?refreqid=fastly-default%3A9f38b484f7773b99901d4e36f711a5d4. Acesso em 16 de dezembro de 2021.

Capítulo 12: AMPlifique suas apresentações para inspirar seu público

1 GALLO, Carmine. "College Seniors: 65% of Recruiters Say This One Skill Is More Important Than Your Major," *Forbes*, 30 de abril de 2017. Disponível em https://www.forbes.com/sites/carminegallo/2017/04/30/college-seniors-65-percent-of-recruiters-say-this-one-skill-is-more-

important-than-your-major/?sh=7d5d119c757c. Acesso em 11 de abril de 2021.

2   TENNANT, Don com GALLO, Carmine, "Presentation Skills Linked to Career Success, Survey Finds—IT Business Edge," Carmine Gallo. Disponível em https://www.carminegallo.com/presentation-skills-linked-to-career-success-survey-finds-it-business-edge/. Acesso em 11 de abril de 2021.

3   BEZOS, Jeff. "Jeff Bezos—March 1998, Earliest Long Speech," YouTube. Disponível em https://www.youtube.com/watch?v=PnSjKTW28qE&t=6s. Acesso em 11 de abril de 2021.

4   BEZOS, Jeff. "The Electricity Metaphor for the Web's Future," TED, 2003. Disponível em https://www.ted.com/talks/jeff_bezos_the_electricity_metaphor_for_the_web_s_future/transcript?language=en#t-1013417/. Acesso em 11 de abril de 2021.

5   BEZOS, Jeff. "Going to Space to Benefit Earth (Full Event Replay)," YouTube, 9 de maio de 2019. Disponível em https://www.youtube.com/watch?v=GQ98hGUe6FM. Acesso em 11 de abril de 2021.

6   JOBS, Steve. "Steve Jobs Early TV Appearance.mov," YouTube, 5 de fevereiro de 2011. Disponível em https://www.youtube.com/watch?v=FzDBiUemCSY. Acesso em 13 de abril de 2021.

7   JOBS, Steve. "Steve Jobs iPhone 2007 Presentation (HD)," YouTube, 13 de maio de 2013. Disponível em https://www.youtube.com/watch?v=vN4U5FqrOdQ. Acesso em 13 de abril de 2021.

Capítulo 13: Faça da missão um mantra

1   1997 Amazon Shareholder Letter. Disponível em https://s2.q4cdn.com/299287126/files/doc_financials/annual/Shareholderletter97.pdf. Acesso em 15 de fevereiro de 2021.

2   KOTTER, John P. "Leading Change: Why Transformation Efforts Fail," *Harvard Business Review*, maio–junho de 1995. Disponível em https://hbr.org/1995/05/leading-change-why-transformation-efforts-fail-2. Acesso em 16 de dezembro de 2021.

NOTAS

3. 1998 Amazon Shareholder Letter. Disponível em https://s2.q4cdn. com/299287126/files/doc_financials/annual/Shareholderletter98.pdf. Acesso em 15 de fevereiro de 2021.
4. CNBC, "Jeff Bezos in 1999 on Amazon's Plans Before the Dotcom Crash," YouTube, 8 de fevereiro de 2019. Disponível em https://www. youtube.com/watch?v=GltlJO56S1g. Acesso em 16 de dezembro de 2021.
5. "Video from Jeff Bezos About Amazon and Zappos," YouTube, 22 de julho de 2009. Disponível em https://www.youtube.com/watch?v=-hxX_Q5CnaA. Acesso em 16 de dezembro de 2021.
6. "Inc.: Why I Sold Zappos," Delivering Happiness. Disponível em https://blog.deliveringhappiness.com/blog/inc-why-i-sold-zappos. Acesso em 16 de dezembro de 2021.
7. "Video from Jeff Bezos About Amazon and Zappos," YouTube.
8. RUBENSTEIN, David. "Amazon CEO Jeff Bezos on the David Rubenstein Show," YouTube, 19 de setembro de 2018. Disponível em https://www.youtube.com/watch?v=f3NBQcAqyu4. Acesso em 16 de dezembro de 2021.
9. CNBC, "Steve Jobs 1997 Interview: Defending His Commitment to Apple/CNBC," YouTube, 27 de abril de 2018. Disponível em https://www.youtube.com/watch?v=xchYT9wz5hk. Acesso em 16 de dezembro de 2021.
10. PUENTE, Jose E. "Steve Jobs Holding a Small Staff Meeting in Sept 23, 1997," YouTube. Disponível em https://www.youtube.com/watch?v=8-FsOpD2Hsk. Acesso em 16 de dezembro de 2021.
11. KAWASAKI, Guy, promotor-chefe do Canva e criador do *podcast* Guy Kawasaki's Remarkable People, em discussão com o autor, 15 de fevereiro de 2019.
12. MACKEY, John, cofundador da Whole Foods, em discussão com o autor, 6 de novembro de 2020.
13. MACKEY, John, MCINTOSH, Steve, e PHIPPS, Carter. *Liderança Consciente: Inspirando a Humanidade Através dos Negócios*. Rio de Janeiro: Alta Books, 2021.

14 "Leverage the Power of Purpose," *Wall Street Journal*. Disponível em https://deloitte.wsj.com/articles/leverage-the-power-of-purpose-01575060972. Acesso em 16 de dezembro de 2021.

15 MACKEY et al., *Liderança Consciente*.

16 JOLY, Hubert, com LAMBERT, Caroline. *O coração do negócio: Princípios de liderança para uma nova era do capitalismo*. Rio de Janeiro: Sextante, 2022.

17 "Medtronic Mission Statement," Medtronic. Disponível em https://www.medtronic.com/me-en/about/mission.html. Acesso em 16 de dezembro de 2021.

18 *Ibid*.

19 *Ibid*.

20 MORITZ, Michael, sócio da Sequoia Capital, em discussão com o autor, 23 de outubro de 2015.

Capítulo 14: Símbolos transmitem grandes ideias

1 AMAZON WEB SERVICES. "2012 re:Invent Day 2: Fireside Chat with Jeff Bezos & Werner Vogels," YouTube, 29 de novembro de 2012. Disponível em https://www.youtube.com/watch?v=O4MtQGRIIuA. Acesso em 1º de julho de 2021.

2 10,000 Year Clock. Disponível em http://www.10000yearclock.net/learnmore.html. Acesso em 1º de julho de 2021.

3 CARR, Bill, autor de *Working Backwards*, em discussão com o autor, 3 de fevereiro de 2021; "Amazon Empire: The Rise and Reign of Jeff Bezos," PBS. Disponível em https://www.pbs.org/wgbh/frontline/film/amazon-empire/transcript/. Acesso em 16 de dezembro de 2021.

4 ROSSMAN, John *Pense como a Amazon*. São Paulo: Buzz, 2022.

5 RANDOLPH, Marc. *Isso nunca vai funcionar: O nascimento da Netflix e a incrível vida de uma ideia contada pelo seu cofundador e primeiro CEO*. São Paulo: Planeta Estratégia, 2021.

6 MACKEY, John, MCINTOSH, Steve, e PHIPPS, Carter. *Liderança Consciente: Inspirando a Humanidade Através dos Negócios*. Rio de Janeiro: Alta Books, 2021.

NOTAS

Capítulo 15: Humanize os dados

1. ACADEMY OF ACHIEVEMENT. "Jeff Bezos, Academy Class of 2001, Full Interview," YouTube, 12 de julho de 2016. Disponível em https://www.youtube.com/watch?v=s7ZvBy1SROE. Acesso em 27 de junho de 2021.
2. CAVE, Andrew. "What Will We Do When the World's Data Hits 163 Zettabytes in 2025?," *Forbes*, 13 de abril de 2017. Disponível em https://www.forbes.com/sites/andrewcave/2017/04/13/what-will-we-do-when-the-worlds-data-hits-163-zettabytes-in-2025/?sh=39ee1511349a. Acesso em 16 de dezembro de 2021.
3. RESNICK, Ilyse, NEWCOMBE, Nora S. e SHIPLEY, Thomas F. "Dealing with Big Numbers: Representation and Understanding of Magnitudes Outside of Human Experience," *Cognitive Science* 41, no. 4 (2017): 1020–2041. Disponível em https://onlinelibrary.wiley.com/doi/full/10.1111/cogs.12388. Acesso em 27 de junho de 2021.
4. BEZOS, Jeff. "Jeff Bezos—March 1998, Earliest Long Speech," YouTube. Disponível em https://www.youtube.com/watch?v=PnSjKTW28qE&t=6s. Acesso em 11 de abril de 2021.
5. BEZOS, Jeff. "Letter to Shareholders," Amazon, 1997. Disponível em https://s2.q4cdn.com/299287126/files/doc_financials/annual/Shareholderletter97.pdf. Acesso em 15 de fevereiro de 2021.
6. BEZOS, Jeff. "Letter to Shareholders," Amazon, 2001. Disponível em https://s2.q4cdn.com/299287126/files/doc_financials/annual/2001_shareholderLetter.pdf. Acesso em 27 de junho de 2021.
7. BLUE ORIGIN. "Going to Space to Benefit Earth (Full Event Replay)," YouTube, 9 de maio de 2019. Disponível em https://www.youtube.com/watch?v=GQ98hGUe6FM. Acesso em 16 de dezembro de 2021.
8. BEZOS, Jeff. "Letter to Shareholders," Amazon, 2020. Disponível em https://www.aboutamazon.com/news/company-news/2020-letter-to-shareholders. Acesso em 29 de abril de 2021.
9. DYKES, Brent. "Data Storytelling: The Essential Data Science Skill Everyone Needs," *Forbes*, 31 de março de 2016. Disponível em https://www.forbes.com/sites/brentdykes/2016/03/31/

data-storytelling-the-essential-data-science-skill-everyone-needs/?sh=2381f06052ad. Acesso em 16 de dezembro de 2021.
10. CNBC, "Jeff Bezos at the Economic Club of Washington (9/13/18)," YouTube. Disponível em https://www.youtube.com/watch?v=xv_vkA0jsyo. Acesso em 16 de dezembro de 2021.
11. *Ibid.*

Capítulo 16: O Método Gallo: Venda sua ideia em quinze segundos

1. "Doris Kearns Goodwin Teaches U.S. Presidential History and Leadership," MasterClass. Disponível em https://www.masterclass.com/classes/doris-kearns-goodwin-teaches-us-presidential-history-and-leadership. Acesso em 16 de dezembro de 2021.
2. TEDX TALKS. "Quantum Physics for 7 Year Olds, Dominic Walliman, TEDxEastVan," YouTube, 24 de maio de 2016. Disponível em https://www.youtube.com/watch?v=ARWBdfWpDyc. Acesso em 16 de dezembro de 2021.
3. CARLSON, Kurt A., e SHU, Suzanne B. "When Three Charms but Four Alarms: Identifying the Optimal Number of Claims in Persuasion Settings". Disponível em https://journals.sagepub.com/doi/10.1509/jm.11.0504. Acesso em 16 de dezembro de 2021.
4. REUTER, Dominick, e HERNBROTH, Megan. "How Founders Can Use the 'Rule of 3' to Prepare Your Pitch and Quickly Raise Vital Funding to Launch Your Startup," *Business Insider*, 11 de agosto de 2020. Disponível em https://www.businessinsider.com/how-to-pitch-startup-rule-of-3-founders-raise-most-seed-pitches. Acesso em 16 de dezembro de 2021.
5. MICHEL, Dan. "The Entrepreneur-Turned-Clothier Shares His Biggest Obstacles—Behind Creating UNTUCKit," UNTUCKit. Disponível em https://www.untuckit.com/blogs/style/off-the-cuff-chris-riccobono. Acesso em 16 de dezembro de 2021.

NOTAS

Conclusão

1. CNBC, "Jeff Bezos at the Economic Club of Washington (9/13/18)," YouTube. Disponível em https://www.youtube.com/watch?v=xv_vkA0jsyo. Acesso em 16 de dezembro de 2021.
2. O'MARA, Shane. "Why Walking Matters—Now More Than Ever," *Wall Street Journal*, 18 de abril de 2020. Disponível em https://www.wsj.com/articles/why-walking-mattersnow-more-than-ever-11587182460?mod=searchresults&page=1&pos=1. Acesso em 16 de dezembro de 2021.
3. ROSE, Charlie. "A Conversation with Amazon's Founder and Chief Executive Officer, Jeff Bezos," Power of Questions, 27 de outubro de 2016. Disponível em https://charlierose.com/videos/29412. Acesso em 16 de dezembro de 2021.
4. ISAACSON, Walter. "Introdução". Em BEZOS, Jeff. *Inventar e vagar: Princípios e filosofias da Amazon e Blue Origin*. Rio de Janeiro: Alta Books, 2021.
5. CLIFFORD, Catherine. "Jeff Bezos: You Can't Pick Your Passions," CNBC, 7 de fevereiro de 2019. Disponível em https://www.cnbc.com/2019/02/07/amazon-and-blue-origins-jeff-bezos-on-identifying-your-passion.html. Acesso em 16 de dezembro de 2021.
6. 2020 Amazon Shareholder Letter. Disponível em https://s2.q4cdn.com/299287126/files/doc_financials/2021/ar/Amazon-2020-Shareholder-Letter-and-1997-Shareholder-Letter.pdf. Acesso em 16 de dezembro de 2021.